完全図解

仕事ができる！

男のビジネスマナー

NPO法人 日本サービスマナー協会
監修

Gakken

はじめに

マナーの歴史は古く、江戸時代の人々にも、いかに生きるべきか、
人間関係を円滑にするにはどのようにすればいいかという知恵がありました。

たとえば、雨の日に互いの傘を外側に傾け、
相手が濡れないように人のいないほうに傘をかしげる「傘かしげ」。
狭い道を歩くとき、人とぶつからないように肩を路肩に寄せて歩く「肩引き」。
道の真ん中を歩くのではなく、自分が歩くのは道の3割にして、
残りの7割は緊急時などに備えて他の人のために空けておく「七三の道」などです。

これらは、「江戸しぐさ」といわれています。

江戸の商人たちは、こうしたお互いへの気遣いが商売の繁盛に必要だと考え、
「商人道」として、受け継いできました。

現代のビジネス社会でも、ビジネスパーソンとして人とよい関係を築きながら、
効率的に仕事を進めていくことが求められています。
よい人間関係は、まずは相手からよい印象を持たれ、
信用を得ることから始まります。

人とラ・ポール（信頼関係）を結ぶことができるもの、
それが、ビジネスマナーです。

たとえば人にあいさつをする際、相手の目を見て笑顔で元気よく声をかけ、
心を込めて丁寧なおじぎをします。
相手に、敬意とよい関係を築きたいという姿勢を、
言葉と態度で伝えているのです。

マナーとは、相手に対して思いやりを形にして伝えること、
相手のことを大切に思い、敬う行動ではないでしょうか。
ビジネスマナーを身につけることは、社会人の第一歩であり、基本的な礼儀です。
ぜひ、本書で、男性の皆様がスキルアップするために
重要な要素のひとつである、ビジネス社会のマナーを知り、
ビジネスパーソンとしての信頼と好感度を高め、
ワンランク上のビジネスマン、仕事がデキるビジネスマンを目指し、
活用していただきたいと思います。
そして、相手に対する心（思いやり）を形として身につけた皆様が、
社会でご活躍されることを心より願っております。

日本サービスマナー協会

監修　NPO法人 日本サービスマナー協会

企業の財産である「人財教育」を実施しているNPO法人。経験豊富な講師陣により、マナー研修や講座、各種セミナーなどを開催している。その範囲は広く、エアライン、ホテル、旅行、ブライダルなどの接客サービスが求められる業界の研修をはじめ、一般企業の社員研修やビジネスマナー教育、接客サービスマナー検定なども行う。相手先の企業担当者や、お客様に喜んでいただけるサービスを提供できるようになるための研修教育を大きな目的として掲げている。
公式サイト　●http://www.japan-service.org/

理事長
澤野 弘

[完全図解]
仕事ができる!
男のビジネスマナー

目次

オフィスの決まりごと編……45

訪問・接待・案内のルール編……79

会議とプレゼンテーション編

冠婚葬祭とおつきあい編

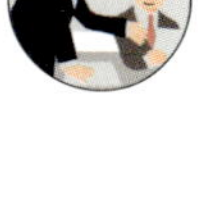
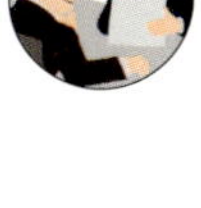
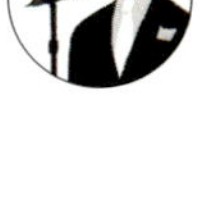
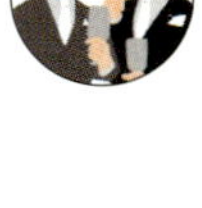

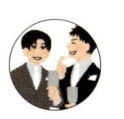

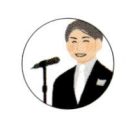

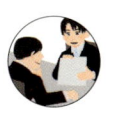

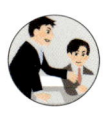

この本の使いかた

こんなときどうする?

迷いがちなシチュエーションに出くわしたとき、どう対応すべきか。よい例と悪い例を挙げて紹介。

基本のマナー解説

大人として、社会人として、きちんと覚えておきたい定番のマナーをイラスト交えてくわしく解説。

身だしなみの基本

清潔感のある服装と身だしなみで好印象を!

Lesson

相手に好印象を与える身だしなみを心がけよう

ネクタイ
ネクタイが曲がっていないかを常にチェック。シワや汚れにも気をつける。

ワイシャツ
シャツはきちんとアイロンをかけておくこと。袖口や襟の汚れにも注意。

ズボン
アイロンをかけて、しっかりと折り目をつけておく。シワや汚れも厳禁。

ジャケット
一番下のボタンは外す。ポケットにも物を入れすぎないようにしよう。

靴
靴が汚いと意外に目立つもの。定期的にお手入れをして、傷や汚れがない靴を。

靴下
清潔で傷んでいないものを。極端に丈が短いものや派手な色の靴下もNG。

おしゃれに見えるよりもきちんとした服装が大事

第一印象は見ためで決まります。だらしなくスーツを着たり、身だしなみがきちんとできていなかったりすると、相手があなたに対して悪いイメージを抱き、仕事にも悪影響が出てしまいます。

ビジネスシーンでは皆、スーツを着るのが基本です。ほかの人とのわずかな違いが目立ってしまうので、身だしなみには細心の注意をはらいましょう。

ファッションが好きな人は、つい服装で個性を主張する傾向がありますが、職場ではきちんとした服装であることが第一です。汚れやシワのないスーツやシャツを着用し、体のケアにも気を配り、相手に不快感を与えない、清潔感のあるビジネスパーソンを目指しましょう。

レベルアップ!
[効率] ★★★★
[スキル] ★★★
[信頼度] ★★★

12

服装と身だしなみ編

こんなときどうする?

夏場に汗をかいて体臭が気になったとき

移動中に大量に汗をかいてしまいました。体臭を消すための方法は?

BAD! 香水をつけて臭いを消す

日常的にコロンや香水などを使っている男性もいますが、ビジネスシーンでは基本的にNG。人によっては香水の匂いが気になる人もいます。

GOOD! 制汗スプレーや替えのシャツを用意する

体臭を抑えたいときは、無香料の制汗スプレーを使いましょう。汗がひどいときのために、替えのシャツを用意しておけば万全です。

きちんとした社会人に見られるための

体の身だしなみチェックポイント

- □ 髪にフケがついていないか?
- □ 寝ぐせができていないか?
- □ 目やにはついていないか?
- □ 鼻毛が出ていないか?
- □ ひげの剃り残しはないか?
- □ 食べかすなどが歯についていないか?
- □ 爪は伸びすぎていないか?

check
顔や手など人に見られる部分の身だしなみにも気をつけたい

効率アップのポイント

前日の夜にできるだけ準備をしておく!

身だしなみのチェックは朝に行うのが基本です。ただし、朝は何かと慌ただしいので、前日の夜にできるだけ準備しておくことが大切です。着ていくシャツとネクタイの組み合わせを決める、シワやほつれ、ボタンの欠けをチェックするなどは、前日でもできます。朝に時間的な余裕が生まれれば、身だしなみにもきちんと気を配れるようになるでしょう。

前日にしておきたいこと

- ・ワイシャツやネクタイの組み合わせを決めておく
- ・着ていくシャツやスーツに汚れやシワがないかを確認
- ・ボタンが取れていたり、ほつれがあったりしないかをチェックしておく
- ・履いていく靴のチェック

13

効率・スキル・信頼度アップのポイント

さらなるレベルアップを求める人たちのために、効率・スキル・信頼度のレベルアップポイントを提示。

レベルアップ項目

各ページを読むことによってレベルアップできる、効率・スキル・信頼度の度合いを★印5段階で表記。

ビジネスパーソンに欠かせない3つのファクターをチェック!

信頼度

信頼される男になれば好感度もアップ

まわりの人から信頼されるビジネスパーソンになることが、キャリアアップのカギ!

スキル

デキる男は周囲から頼られる存在に

ビジネスに役立つスキルを覚えて、先輩、上司から頼られるビジネスパーソンになろう。

効率

効率アップで毎日の仕事を素早くこなす

効率アップで、日々の業務を素早くこなせるようになれば、会社にとって貴重な戦力に。

好感度アップのためのファーストステップ

服装と身だしなみ編

清潔感のある服装と身だしなみで好印象を!

身だしなみの基本

Lesson

相手に好印象を与える身だしなみを心がけよう

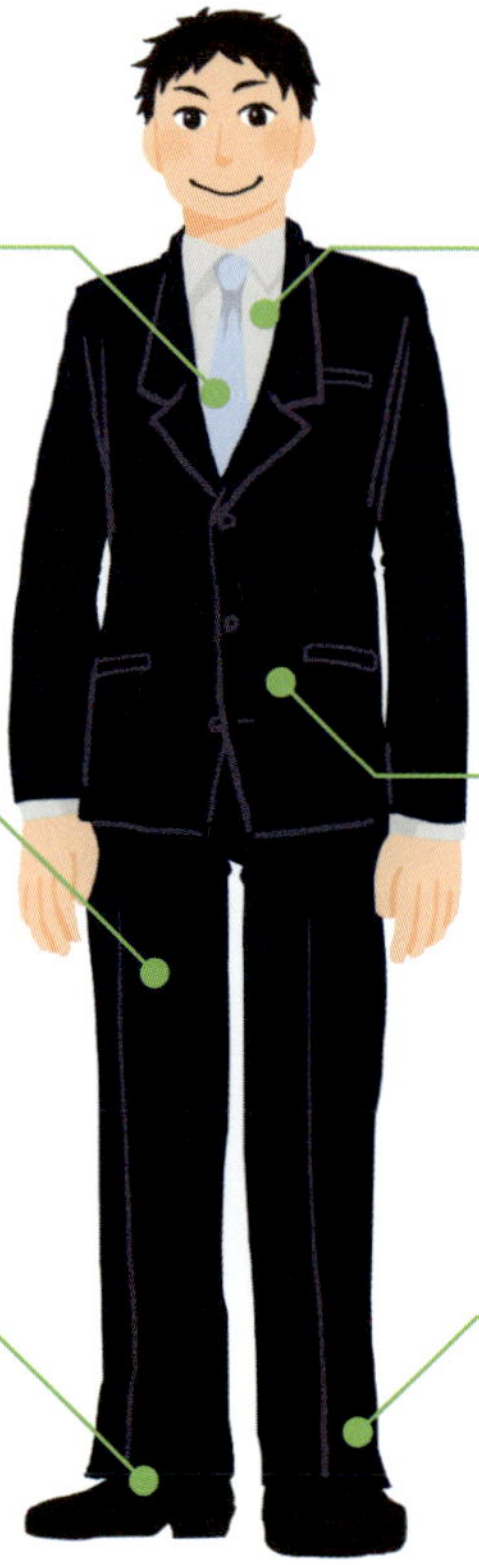

ネクタイ
ネクタイが曲がっていないかを常にチェック。シワや汚れにも気をつける。

ワイシャツ
シャツはきちんとアイロンをかけておくこと。袖口や襟の汚れにも注意。

ズボン
アイロンをかけて、しっかりと折り目をつけておく。シワや汚れも厳禁。

ジャケット
一番下のボタンは外す。ポケットにも物を入れすぎないようにしよう。

靴
靴が汚いと意外に目立つもの。定期的にお手入れをして、傷や汚れがない靴を。

靴下
清潔で傷んでいないものを。極端に丈が短いものや派手な色の靴下もNG。

おしゃれに見えるよりもきちんとした服装が大事

第一印象は見ためで決まります。だらしなくスーツを着たり、身だしなみがきちんとできていなかったりすると、相手があなたに対して悪いイメージを抱き、仕事にも悪影響が出てしまいます。

ビジネスシーンでは皆、スーツを着るのが基本です。ほかの人とのわずかな違いが目立ってしまうので、身だしなみには細心の注意をはらいましょう。

ファッションが好きな人は、つい服装で個性を主張する傾向がありますが、職場ではきちんとした服装であることが第一です。汚れやシワのないスーツやシャツを着用し、体のケアにも気を配り、相手に不快感を与えない、清潔感のあるビジネスパーソンを目指しましょう。

レベルアップ!

【効率】★★★★

【スキル】★★★

【信頼度】★★★

こんなとき どうする?

夏場に汗をかいて体臭が気になったとき

移動中に大量に汗をかいてしまいました。体臭を消すための方法は?

BAD! 香水をつけて臭いを消す

日常的にコロンや香水などを使っている男性もいますが、ビジネスシーンでは基本的にＮＧ。人によっては香水の匂いが気になる人もいます。

GOOD! 制汗スプレーや替えのシャツを用意する

体臭を抑えたいときは、無香料の制汗スプレーを使いましょう。汗がひどいときのために、替えのシャツを用意しておけば万全です。

きちんとした社会人に見られるための

体の身だしなみチェックポイント

- □ 髪にフケがついていないか?
- □ 寝ぐせができていないか?
- □ 目やにはついていないか?
- □ 鼻毛が出ていないか?
- □ ひげの剃り残しはないか?
- □ 食べかすなどが歯についていないか?
- □ 爪は伸びすぎていないか?

check

顔や手など人に見られる部分の身だしなみにも気をつけたい

効率アップのポイント

前日の夜にできるだけ準備をしておく!

身だしなみのチェックは朝に行うのが基本です。ただし、朝は何かと慌ただしいので、前日の夜にできるだけ準備しておくことが大切です。着ていくシャツとネクタイの組み合わせを決める、シワやほつれ、ボタンの欠けをチェックするなどは、前日でもできます。朝に時間的な余裕が生まれれば、身だしなみにもきちんと気を配れるようになるでしょう。

前日にしておきたいこと

- ・ワイシャツやネクタイの組み合わせを決めておく
- ・着ていくシャツやスーツに汚れやシワがないかを確認
- ・ボタンが取れていたり、ほつれがあったりしないかをチェックしておく
- ・履いていく靴のチェック

社会人にふさわしいスーツをセレクトする

ビジネススーツの選びかた

Lesson

ビジネスシーンに合ったスーツを選ぶ

1 デザイン

ウエスト部分が細い英国型が主流。ゆったりしたシルエットの米国型もある。

英国型　米国型

2 色・柄

ダークグレーか紺の無地が基本。細いストライプ程度なら柄があってもいい。

紺　ダークグレー

会社の顔として誠実な印象を第一に

紳士服店に行くと、さまざまな色やタイプのスーツが並んでおり、どれを選んでいいのか迷ってしまうもの。ここ数年は、カジュアルスタイルの会社も増え、ビジネスシーンにおけるスーツの選択肢も広がりましたが、基本スタイルというものがあります。取引先の人や上司から、誠実できちんとしたビジネスパーソンとして見られるためには、その基本を守ったスーツを着ることが大事です。

　スーツの色は紺またはダークグレーで、ボタンが1列のシングルタイプが定番です。高級なスーツを購入する必要はありませんが、あまりにも安いものは品質や耐久性に問題があるので、避けたほうがいいでしょう。

レベルアップ!

【効率】★★

【スキル】★★★

【信頼度】★★★★

スーツを購入するときの注意点

春夏・秋冬用3着ずつ計6着のスーツを用意するのが理想

清潔感のある印象を保つためには、最低でも春夏用に３着、秋冬用に３着、計６着は揃えておきたい。同じスーツを着続けていると生地の傷みが早くなるので、ローテーションで使おう。

購入時は必ず試着を! 自分の体にフィットしたものを選ぶ

スーツを格好よく着こなすためには、自分の体のサイズにフィットしていることが大事。面倒がらずに、必ず試着をしてから買おう。試着時のチェックポイントは下記の通り。

〈試着時のチェックポイント〉

肩幅	ジャケットを着たとき、肩先に指１本分ぐらいの余裕があるものを選ぶ。
着丈	お尻がきちんと隠れる丈に。長すぎても短すぎても格好悪い。
袖丈	袖口からワイシャツが１センチ程度見える長さのジャケットにしよう。

3 ボタン

ボタンは１列のシングルタイプを選ぶ。２つボタン３つボタンどちらでもOK。

3つボタン　2つボタン

4 すそ

シングルと布を折り返したダブルがある。ダブルはややカジュアルな印象に。

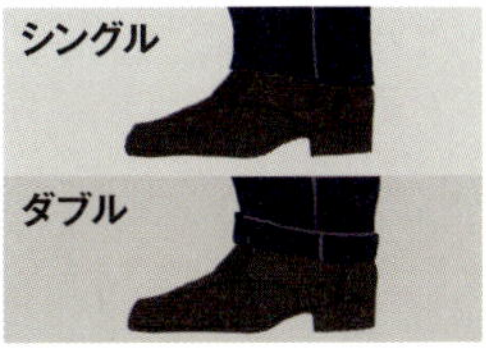

体形別スーツ選びのポイント

■**太っている人**　ストライプの柄が入ったスーツがおすすめ。ジャケットは3つボタンより、２つボタンタイプのほうがスリムな印象になります。

■**やせている人**　ダークグレーなど中間色のスーツのほうががっちりとした体形に見えます。ワイシャツも淡いブルーなど中間色をメインに。

■**足が短い人**　ジャケットは、できるだけウエストのラインが絞れている（細い）ものを選びましょう。ウエストに視線を集められます。

信頼度アップのポイント

体形をカバーしてくれるスーツを選ぶ

スタイルに自信がない人は、体形に合ったスーツを選ぶことで、その欠点をカバーできます。お店の人と相談しながら、自分が一番格好よく見えるスーツを選びましょう。

Lesson

ワイシャツとネクタイの選びかた

スーツスタイルの印象を決める重要なアイテム

ワイシャツは無地のレギュラーカラーを!

ワイシャツの色は無地の白が基本。コーディネートに幅を持たせたいなら、淡いライトブルーのシャツや細めのストライプが入っているシャツを。襟はボタンのついた「ボタンダウン」、襟がやや開いている「ワイドスプレッドカラー」などがあるが、定番の「レギュラーカラー」を選んだほうが無難だ。

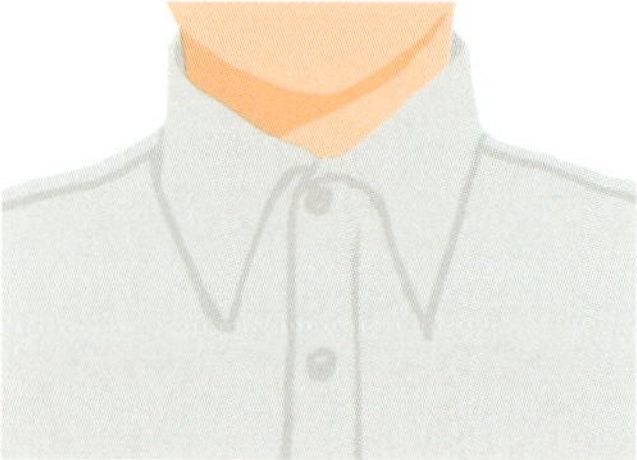

ネクタイはシンプルなデザインに

派手な色のネクタイはビジネスシーンには不向き。色数が少ないものを選ぼう。スーツやワイシャツに合わせ、さまざまな色のネクタイを揃えておくと安心だ（ネクタイの色が人に与える影響については26ページを参照）。柄はあまり大きすぎないものを。小さいドットや細めのレジュメンタルなどがいい。

〈おもなネクタイの柄〉

レジュメンタル
ビジネスシーンに適した柄。強く誠実な印象を与える。

ドット
水玉模様。小さなドット柄は落ち着いたイメージに。

チェック
親しみやすく、カジュアルな雰囲気になる。

スーツといっしょに購入するのが効率的

ワイシャツとネクタイは、「Vゾーン」と呼ばれ、相手の目につきやすい場所。スーツスタイルの印象を決める重要な部分なので安易に考えてはいけません。

入社したてで、どんなワイシャツやネクタイを選べばいいのかわからない場合は、スーツを購入するときに、店員さんに相談に乗ってもらい、いっしょに揃えてしまったほうが効率的です。ワイシャツとネクタイは基本的に毎日替えるものなので、最低でも5~7着（本）、セットで用意しておくこと。

ワイシャツのデザインに関しては、比較的自由な職場もありますが、新入社員は第一印象が大切。冒険せずに、無地のレギュラーカラーを選びましょう。

レベルアップ!

［効率］★★

［スキル］★★★

［信頼度］★★★★

ネクタイの結びかた

シンプルで手早く結べる
プレーンノット

ベーシックなネクタイの結び方で、締め方も簡単。ネクタイに慣れていない人が覚えるのに最適。気持ち軽めに結ぶと、結び目がきれいになる。

三角形がきれいな結び方
セミウィンザーノット

きれいな三角形ができるのが特徴でビジネスシーンによく合う。結び目が大きいため、太いネクタイよりも細めのネクタイを使うときに向いている。

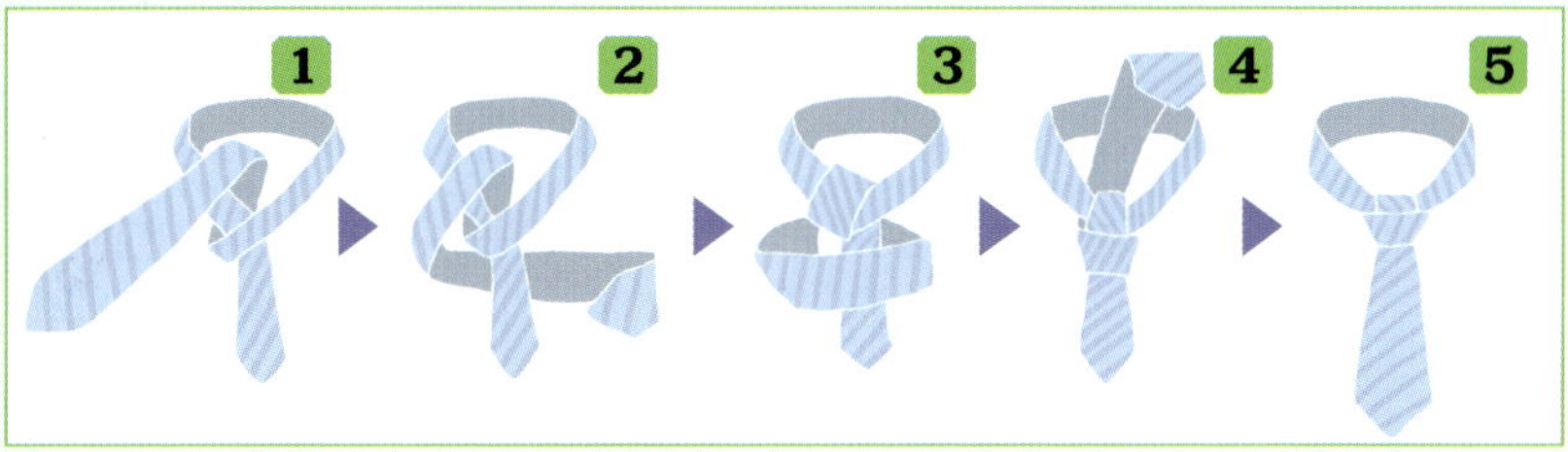

信頼度アップのポイント

基本をおさえたコーディネートで誠実な印象を与えられる

ワイシャツとネクタイのコーディネートはその組み合わせを変えるだけでガラリと印象が変わります。白いワイシャツの場合はシンプルな柄のネクタイをつけるだけで、それなりにまとまりますが、カラーシャツを着る場合は要注意。何も考えずにネクタイを合わせると、中途半端なイメージになります。同系色か反対色のネクタイでまとめましょう。

[ワイシャツと同系色のネクタイ]

ブルー系のワイシャツにネクタイ。落ち着いた印象を与える組み合わせ。

[ワイシャツと反対色のネクタイ]

ブルー系のワイシャツにえんじ系のネクタイ。反対色で強い印象を与えます。

職場の雰囲気に合ったファッションを心がける
ビジネスカジュアルのルール

Lesson

ビジネスカジュアルの例

襟つきのシャツ
ノーネクタイで、襟つきのカラーシャツが定番。シャツは出さず、きちんとズボンの中に入れる。

ジャケット
カジュアルとはいえ、あくまでも仕事をする場所。ブレザーなどのジャケットを着て出社しよう。

折り目のあるズボン
デニムのズボンはくだけすぎ。折り目のついたズボンを履けば、きちんとした印象になる。

革靴
靴はカジュアルなデザインの革靴がベスト。楽だからといってスニーカーを履くのは厳禁。

普段着ではなく仕事にふさわしい服装を

ビジネスカジュアルとは、カジュアルデーに着る服装のこと。カジュアルデーは最近採用する会社が増えてきた制度で、その日は自由な服装で出勤することが認められます。ただし、自由といっても、ジーパンやTシャツでいいということではありません。あくまで仕事場なので、きちんとした格好が求められます。

カジュアルデーの服装については会社によって違いがあります。きちんと規定がある会社もあれば、暗黙の了解で決まっているところもあります。ここでは、代表的なビジネスカジュアルについて説明していますが、実際にどんな服がふさわしいのかは、会社の上司や先輩などに相談してみるといいでしょう。

レベルアップ!

【効率】★★
【スキル】★★★
【信頼度】★★★★

信頼度アップのポイント

カジュアルな服装だからこそ身だしなみに注意する

カジュアルスタイルは、スーツに比べ、やはり相手に軽い印象を与えてしまいます。いつも以上に身だしなみに注意して、きちんとした服装を心がけることが大事です。

- 仕事にふさわしいヘアスタイル
- シャツのボタンはきちんと留める
- シワやほつれのなどがない服を着る

カジュアルスタイルのポイント

- ジャケットまたはブレザーを着用
- シャツは必ず襟つきのものを
- カジュアルすぎないズボンを履く
- 靴はカジュアルな革製のものを
- 服の雰囲気は先輩たちと合わせる

会社がクールビズを採用している場合

スーツスタイルに、ノージャケット、ノーネクタイが一般的。ビジネスカジュアルほどくだけた服装ではないので、注意しよう。シャツは半袖がNGの場合もあるので会社の規定に合わせること。

check
会社の規定に合わせた服装を!

こんなときどうする?

急遽、取引先の人が来訪自分が応対することに

カジュアルデーに得意先の人が来社。そのまま応対していいものでしょうか。

BAD! カジュアルスタイルのまま応対する

GOOD! ジャケットを羽織りネクタイをして応対する

ビジネスカジュアルが許されるのは、あくまでも社内の人に対してだけ。自分の会社のルールをほかの人に押しつけるのは間違っています。社外の人に対して、カジュアルな服装のまま会うのは失礼なので、室内でもジャケットを着て、ネクタイを締めて応対するのがベストです。

そんなときのために、ジャケットとネクタイは会社のロッカーなどに必ず用意しておくこと。ネクタイを締めてジャケットを羽織るだけでも、相手に与える印象は大きく変わります。年配の方の中には「仕事=スーツ」という考えを持っている人も多いので、スーツ一式を会社に置いておくと安心です。

清潔で美しい状態を維持する
ビジネススーツのお手入れ

Lesson

スーツのお手入れ方法

スーツは毎日洗濯することができないので、ほうっておくと汚れや臭いがつく。スーツを着たら、その日の晩に必ずブラッシングしてホコリや汚れを払っておこう。食べ物やタバコの臭いが強いときは消臭スプレーをかけたり、風通しのいいところへ干したりして臭いを取る。

1 ブラシをかける

2 風通しのいいところへ

靴のお手入れも忘れずに!

靴のお手入れも毎日のブラッシングが大切。これだけで長持ちする。クリームを使った靴みがきは、最低でも月1回は行いたい。

check
1回履いたらブラッシングすること!

日々のケアと使い方でスーツを長持ちさせる

スーツのお手入れというとシーズンオフのクリーニングだけだと思いがちですが、それではすぐにスーツが悪くなってしまいます。大事なのは日々のお手入れと使い方。1度着たら、ブラシで汚れを取り、2〜3日は休ませる。同じスーツを着続けずに、複数のスーツをローテーションで着ていけば、傷みをおさえられ、スーツが長持ちします。

ワイシャツや靴も同様です。毎日使い続けると、すぐに悪くなってしまいます。ワイシャツは5〜7着用意し、1週間のローテーションで着まわす。靴もできれば1日履いたら、1日以上休めることができるように、2〜3足をローテーションで履いていくようにしましょう。

レベルアップ!

［効率］★★★★★
［スキル］★★★
［信頼度］★★★

クリーニング

スーツは１シーズンに１～２回はクリーニングに出しておくと長持ちする。クリーニングに出すときは、ポケットを確認し、中にある物は取っておくこと。ほつれや傷みなどがあるときはキズが広がる可能性があるので、クリーニングには出さないようにしよう。

クリーニングの注意点

- 1シーズンに1～2回クリーニングに出すこと
- ほつれや傷みがあるとキズが広がる可能性も
- ポケットに物が入っていないか確認してから出す

効率アップのポイント

クリーニングから戻ってきたスーツは専用ハンガーに掛ける

クリーニングから戻ってきたスーツは、お店のハンガーに掛けられ、ビニールをかぶせられていることが多いですが、そのまま保管してはダメ。型くずれを起こしたり、カビが生えたりすることもあるので、必ずスーツ用のハンガーに掛け直して保管しましょう。

×スーツをビニール袋に入れたままにすると･･･

- 湿気がこもり傷みやすくなる
- 型くずれを起こす
- カビが生えてしまうことも!

アイロンがけ

シワのないスーツやワイシャツを着るのはビジネスパーソンの身だしなみの基本。定期的にアイロンをかけておこう。ジャケットは常にシワがないようにして、ズボンはきちんと折り目が入った状態に。ワイシャツは洗濯後、使う前に必ずアイロンをかけよう。

スーツ（ジャケット）

ハンガーにかけたジャケットに、アイロンのスチームをかけ、手で生地を伸ばすようにしてシワを取る。

check
スチームを当ててシワを伸ばす

スーツ（ズボン）

アイロンがけは当て布を敷くこと。プレッサーの場合はそのままでOK。

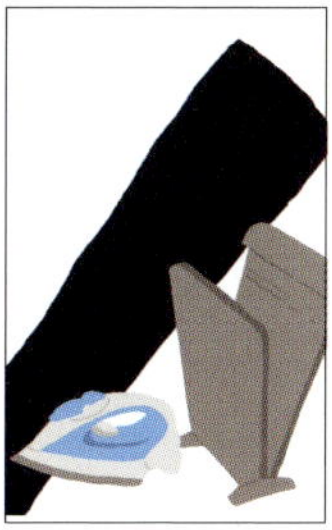

check
プレッサーやアイロンで折り目をつける

ワイシャツ

ワイシャツのボタンはすべてはずしたほうがかけやすい。袖口や襟は内側からアイロンを当てる。

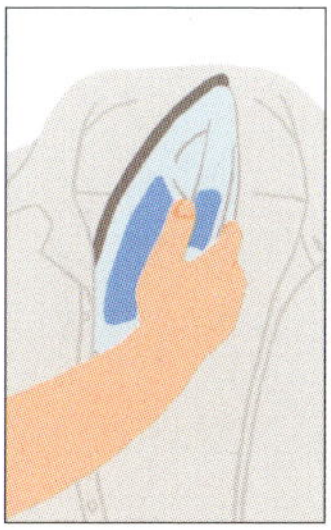

check
袖口や襟は内側からかける

スーツスタイルにふさわしいアイテムを揃える

ビジネス小物の選びかた

Lesson

黒か茶色の革製のものがベスト

名刺入れ

定期入れとは別に、専用の名刺入れを持つ。素材は革製で色は黒か茶に。ロゴが目立つようなブランドものはビジネスシーンには不向き。

厚みが出ない長財布がおすすめ

財布

スーツのポケットやカバンの中に入れても厚みが出ない長財布がおすすめ。名刺入れと同様に黒か茶の革製のものをセレクトする。

B4判が入るカバンが便利

カバン

黒や茶で落ちついたデザインの手提げカバンがベスト。大きめのカタログなども入るＢ４サイズがおすすめだ。機能性も重視して選ぼう。

高価なものを持つよりも いつもきれいなものを

スーツやシャツなどの服装だけではなく、カバンや財布、名刺入れなどの小物に関しても、ビジネスパーソンにふさわしいものを選びましょう。

社会人は意外と小物をチェックしているもの。立派にスーツを着こなしていても、取り出した財布や手帳が子どもじみたものだと、それだけであなたに対して悪い印象を持ってしまいます。

大事なことは、スーツスタイルに合ったデザインのものを揃え、トータルでコーディネートすること。高級なブランドものを使う必要はありません。安価でもかまわないので、古びた印象を与えないように早めに買い換えて、いつもきれいな状態のものを使うようにしましょう。

レベルアップ!

［効率］★★

［スキル］★★★

［信頼度］★★★★

ビジネス用のペンケースに入れておく
筆記用具

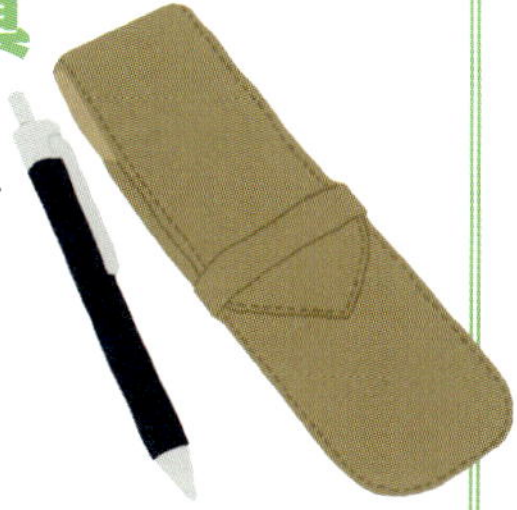

外出中でもメモがとれるように、筆記用具は必ず持つ。ビジネスシーンに合うペンケースに入れて携帯しよう。

主張の少ないシンプルなアナログ時計を
時計

ブランド時計やスポーツウォッチ、派手すぎる時計はNG。シンプルなデザインのアナログ時計にしたい。

派手すぎない落ち着いたデザインに
携帯電話 スマートフォン

黒や白などの落ち着いた色で、シンプルなデザインのものを選ぶ。ストラップは1つまでなら付けてもOK。

自分に合った使いやすいサイズを選ぶ
手帳

常に携帯するものなので、使いやすさだけではなく、サイズにも気を配る。仕事がはかどる手帳&メモ術は72ページを参照。

信頼度アップのポイント

男性でも持っておきたい身だしなみアイテム

男性の場合は、女性のようにメイクをするわけではないので、身だしなみアイテムを軽視する傾向がありますが、社会人となったら話は別です。清潔感のある、きちんとした身なりで人と接する必要があるので、学生気分のままではいけません。最低でも左で紹介しているアイテムは常に携帯しておきましょう。

■クシ・ブラシ
髪の毛がボサボサのままで、社外の人に会ってはいけません。ブラシやクシで髪の毛を整える習慣を。

■手鏡
ヘアスタイルやネクタイの位置などを確認するときに便利。身だしなみには気を使いましょう。

■ハンカチ・ティッシュ
ハンカチは紳士服店にあるシックなデザインに。ティッシュは広告用ではなく、きちんと購入。

■汗取りシート
夏は外を歩いただけで汗をかいてしまいます。臭い対策に、汗取りシートを携帯しておきましょう。

Lesson

相手に不快な思いをさせないための心がけと習慣
ボディケアとヘアケア

臭いのケア

日頃のケアで体の臭いを抑える

体の臭いの悩みとして代表的なのが、口臭、体臭、足の臭い。人によって体質の違いはあるが、毎日のケアをきちんと行えばその臭いを最小限に抑えることができる。

■口臭

食後の歯みがきが大切。歯ブラシを携帯して昼食後も忘れずに。ブレスケア製品を使うのも効果的。

■足の臭い

同じ靴を毎日履き続けないこと。臭いがひどいときは、靴の中に新聞紙を入れ、干しておくといい。

■体臭

体臭は寝汗がおもな原因。朝、シャワーを浴びるか、濡れタオルなどで体をふいてから出勤するだけで臭いを抑えられる。

対策のポイント 臭いの原因を知っておこう!

■臭いの強い食べ物

にんにくやニラ、ネギなどは口臭の原因に。人と会う前は食べないこと。

■汗

汗と雑菌が反応すると臭いが発生する。汗をかいたらまめにふき取ろう。

■肉料理

肉料理は体臭の原因である脂質の分泌が増えてしまう。食べすぎに注意。

清潔感のあるビジネスパーソンに

さわやかで清潔感のあるビジネスパーソンでいるためには、服装だけではなく、ボディケアやヘアケアにも気を配らなければいけません。髪がだらしなく伸びていたり、無精ヒゲが生えたりしている状態で出勤していては社会人失格です。

　髪は伸びたら切るのではなく、定期的に散髪に行って清潔なヘアスタイルを維持し、ヒゲ剃りは毎朝の習慣にする。それが社会人としてのルールです。

　また、臭い対策も大切なケアのひとつ。特に口臭や体臭などの問題は、まわりの人からも指摘されないケースが多いので、きちんとした自己管理が重要です。仕事で接する人たちに不快な思いをさせないように、常に清潔な体でいましょう。

レベルアップ!

【効率】★★

【スキル】★★★

【信頼度】★★★

ヘアスタイル

日頃のケアで体の臭いを抑える

ヘアスタイルは短めにするのが基本。髪が長いと相手に不快感を与え、仕事の邪魔にもなる。月に１回は散髪に行って、清潔感のあるヘアスタイルを維持しよう。

■前髪

髪が眉毛にかからないようにする。ヘアスプレーで前髪を立ち上げるなどして、額を出すとさわやかな印象になる。

■耳のまわり

サイドの髪の毛が耳にかからないように。耳にかかるようであれば散髪へ行こう。もみあげも長すぎると不潔な印象に。

■襟足

襟足の髪の毛はワイシャツの襟につかない状態が理想。首が短めの人は、刈り上げるなど、短めにカットする。

ヘアカラーは控えめに!

本来の髪より少し明るくする程度ならOK。ただし、会社によって許容範囲が違うので注意。上司や先輩に相談してみよう。

ヒゲのお手入れ

無精ヒゲは厳禁！ 毎日のヒゲ剃りを忘れずに

ヒゲ剃りは電気シェーバーを使う方法とカミソリを使う方法がある。ここではカミソリを使ったウェットシェービングの方法を紹介。カミソリは肌を傷つけやすいので注意しよう。

～カミソリを使ったヒゲのお手入れ～

1 蒸しタオルでヒゲを蒸らす

水で濡らしたタオルを絞り、電子レンジで１分加熱。そのタオルで顔を覆う。

2 シェービングクリームをつける

シェービングクリーム、またはよく泡だてた石けんを手にとり、ヒゲ全体につける。

3 ヒゲの向きと同じ方向に剃る

ヒゲが生えている向きと同じ方向にカミソリを動かして、ヒゲを剃っていく。

4 保湿ローションをつける

クリームや泡を洗い流す。仕上げに保湿液などを塗っておけば、肌荒れを防げる。

Column

相手の心象をよくするネクタイの色選び

ネクタイの色によって相手に与える印象は変わる。色の持つイメージを活用してネクタイを選ぼう。

知っておきたい! ビジネスシーンにもよく合う3つの色のイメージと効果

ブルー系

知的で誠実なイメージに

知的で礼儀正しく、誠実なイメージを演出したいときにおすすめの色。日常のビジネスシーンから、プレゼンなど説得力が必要な場面でも効果を発揮してくれる。

レッド系

情熱やリーダーシップを感じさせる

「パワータイ」とも呼ばれ、強い情熱とリーダーシップを感じさせる色。頻繁に着用するとインパクトが弱くなるので、ここぞというときに締めておきたい。

イエロー系

明るさや活発さをアピール

黄色は明るさや活発さを感じさせ、相手を楽しい気分にさせてくれる。自分を身近に感じてほしいとき、周囲の人の気分を盛り上げたいときに着用するといい。

ネクタイの色で仕事の流れを変える

ネクタイの色を変えるだけで、まわりの人に与える印象が変わります。それぞれの色がどんな印象を与えるのかを理解し、ビジネスシーンに応じてネクタイを変えれば、仕事の流れがいい方向に進むかもしれません。

左に挙げている3色はビジネスシーンにもよく合い、コーディネートもしやすい色。まずはこの3色を使い分けてみるといいでしょう。

オレンジ系	陽気で親しみやすい印象。開放感があり、プレッシャーをやわらげる効果も
ブラウン系	堅実さや温かみを感じさせる色。気持ちが安定し、相手に信頼感を与える
ピンク系	若さや優しさ、安らぎをイメージさせる色。緊張感をやわらげる効果もある
グリーン系	安定、調和を表し、さわやかな印象に。相手をリラックスさせる作用がある
パープル系	不安や緊張から解放し、穏やかな気分を与える。想像力アップの効果も
グレー系	穏やかで控えめな印象。落ち着いた雰囲気を出したいときに最適な色

礼儀正しく対応できるビジネスパーソンに

あいさつと敬語の使いかた編

円滑な人間関係を築く あいさつのルール

Lesson

基本の8大あいさつ

あいさつはコミュニケーションのひとつですから、ハキハキとした声でしっかりあいさつしましょう。また、誰に対しても気づいたらあいさつをするのが基本。上司から先にあいさつさせるのはNGです。あいさつをしても、返事が返ってこない場合もありますが、だからといってやめてしまわないように。あいさつは、見返りを求めずに、毎日の習慣にしましょう

1 出社したとき

「おはようございます」

よい一日のスタートを切るためにも、さわやかな笑顔で元気よくあいさつを。職場にいる人の気分もよくなる。

2 外出するとき

「行ってまいります」

上司や同僚に、その場からいなくなることを知らせる意味がある。みんなにわかるように大きい声ではっきりと。

3 帰社したとき

「ただ今、戻りました」

自分が帰社したことを周囲にきちんと知らせるのがビジネスパーソンとしてのルール。元気よくあいさつを。

4 用事を頼まれたとき

「かしこまりました」

いったん作業を止め、相手の顔を見て言う。「承知しました」でもOK。「わかりました」はくだけすぎているので注意。

TPOに合わせたあいさつを覚える

　あいさつは、円滑な人間関係を築くうえで必要不可欠のものです。あいさつがきちんとできれば、爽快感と信頼感を相手に与え、仕事のしやすい職場環境を作ります。マナーをわきまえているとして、人物評価も上がり、自分にとっても利点があります。社外からの来客はもちろん、社内の上司や同僚にも積極的にあいさつをしたいもの。さまざまなビジネスシーンにおいて、TPOに応じたあいさつのしかたをマスターしておきましょう。

　ビジネスパーソンとして、相手より先に自分から声をかけるのが基本。相手の目を見ながら、笑顔で行いましょう。きちんと心を込めてあいさつをすれば、相手もそれに応えてくれるはずです。

レベルアップ!

【効率】★★

【スキル】★★★★

【信頼度】★★★

スキルアップのポイント

好印象を持たれる「笑顔」と「姿勢」

職場の雰囲気をよくするためのあいさつのポイントは「笑顔」です。自然な笑顔を目にすれば、心の中も明るいことが感じられ、その人もよい気分になります。とくに、社外の人と接する機会の多い営業職は必須のスキル。また、あいさつするときの姿勢にも気をつけたいもの。歩いていた場合は、立ち止まり、背筋を伸ばします。お客様や上司に対しては、あいさつの言葉をまず伝えてからお辞儀を行うと、印象がさらによくなります。

●チェックポイント

- 笑顔で明るく
- 相手の目を見る
- 毎日続ける

check
TPOに応じて使い分ける

5 お礼を言うとき

「ありがとうございます」

頭を軽く下げながらあいさつする。気持ちを込めて行うこと。

6 お詫びするとき

「申し訳ございません」

軽いお詫びの場合は「申し訳ありません」でもOK。

7 社内で会ったとき

「お疲れさまです」

ほかの部署の社員、社内にいる配送や清掃、警備の人などにも。

8 退社するとき

「お先に失礼します」

「お先に」「お疲れ」などと省略した表現はしないこと。

こんなときどうする？

社内で社外の人に会ったときは？

会社では自分の知らない社外の人と出会うこともあります。そんなときは？

BAD! あいさつしない

GOOD! 「いらっしゃいませ」

社内にいる人は、なんらかの形で会社に関わっている人たちです。当然、顔見知りでない人に出会うこともあります。そんな人に対しても、会社ではあいさつをするのが基本です。取引業者の人や清掃の人、警備の人に対しては「お疲れさまです」もしくは「ご苦労さまです」（目上の方にはNG）と声をかけましょう。社外からの来客なら「いらっしゃいませ」と、会釈をしながらあいさつを。あいさつをせず素通りしてしまうと、自分だけでなく、会社全体の印象も悪くしてしまいます。同じ会社の人と同じように、笑顔で丁寧にあいさつすることで、会社のイメージアップにもつながります。

きちんとしたふるまいで一目置かれる

お辞儀と姿勢の基本

Lesson

ふるまい 1 立ちかた

背筋を伸ばして胸を張る

背筋をまっすに伸ばす。肩の力は抜いて、あごを軽く引く。まっすぐ前を見て、おなかに力を入れて胸を張るようにすると、美しく見える。

check
まっすぐ前を見ておなかを引っこめる

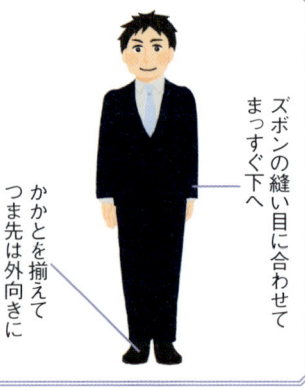

ズボンの縫い目に合わせてまっすぐ下へ
かかとを揃えてつま先は外向きに

ふるまい 2 歩きかた

あごを引いて背筋を伸ばす

歩くときもあごを引き背筋を伸ばす。目線はまっすぐ前に。両腕は軽く前後に振る。歩幅を広めにとると、キビキビとした歩き方になる。

check
視線は前に歩幅を広めに

キビキビした動作で仕事をしやすい雰囲気を作る

ビジネスの場においては、「立ち方」「歩き方」「お辞儀」といったふるまいを意識して正しく行うことが求められます。これらがきちんとできないと、相手に不快感を与えてしまうこともあります。ビジネスシーンに応じたふるまいを行うと同時に、相手を敬うという気持ちを持つことも重要です。

また、オフィスでは、ひとつひとつの動作をキビキビと行いましょう。そうすることで自分自身はもちろん、周囲の人も仕事がしやすい雰囲気を作ることができます。こうした動作は自分自身では、ふだん気づきにくいもの。「他人にどう見られているか」を常に意識するようにしましょう。

レベルアップ!
【効率】★★
【スキル】★★★
【信頼度】★★★★

ふるまい3

お辞儀

TPOで角度を変える

お辞儀には右の３種類がある。相手や状況に応じて使い分ける。いずれの場合も、背筋を伸ばして腰を折り曲げ、首を動かさないようにすることがポイント。

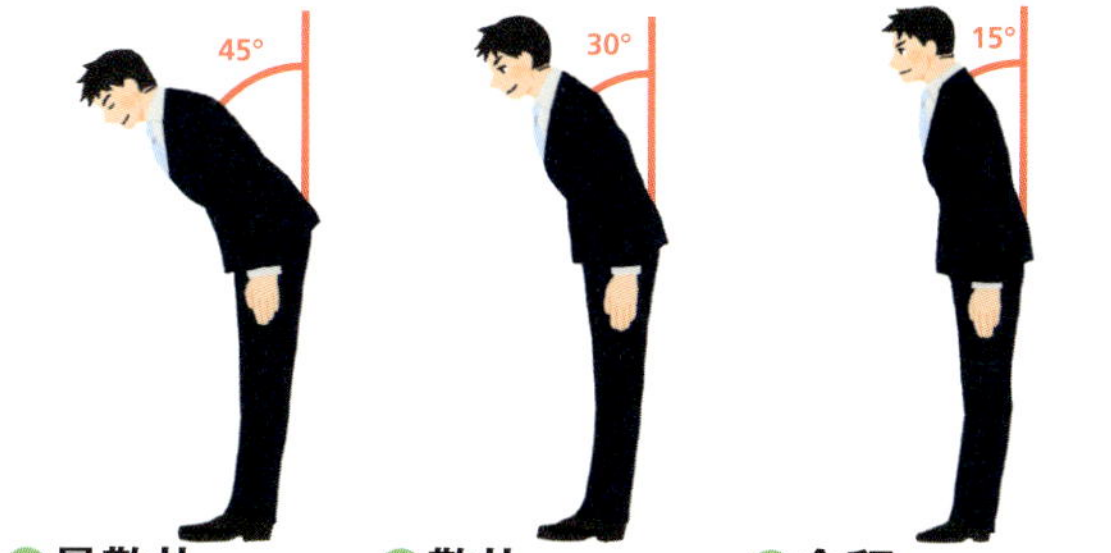

●最敬礼
お礼や謝罪の際に使われる。

●敬礼
お客様を出迎えるときなどに。

●会釈
１日に何度も会う人に対して朝夕に。

信頼度アップのポイント

ついやってしまうNGしぐさ

無意識のうちについやってしまうしぐさで、印象が悪くなったり、相手に迷惑をかけたりするものがあります。自分では気づかないことが多いので、自分のしぐさを見直して、改善しましょう。

●ペン回し
「仕事への意欲がない」という印象を与えます。

●貧乏ゆすり
落ち着きがないと思われるし、周囲の人の迷惑になります。

●腕組み
見た目が尊大で威張っているように見えてしまいます。

●あくび
生理現象ですが、怠けているような印象を与えます。

ふるまい4

入室・退室

普段からクセをつけておく

誰も見ていないときや急いでいるときこそ、ドアの開け閉めはしっかりと。普段から徹底しておく。

■ノック
ビジネスでは、必ず３回ノックする。

■入室
「失礼します」と声をかけながら。

■退室
ドアの前で一礼し、両手でドアを閉める。

check
つねに見られているという自覚を!

Lesson

よい信頼関係を築くための ビジネス会話の基本

ビジネスシーンならではの話しかた

適度な速度で

聞き取りやすい速さを保つ。内容によって緩急をつけたりしてもいい。

聞きやすいトーンで

相手に聞こえる大きさでハキハキと。重要な部分ではきちんと発音する。

明るい表情・態度で

相手に話を聞いてもらうためには、相手の目を見て、明るい表情で話す。

結論を簡潔に

誤解を招くあいまいな表現を避け、結論がはっきり伝わるようにする。

正しい敬語を使う

とくに年長者を相手にする場合は敬語の使い方に注意（38ページも参照）。

話し方が与える印象で仕事の正否が決まる

同じ内容を伝えるのでも、よい印象を与える話し方を心がけたいものです。相手に好感を持たれれば、会話も弾みますし、取引や商談もうまく運ぶでしょう。逆に、悪い印象を与えてしまえば、話を聞こうとする気も起きませんし、うまくいくはずの商談も失敗に終わってしまうかもしれません。このように話し方によって、仕事の正否が決まってしまう場合も少なくありません。「よい印象を与える話し方」は、ビジネスパーソンが身につけるべき重要なスキルのひとつです。そのためには、ビジネスシーンでよく使われる言葉づかいをマスターしましょう。34ページからさまざまなビジネス用語を紹介していますので、ぜひ参考に。

レベルアップ!

［効率］★★

［スキル］★★★★

［信頼度］★★★

日常の言葉を言い換える

日常生活や学生時代に問題なく使っている言葉のうち、ビジネスシーンにはふさわしくないものがある。下記のように、日常生活では自然な表現も、オフィスでは改まったものに言い換える必要がある。しっかりマスターし、的確に使えるようにしておくと、相手によい印象を与えることができる。

普通の言い方	ビジネス用語
今度	このたび
あとで	後ほど
もうすぐ	まもなく
いいですか	よろしいでしょうか
わかりました	かしこまりました
すみません	申し訳ございません
できません	いたしかねます
わかりません	わかりかねます

改善したい話しかたの例

表情や声が暗い
会話が盛り上がらず、印象も悪くなる。

相手の目を見ない
おどおどした印象を与え、説得力がなくなる。

早口、しゃべりが遅い
言葉が聞き取れず、内容が伝わらない。

腕を組む
無意識でも、相手に不快感を与えてしまう。

身ぶりが大きい
適度な手ぶりは必要だが、限度をわきまえる。

スキルアップのポイント

さらに印象をよくする方法

ふだん誰もが言葉を話し、会話をしているため、「話し方」まで注意を払うことはあまりないでしょう。ビジネスの場では、「さらに印象をよくする」ことを心がけることで、人間関係がより円滑になったり、仕事がスムーズに運んだりします。ここでは、ちょっとした会話のコツをご紹介します。

1 あいまいな言い回しをしない

「相手もわかっているはず」と思い込むと誤解が生まれることも。イエス、ノーがはっきりわかる話し方を。

2 相手の理解度に合わせる

相手の知らない専門用語を使うと、配慮に欠けた人間だと思われます。相手の理解度に合わせた内容を心がけます。

3 前向きに肯定的に話す

否定的なことばかりを口にする人は、よい印象を持たれません。可能なかぎりポジティブな表現で会話を。

人間関係を壊さず仕事を成功させる

ビジネスシーンの言葉づかい

Lesson

ビジネス会話3つのルール

1 ポイントを明確に

いつ、どこで、何を、どのように、といった5W1Hをはっきりと伝える（78ページ参照）。

check
5W1Hをはっきりと

2 相手の都合を考える

相手が忙しく作業に取り組んでいるときに話しかけるのはNG。声をかけて承諾を得てから話す。

check
承諾を得てから話す

3 すぐに否定しない

相手の意見をまずは聞き、「ごもっともですが」と理解を示してから、自分の意見を述べる。

check
まず相手に理解を

相手に配慮しながら仕事を進める言葉づかい

言うまでもなく、ビジネスの場では、友人や家族と話しているときのようなざっくばらんな言葉づかいはしません。オフィスに入ったら、意識して「ビジネス会話」をするように心がけましょう。

　ビジネスにおける会話は、自分も相手も、仕事をスムーズに進めることが目的です。しかし、お互い感情を持った人間ですので、言いたいことを口にするだけでは、人間関係がぎくしゃくしてしまい、仕事もうまくいきません。ビジネスの場では、相手の感情を考慮しつつ、必要なことをしっかり伝えるための適切な言い回しがあります。これらをマスターすることで、取引や商談をうまく進めることができるのです。

レベルアップ！

［効率］★★

［スキル］★★★★

［信頼度］★★★

相手に敬意を示すクッション言葉

失礼ですが
どちら様でしょうか?

恐れ入りますが
少々お待ちいただけますか?

申し訳ございませんが
後ほどおかけ直していただけますか?

あいにくですが
本日は終日外出しております

差し支えなければ
お名前をうかがってよろしいでしょうか?

お手数をおかけしますが
ご検討のほどよろしくお願いします

相手にソフトな印象を与える話し方

何かを依頼するときや断るときなど、その内容をストレートに表現してしまうと、相手との関係が悪くなる場合もある。しかし、ちょっとした言葉を添えることで依頼や断りがスムーズにできるようになる「クッション言葉」がある。これらを覚えておくと、さまざまな場面で活用できる。

スキルアップのポイント

NOを上手に伝える

ビジネスシーンでは、相手に「NO」を伝えることも大切です。しかし、たとえその内容が正しいとしても、相手に悪い印象を持たれるのは避けたいところ。「できない」「知らない」といった否定的な内容も「～しかねる」という表現に言い換えることで、スムーズに否定的な内容を伝えることができます。

✕ 水曜日には送れません
○ 木曜日の午前中にお送りできます

✕ 私は知りません
○ 私にはわかりかねますので、担当者よりご連絡いたします

ビジネスでは使わない言葉

バイト敬語

「～のほう」
✕ 田中のほうは、ただ今外出しております
○ 田中は、ただ今外出しております

「～になります」
✕ こちらが弊社の提案になります
○ こちらが弊社の提案でございます

「～でよろしかったでしょうか?」
✕ お打ち合わせは来週でよろしかったでしょうか?
○ お打ち合わせは来週でよろしいでしょうか?

尻上がり言葉

✕ 明日の会議ってぇ、3時からですよね?
○ 明日の会議は3時からですよね?

語尾上げ

✕ A社の～?↗　○○さんからお電話です
○ A社の○○さんからお電話です

目上の人への敬意を込めた
役職と上司の呼びかた

Lesson

会社の役職の呼称と序列

外資系企業

- **CEO（最高経営責任者）**
  日本の会長や社長にあたる役職
- **COO（最高執行役員）**
  日本の副社長にあたる役職
- **CFO（最高財務責任者）**
  CEOに次ぐ会社のナンバー２
- **ディレクター**
  日本の次長クラスの役職
- **シニアマネジャー**
  日本の次長と課長の中間の役職
- **アソシエイト**
  日本の課長と係長の中間の役職

一般企業

- **会長**
  取締役会の長
- **社長**
  会社のトップ。代表権を持つ
- **副社長**
  社長を補佐する
- **専務**
  会社経営を管理する
- **常務**
  日常の経営業務を管理する
- **部長**
  会社の「部」のトップ
- **次長**
  部内の運営実務を担う
- **課長**
  会社の「課」をまとめる
- **係長**
  現場の監督的な役割を負う
- **主任**
  プロジェクトチームなどを監督

役職は名前と同じくらい重要

会社という組織は、「役職」という制度によって、はっきりとした序列が作られています。役割や責任、権限の大きさによって役職が決まっており、当然、役職が上がるにつれ、それらは大きくなっていきます。ビジネスシーンにおいては、役職を間違えることは名前を間違えるのと同じくらい失礼なことですので、絶対に避けなければなりません。会社によって多少違いがありますが、一般的な役職の序列は上記の通り。まずはこの構図を頭に入れておきましょう。

また、上司や同僚、社内、社外の人の呼び方にもルールがあります。これも人間関係をスムーズにするためには、欠かせない基礎知識です。

レベルアップ！

［効率］★★
［スキル］★★★
［信頼度］★★★★

人と会社の呼びかた

社外

・**部長の田中が……**
・**田中が……**
役職を先につけて、姓を呼び捨て。役職についていない場合、姓を呼び捨て。

上司・先輩

社内

・**田中部長**
・**田中さん**
上司は「姓＋役職」で呼ぶ。役職についていない場合は「姓＋さん」。

社外

・**佐藤が……**
同僚・後輩を呼ぶ場合は、男女ともに、姓を呼び捨てにする。敬称はつけない。

同僚・後輩

社内

・**佐藤さん**
男女ともに「姓＋さん」。「～くん」「～ちゃん」はビジネスではNG。

状況に応じて言いかたを変える

左で示すように、上司の呼び方は、会社の内と外で変える必要がある。いずれにしても、敬意を持って接することが大切。

check
内と外の使い分けに注意しよう

自分
男女ともに「わたくし（わたし）」。「ぼく」「オレ」「あたし」などの言い方はビジネスシーンでは避ける。

取引相手
・**高橋部長**
・**高橋様**
役職についている場合は「姓＋役職」。役職についていない場合は、男女ともに「姓＋様」で呼ぶ。

身内
自分の家族は「父」「母」「祖母」「祖父」「兄」「弟」「姉」「妹」「家内」「妻」「夫」「主人」などと表現。敬称はつけない。

お客様
・**吉田様**
・**こちら様**
・**そちら様**
・**お連れ様**
お客様の名前がわかっている場合は、「姓＋様」。名前がわからない場合は「こちら様」「そちら様」。同行者は「姓＋様」か、名前がわからない場合は「お連れ様」。

会社
「わたくしども（わたしども）」と言えば、自分の会社を表す。「弊社」「わたしども」「手前ども」という表現もある。相手の会社は「御社」「貴社」。

自分の会社
・**わたしども**
・**弊社**

相手の会社
・**御社**
・**貴社**

信頼度アップのポイント

同僚の呼びかたに注意する

人間関係が深まってくれば、親しみを込めた呼びかたをしたくなりますが、節度を。

●**ニックネーム**
許容される場合もありますが、お客様の前などでは避けます。

●**「ちゃん」付け**
一人前に扱っていないと思われるので、親しみを込めてもNG。

●**「くん」付け**
年下・後輩の場合も、ビジネスの場では「くん」付けはやめます。

●**「さん」付け**
会社の序列から、相手が年下でも先輩なら「さん」付け。

相手と自分の立場を明確にする

敬語の種類とビジネス特有の表現

Lesson

ビジネスで使う3種類の敬語

尊敬語

相手の行動に付ける

上司や先輩、社外の人などの行動を表す言葉に使う。立場が上の人を敬う表現。敬称の使い方（36ページ）にも注意したい。

check
目上の人、社外の人に

れる（られる）をつける
「帰られる」

お…になる
「お帰りになる」

立場は相手が上

丁寧語

表現をやわらかくする

ビジネスの場で使われる基本的な敬語。会話の語尾に「です」「ます」を付けたり、単語の頭に「お（ご）」を付けて、表現をやわらかくする。

check
立場には無関係

…です／…ます／…でございます
「入り口はあちらでございます」

「お」「ご」をつける
「お電話」

立場は平等

3種類の敬語を正しく使い分ける

ビジネスの場において、誤った表現を多用していると、教養や人間性まで疑われ、仕事がうまくいかない、ということにもなりかねません。それほどビジネスシーンにおける敬語は重要なのです。

日本語の敬語には「丁寧語」「尊敬語」「謙譲語」の3つがあり、相手の立場や状況に応じて正しく使い分ける必要があります。最初はとまどったり、難しく感じたりしますが、上記の基礎知識を頭に入れ、実際に使いながら慣れていくとよいでしょう。ビジネスシーンでよく使われる表現は決まっているので、意外と早くマスターできるはずです。頭で考えずに自然に会話をできるようになれば、一人前といえるでしょう。

レベルアップ!

［効率］★★★★
［スキル］★★★★
［信頼度］★★★

こんなときどうする？

名詞に「お」や「ご」を付けたいときは？

「お」「ご」を付ければ敬語になりますが、何にでも付けられるわけではありません。

BAD! **お駅、お猫、お松**

外来語、公共の施設、動植物、色、形を表す言葉などには付けません。

GOOD! **お顔、ご伝言、ご家族**

相手の物事や状態、動作などに付けます。お金、お茶、ご飯など、慣用的な表現も。

効率アップのポイント

上司・先輩の会話から盗む

上司・先輩の会話を聞いて、実際に敬語が使われている会話を耳にすれば、自然と頭に残ります。

1 先輩や上司の会話を聞く

↓

2 繰り返し使ってマスター

謙譲語

自分の行動に付ける

自分の行為を下げて、相手を立てる。「お…する」「お…いただく」の形をとる。「お目にかかる」「拝見する」などの慣用表現もある。

check
自分の行動を控えめにする

お…する

「お知らせする」

お…いただく

「お話しいただく」

自分を下げて相手を上に

ビジネスシーンでよく使われる敬語

ふつうの表現	丁寧語	尊敬語	謙譲語
行く	行きます	いらっしゃる	伺う・参る
いる	います	いらっしゃる	おる
来る	来ます	いらっしゃる・お越しになる	伺う・参る
帰る	帰ります	お帰りになる	失礼する・おいとまする
する	します	なさる・される	いたす・させていただく
言う	言います	おっしゃる	申す・申し上げる
聞く	聞きます	お聞きになる	伺う・拝聴する
見る	見ます	ご覧になる	拝見する
見せる	見せます	お見せになる	お目にかける・ご覧いただく
読む	読みます	お読みになる	拝読する
知っている	知っています	ご存じ	存じる・存じ上げる
わかる	わかります	おわかりになる	承知する・かしこまる
尋ねる	尋ねます	お尋ねになる・お聞きになる	伺う・お尋ねする
食べる	食べます	召し上がる・お食べになる	頂戴する・いただく

相手と良好な関係を保つ
ビジネスシーンの慣用表現

Lesson

よく使われるビジネス慣用句

決まり文句を覚える

ビジネスの場でよく使われる表現は下の通り。適切なタイミングで口にすることで、人間関係もスムーズになる。

社外の人へあいさつ
「お世話になっております」

お願いごとをする
「よろしくお願いします」

帰るときのあいさつ
「失礼いたします」

謝罪する
「申し訳ございません」

肯定する
「かしこまりました」「承知しました」

否定する
「いたしかねます」「わかりかねます」

待たせてしまった
「お待たせいたしました」

慣用表現を身につけ相手に誠意を示す

ビジネスの場では、それぞれ利益を追求しながらも、お互いを尊重し合いながら、仕事が進んでいきます。相手と良好な関係を保ちながら、自分の主張を伝えるために、さまざまな慣用表現が使われます。これは社外の取引先との会話だけでなく、社内の上司や同僚、後輩とのコミュニケーションにおいても、身につけておきたい表現方法です。

これらは慣用表現ではありますが、単に言葉を覚えるのではなく、相手に配慮する気持ちも持ちたいものです。表面的な言葉だけを口にしても、誠意が感じられなければ、人間関係もうまくいきません。とくに相手にとって不利な内容を伝えるときには注意しましょう。

レベルアップ!

【効率】★★

【スキル】★★★★★

【信頼度】★★★

ビジネスで言い換える言葉

日常生活で問題なく使われている表現も、ビジネスシーンでは改まった表現に言い換えるものがある。適切なタイミングで用いることで、より丁寧に、やわらかい印象を与えることができる。

- あれ、これ → あちら、こちら
- あなた → あなた様
- さっき → さきほど
- いま → ただいま
- きのう → 昨日（さくじつ）
- あす → 明日（みょうにち）
- 前に → 以前
- この間 → 先日
- 今度 → 次回
- すぐに → さっそく
- もうすぐ → まもなく
- あとで → のちほど
- 本当に → まことに
- ちょっと → 少々
- どのくらい → いかほど
- すごく → 非常に
- じゃあ → それでは・では
- 一応 → 念のため

こんなときどうする?

否定するときはどうする?

相手の意に反することも言う必要があります。

BAD! 「この商品デザインには反対です」

GOOD! 「あいにくですが、この商品デザインには賛成しかねます」

相手の意に反して自分の主張を通さなければならないようなビジネスシーンでは、相手への敬意を示しながら、婉曲的な表現で意見を伝えます。たとえば「〜に反対です」ではなく、「あいにくですが」などのクッション言葉（35ページ）を置いたあと、「〜には賛成しかねます」というビジネス表現に変えて反対の意思を伝えます。相手にも敬意を示しながら、自分の主張を述べたことになるので、そのあとの会話がぎくしゃくすることもないはずです。

スキルアップのポイント

相手に敬意を払った話しかたを

相手に不利になることや手間をとらせる要求がある場合は、敬語を使うだけでなく、さらにひと工夫が必要です。クッション言葉（35ページ）を入れたり、命令形を依頼の形にして表現すると、内容は同じでも、相手は受け入れやすくなります。

ものを頼むとき

「〜してください」を「〜してくださいますか？」の形にすると、求める行動は同じでも、ソフトな印象を与えることができます。

✕ しばらくお待ちください

○ 恐れ入りますが、しばらくお待ちいただけますか?

断るとき

「恐れ入りますが」などのクッション言葉を置きながら、「〜いたしかねます」と、語尾もソフトな表現に変えます。

✕ 私では判断できません

○ 私では、判断いたしかねます

気づかないうちにやってしまいがちな 間違いやすい敬語表現

Lesson

先輩・上司に話すときの間違い

○ 社長がおっしゃいました

× 社長が申しました

「申す」も敬語表現なので表現はソフトに思えるが、自分を下に置く謙譲語で、社長の行動に使うのは間違い。自分より目上の人の行動には尊敬語を使う。

○ A社の佐藤さんがお見えになりました

× A社の佐藤さんが参られました

「参る」は上と同じように謙譲語なので、お客様の行動には用いない。謙譲語に「～られる」をつけても尊敬語になるわけではない。「お見えになる」という慣用表現が適切。

失礼にあたる表現を頭に入れておく

日本語の敬語は複雑なため、とくに入社当初は間違った表現をしがちです。よくあるのは、目上の人に謙譲語を使ってしまうケース。当人は敬語を使っているつもりでも、意味が逆になってしまい、失礼にあたります。とくに目上の人に接するときは十分注意をしたものです。また、社外の人に対して、自分の上司のことを話す場合なども、それぞれの立場が複雑な関係になりますので、慣れないうちは混乱しがちです。

ここでは、38ページの敬語の基本をふまえつつ、間違いやすいケースについて解説していきます。これらを頭に入れておけば、重要な局面で失敗することはなくなるはずです。

レベルアップ!

［効率］★★

［スキル］★★★★

［信頼度］★★★

スキルアップのポイント

「〜させていただく」を正しく使う

「〜させていただく」は、相手の許可を受けて行動するときに使う謙譲語で、正しい敬語です。しかし、自発的な行動にまで用いるのは誤りです。表現としてはかなりソフトになるうえ、テレビなどのメディアでも多用されているので気づきにくいのですが、ビジネスシーンでは正しい使い方を心がけたいものです。

× 新しく開発させていただいた
○ 新しく開発した

× このたび発売させていただきました
○ このたび発売しました

× 来月、移転させていただく
○ 来月、移転する

社外の人に話すときの間違い

○ ただいま部長の伊藤は電話中です

× ただいま伊藤部長は電話中です

役職は敬称の一種なので、社外の人に対しては、自分の上司でも名前の後に役職は付けない。役職＋姓が基本。

○ 担当者が申し上げたように……

× 担当者がおっしゃったように……

社内の人間の行動には、自分の上司や先輩であっても、尊敬語は使わない。自分と同じように謙譲語で表現する。

気をつけたい敬語表現

上で挙げた以外にも、多くの人が間違いやすい敬語表現がある。知っていないと、正しいと思いがちなので、一層注意が必要。日常生活ではあまり使わない表現でもあるので、ここでしっかりおさえておきたい。

二重敬語

尊敬語に、さらに「れる（られる）」を付けるのは過剰な敬語となり誤り。

× 部長がおっしゃられました
○ 部長がおっしゃいました

× ○○部長がおいでになられる
○ ○○部長がおいでになる

慣用表現

本来、目上の者が目下の者に使う慣用表現を、目上の人に使いがちなので注意。

× (上司先輩に)ご苦労さまです
○ (上司先輩に)お疲れさまです

× (社外の人に)お世話さまです
○ (社外の人に)お世話になっております

Column

外国人とのコミュニケーションの基本

外国語のあいさつのしかたを覚えて、積極的なコミュニケーションをしよう。

覚えておきたい基本のあいさつ

「こんにちは」

英語	ハロー
イタリア語	ブォンジョルノ
スペイン語	ブエノス ディアス
フランス語	ボンジュール
韓国語	アニョンハセヨ
中国語	ニンハオ

「ありがとう」

英語	サンキュー
イタリア語	グラツィエ
スペイン語	グラシアス
フランス語	メルスィ
韓国語	カムサハムニダ
中国語	シェシエ

「はじめまして」

英語	ナイス トゥ ミーチュウ
イタリア語	ピアチューレ
スペイン語	エンカンタード
フランス語	ボンジュール アンシャンテ
韓国語	チョウム ブェッケッスミニダ
中国語	ニンハオ チン ドゥオドゥオ グゥアン ヂァオ

「お会いできて光栄です」

英語	アイム ベリー グラットュー スィー ユー
イタリア語	モルト リエト ディ コノシュルラ
スペイン語	メ アレグロ デ コノセールレ
フランス語	ボンジュール ジュ スィ コンタン ドゥ ヴ ヴォワール
韓国語	パンガプスムニダ
中国語	ヂィエンダオ ニン ゥオ ヘン ガオシン

外国人と接する機会はますます増加

日本で普通に生活をしていると、日本語以外の言葉を話す必要があまりないため、外国人とのコミュニケーションには尻込みしがち。しかし、ビジネスの場では、今後ますます外国人と接する機会が多くなっていきます。本格的な商談には高い語学力が必要となりますが、簡単なあいさつ程度はできるようにしておくとよいでしょう。

尻込みしない握手のしかた

日本では握手をする機会はあまりないが、外国では一般的なあいさつ。握手を求められた場合は、スムーズに応じるのが礼儀で、人間関係を深める絶好の機会にもなる。

■アメリカ人の場合

「Nice to meet you」と言いながら握手する。このとき相手の目を見る。そらしてしまうと不誠実な印象に。

■イギリス人の場合

「How do you do ?」と言いながら自己紹介するのが一般的。必要以上に近づいて肩を抱くのはNG。

握手の5か条

1. 相手の目をしっかり見る
2. お辞儀をしながらしない
3. ほほえみながらする
4. 相手に近づきすぎない
5. 女性の場合は相手が手を差し出したら

仕事をこなすために覚えておく

オフィスの決まりごと編

Lesson

1日の仕事の成果を決める 始業前の準備と心構え

■パソコンを立ち上げる

電源を入れてから使えるようになるまで、一定の時間がかかる。始業前に立ち上げておく必要がある。

■デスクを掃除・整頓する

始業とともに仕事が始められるよう、デスクの清掃・整頓は始業前に。デスクが汚いと仕事の能率も落ちる。

■メール・業務連絡を確認する

パソコンを立ち上げたら、メールの確認を。内容をざっとチェックし、1日の段取りを考える。

■1日の作業内容・手順を確認する

その日にやるべき仕事の順番や優先順序を確認する。段取りをどのように組むかで、仕事の能率も変わってくる。

会社が利益を生むための準備を整える

始業時間は会社が利益を生むために動き出す時間です。それまでに席につき、仕事が始められる状態になっていなければなりません。そのためには、始業15分くらい前までには出勤するようにしましょう。万が一、交通機関にトラブルがあっても、遅刻せずにすみます。始業時間ギリギリに出勤すると、始業に間に合ったとしても「時間にルーズな人」という印象を与えてしまいます。

業界や会社によって異なる場合もありますが、時間に余裕を持って出勤したら、上記のような準備を整えます。これらは「会社が利益を生むため」の作業ではないため、始業時間前に行っておく必要があるのです。

レベルアップ!

［効率］★★★

［スキル］★★★

［信頼度］★★★★

信頼度アップのポイント

誰もやらないことを率先して行う

誰のものでもない共用スペースまではなかなか気が回らないもの。これらのスペースの清掃や整頓を率先して行うことで、信頼度を高めることができます。コピー機の紙やトナーの補充、オフィスの換気など、自分だけでなくまわりの人も仕事のしやすい環境作りに注意を払いましょう。そのために、始業時間の30分～1時間前に出勤するのもひとつの手です。

チェックポイント

- □共用スペースの掃除
- □オフィスの換気
- □ごみの片づけ
- □消耗品の補充
- □来客用のお茶の準備

■あいさつをして働きやすい環境に

朝のあいさつは、ビジネスパーソンの基本。まわりの人も仕事のしやすい環境を作る（28ページ参照）。

×これはNG

■ギリギリ出社

「やる気のない社員」という評価を受けてしまう。

■仕事に関係ない読書

業務に関係のある新聞や雑誌は情報収集として認められる。

■ケータイ・スマホ

緊急の場合以外は、私的な行動となるのでNG。

■デスクで朝食

休憩時間ではないのでNG。においが業務の妨げになることも。

■パソコンでゲーム

私的なインターネットの閲覧やゲームで遊ぶことは厳禁。

こんなときどうする?

電車が遅れたらどうする?

交通機関のトラブルで会社に遅刻するときはどう対処したらいい?

GOOD! 会社に連絡し「遅延証明書」をもらう

まずは会社へ連絡を入れることが肝心。どのくらい遅れるかを確認し、報告します。鉄道会社が「遅延証明書」を配布しているので、降車駅で受け取ること。出社したら、自分の責任ではなくても、遅れたことのお詫びをしましょう。

遅延証明書

当駅着9時00分の
列車（自動車）は
30分遅延しました。

平成●年●月●日
●●●●旅客鉄道株式会社
○○○駅長

Lesson

会社が業務の状況を把握する重要書類
日報・日誌の書きかた

日報・日誌の記入のしかた

業務日報

所属業　　氏名

2014年●月●日（月）　本日の業務内容	
・A社訪問　定期報告 ・B社にて●日のプレゼンについて打ち合わせ ・C社に見積書送付	
時間	チーム会議
	10:00～　A社訪問　ご担当：山田様 ●月●日までに○○○を100個納品 13:00～　B社にて ●日のプレゼンについて佐藤係長と打ち合わせ ▲日までにスケジュールと予算を確定 C社にプロジェクトDについての見積もりを作成
連絡事項 ・B社より▲日の打ち合わせに高橋課長に出席してほしいとのことです。	

要点は箇条書き
長い文をだらだら書かず、ポイントだけを箇条書きに。

名称や数値は正確に
名称や数値は間違えないように。記録や資料で確認すること。

5W1Hで説明
いつ、どこで、だれが、どのように、という基本情報を書く。

重大なことは口頭でも
取引先とのトラブルなど、必要に応じて口頭でも伝えて補足する。

自分の仕事を客観的に見る

日誌や日報、月報などといった書類の提出を求められる場合があります。これらの書類を作成する目的は、まず会社や上司が業務の進捗状況を把握することにあります。また、会社内の共有の資料としての役割もあります。さらに、記入した当人にとっても、自らの仕事を客観的に振りかえることができます。そうすることで、頭の中が整理され、課題が発見できるという利点もあるのです。

会社によって細かい書式は異なりますが、基本的な記入のしかたを覚えておくといいでしょう。上司に提出するものであっても、敬語は必要ありません。事実のみが伝わるよう、簡潔な表現で記入していきましょう。

レベルアップ!

【効率】★★★★

【スキル】★★★

【信頼度】★★

日報と報告書の違い

会社に提出する書類には「日報」と「報告書」がある。それらの違いを理解して、適切に記入できるようにしておこう。

日報　総まとめの書類

その日の業務に関する総まとめの意味合いがある書類。課題や疑問点、目標などを記入する場合も。

おもな項目

- 当日の業務内容
- 進行状況
- 成果
- 所感

報告書　プロジェクトの区切り

プロジェクトの区切りで作成する。日報より重要度は高く、資料として長く保存される。

おもな項目

- 経過報告
- 成果
- 課題
- 収支計算
- 資料の作成状況

日報・日誌の役割

部下　ミスの予防と課題発見

自己点検をすることで、ミスの予防や課題の発見ができる。トラブルが起きた場合の対処法を記しておけば、今後の役に立つ。

check
作業の効率化につながる

部下　業務の状況が確認できる

業務の進捗状況や問題点、部下の仕事の進め方がわかる。ひとりひとりの部下に対して的確なアドバイスができる。

check
業務の改善点を見つける

効率アップのポイント

日誌・日報を自分の成長に役立てる

入社当初は、日報・日誌の記入は、とても面倒なものと思えるもの。それは「上司から言われて仕方なく」と考えているからで、見方を変えると「自分を成長させるツール」として活用することができるのです。

■日報・日誌をコピーしておく

何日か分の日報を見直してみると、自分の仕事に無駄があることに気づくことも。時間を有効に使うように心がければ、生産性もアップします。会社に提出する前に、控えをとっておきましょう。

■メモを取る

仕事に要した時間、気づいたことなどを手帳やノートにメモしておきます。詳細な記録をとっておけば、自分の仕事に関する資料としての価値も高まります。また、日報・日誌への記入も楽になるというメリットもあります。

会社の人へ迷惑をかけない

遅刻・早退・欠勤・休暇の報告

Lesson

欠席

理由・事情をきちんと説明

体調不良などで出社できない場合は、始業前に上司に連絡し、理由や事情を説明する。引き継ぎ事項があればそれも伝える。

check

始業前に電話する

遅刻・早退

わかった時点ですぐに伝える

遅刻が明らかになった時点で、理由と出社予定時間を知らせる。緊急の用件がある場合は、対処法も伝えるようにする。

check

できるだけ早く連絡

届け出や連絡を適切に行う

会社では、業務を円滑に進めるために、欠勤や遅刻などに関して、さまざまな届け出や連絡が必要になります。これらを無断で行ったり、連絡が遅れたりすると、業務の妨げとなり、場合によっては会社の信用に関わることもあります。また、自分の給与や手当にも影響する場合もあります。このような届け出や連絡を軽く考えず、すぐに報告することがビジネスパーソンには求められるのです。

法事や通院など、事前にわかっている場合は、できるだけ早く上司に知らせ、必要に応じて書類を提出します。急な遅刻や欠席は、上記のとおり対応します。いずれにしても、その後の出社時にはお礼やお詫びを述べるようにしましょう。

レベルアップ!

【効率】★★

【スキル】★★

【信頼度】★★★★

届け出が必要なケース

労働基準法や健康保険法、所得税法などの法律に関連するものは、書類を提出する必要がある。これは社員の状況を正確に把握しておくことが会社に求められているため。早めに確実に提出するよう心がけたい。

■欠勤届

会社を休むときに届け出る。病気や天災、事故など、やむを得ないケースがほとんどで、事後に提出することが多い。

■有給休暇（代休）届

有給休暇は法律により取得が義務づけられている。代休は本来休日だった日に出勤した場合、代わりに休日を取得するもの。

■時間外勤務届

規定の労働時間を超えて勤務する際に会社に提出する。給与や手当の計算に必要になるため、事実に相違ないよう慎重に記入する。

■退職届

会社を辞める最終的な意思を届け出る書類。一度提出すると撤回はできない。自筆で書いたものを提出するのが一般的。

直行・直帰

必ず上司の許可を得る

直行の場合は、前日に上司に相談し許可を得ておく。直帰の場合も、出先から上司に連絡を入れ許可を得ること。

check

予定を必ず伝える

信頼度アップのポイント

自己判断は信頼度ダウンのもと

入社当初に犯してしまいがちなミスは、遅刻の連絡を自己判断してしまうこと。たとえば、朝、会議や急ぎの仕事がなく、「5分くらいならいいか」と、連絡なしに遅刻するのはマナー違反です。上司や同僚に「何かあったのかも」と余計な心配をかけてしまうこともあります。厳密に言えば、その5分にも給与が支払われていることも忘れてはいけません。

また、遅刻や欠勤の連絡をしたときに、上司が不在の場合にも注意が必要です。自分が遅刻や欠勤をすると、まわりの人が特別な対応をしなければいけないこともあります。上司が不在でも、同じ部署の先輩・同僚にその旨を伝え、上司にも伝言を頼みましょう。そのあと、上司がいる時間を見計らって連絡を入れ、事情を説明します。「ご迷惑をおかけして申し訳ありません」とお詫びの言葉も付け加えましょう。出社後は、上司はもちろん、同じ部署の人にもあいさつをしてフォローしておくことが大切です。社内の人間関係に配慮しましょう。

仕事に支障をきたさない

有給休暇の取りかたと原則

Lesson

休暇を取るまでの段取り

1 計画を立てる

仕事の状況を見極めて、休みの計画を立てる。繁忙期を避けるなどの配慮をする。

2 同僚・先輩に確認

仕事はひとりでやっているわけではない。まわりの迷惑にならないかを確認する。

3 上司の報告

仕事に支障がなければ、休暇を取ることを上司に相談し、口頭で許可を得る。

4 申請書を提出

会社の規定に従って、書類を提出する。理由まではくわしく書く必要がない場合が多い。

仕事の状況を判断して休暇を取る

有給休暇は、法律によって定められている労働者の権利です。だからといって、好き勝手に休んでしまっては、会社や取引先に迷惑をかけてしまいます。休むまでにきちんと段取りを整えておくことが大切です。

旅行などで数日休む場合は、仕事に支障のない時期を選びます。上司に相談して、日程を決めるとよいでしょう。会社には遅くとも1週間前には申請して許可を得るのが基本です。

労働者に認められる休暇は、ほかに夏期・年末年始休暇、育児休暇、介護休暇などがあります。会社の規定によって日数が決められているので、一度確認しておくとよいでしょう。

レベルアップ!

［効率］★★

［スキル］★★

［信頼度］★★★★

おもな休暇制度

会社では以下のような休暇が認められている。

■有給休暇
賃金が支払われる（有給）の休暇。1年ごとに一定の日数が取れる。

■育児休暇
子育てのために労働者が取得できる休暇。男性も取ることができる

■夏期・年末年始休暇
夏期、年末年始に取得できる休暇。会社の規定により日数が異なる。

■慶弔休暇
本人や家族の慶弔により取得できる休暇。会社により日数は異なる。

迷惑をかけないための配慮

1 仕事を片づける
休暇中に迷惑にならないよう仕事を片づけておく。

2 顧客に連絡
必要なら、取引先に連絡し、代理の担当者も伝える。

3 業務内容をまとめる
休暇中のトラブルに備え、資料などを揃えておく。

4 連絡先を伝える
急用があった場合の連絡先を伝えておく。

信頼度アップのポイント

休みを取りやすい雰囲気を作る

日本では、他の先進国と比べて、有給休暇の取得率が低いのが現実。多くの会社で長期休暇が取りづらい雰囲気にあるようです。これからは、自分だけでなくまわりの人も休みやすい雰囲気を作ることが必要になってくるでしょう。そのためのちょっとした心がけを紹介します。

■他の人のフォローを申し出る
休む人をフォローすることは当然必要ですが、それを積極的に申し出るようにするとよいでしょう。同僚、後輩はもちろん、先輩にも声をかけてみます。自分が休むときにも、気持ちよくフォローを引き受けてくれるはずです。

■お土産を持参
休暇明けに出社したときには「ありがとうございました。何か変わったことはありませんでしたか？」のように、上司やまわりの人にお礼を述べます。旅先で買ったお土産を持参すれば、感謝の意を表すことができます。

情報を共有し正しい判断を得る「ホウレンソウ」の基本

Lesson

状況に合わせて適切なタイミングで

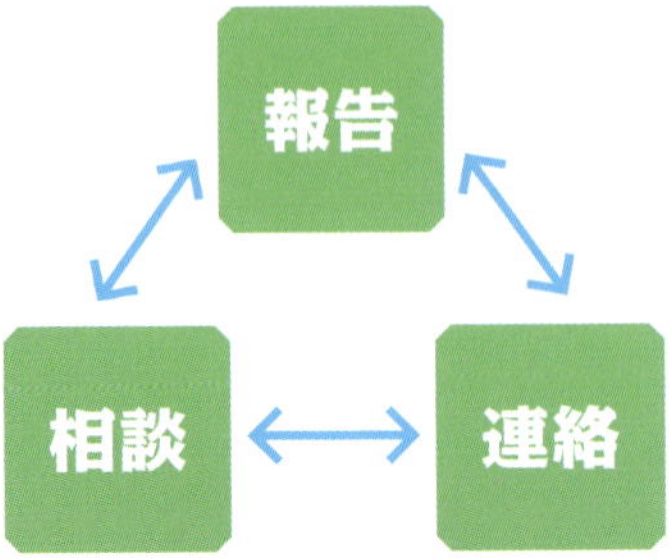

「ホウレンソウ」とは、それぞれ「報告」「連絡」「相談」のこと。これらを欠かすと、大きなトラブルを招くこともある。とくに入社3年目ぐらいまでの新人が自己判断するのは禁物。また、「ホウレンソウ」はつねに適切なタイミングで行いたい。たとえば、「間に合いそうもない」と事前に「相談」すれば対応策を講じられるが、「間に合わなかった」と「報告」すれば、手遅れになってしまう。

ホウ 報告

まずは事実を述べる

商談の結果や作業の進捗状況を伝えること。上司はこれにもとづいて部下に指示を出す。状況が変わったところで早めに報告し、必要なら資料も揃える。まずは結論（事実）だけを述べて、自分の意見は最後に付け加えるようにするのがポイント。

! check
自分の意見は最後に

チームワークを保つための大切な行動

仕事は自分ひとりでするものではなく、チームで進めていくもの。商談や作業の情報は共有しておく必要があり、また、上司はその情報にもとづいて、部下に指示を出していきます。そこでビジネスパーソンとして求められるのが「報告」「連絡」「相談」で、総称して「ホウレンソウ」と呼ばれています。これらを適切に行わなければ、チームワークを乱し、場合によっては、会社に損害を与えてしまうこともあります。とくに、入社しばらくして、ある程度仕事に慣れてくると、「ホウレンソウ」がおろそかになりがち。また、適切なタイミングで「ホウレンソウ」ができるように、上司と良好な関係を作っておくことも大切です。

レベルアップ!
［効率］★★★
［スキル］★★★
［信頼度］★★★

連絡のポイント

連絡する方法を使い分ける

使い分けることで、相手にも配慮することになる。

■口頭・メモ

簡単な連絡なら、口頭かデスクにメモを残す。

■電話

自分か相手が社外にいて、口頭で済む場合は電話で。

■メール・FAX

文書にしたほうがよいものや図が必要なもの。

■回覧の掲示

関係者全員に知らせたい場合は、回覧や掲示をする。

レン 連絡

! check
自己判断は禁物

細かいことも伝える

今後の予定や注意点などを伝える。これにもとづいてスケジューリングや優先事項の判断が行われる。伝える必要がないと自己判断せず、どんなに細かいことでも伝えることが大切。

ソウ 相談

叱責を恐れない

トラブルが起こった（起こりそうな）ときに行う。間をおかずすみやかに上司のもとへ。叱られることを恐れて躊躇しないこと。アドバイスを求めつつ、自分の対応策も用意したい。

! check
自分の対策も用意

こんなときどうする？

上司が忙しいときはどうする？

自分は早く報告をしたいのに、上司が忙しそうにしているときはどうする？

BAD! 先延ばしにする

GOOD! とりあえずメモを置く

報告は仕事の完了や経過を伝えることです。つまり、仕事は報告するまでは終わらないといえます。できるだけ早く報告するのが基本ですが、もちろん、上司が外出や会議などで席にいないこともあるでしょう。その場合は、先延ばしにするのではなく、要点をまとめたメモをデスクに置いておき、上司が戻ってきたところであらためて報告してもよいでしょう。また、上司が席にいたとしても、声をかけていいタイミングかどうか見極めることも大切です。いずれにせよ、上司のほうから「あの件、どうなった？」と心配されるようでは、ビジネスパーソンとして一人前とはいえません。

上司からの依頼をしっかりこなす
仕事を受けるときのポイント

Lesson

上司から仕事の指示を受ける

1 呼ばれたらすぐに返事をする
作業の途中でも中断し、「はい」と大きな返事をして、席を立つ。

↓

2 メモを持って上司のもとへ行く
上司の指示を正確に聞き取るには、メモ帳は必須。すぐに取り出せるところに用意を。

↓

3 話を聞き要点をメモする
立ったまま要点をメモしていく。「いつ」「何を」など5W1H（78ページ）を意識。

↓

4 最後まで話を聞く
質問があっても、話はさえぎらない。上司の話はいったん最後まで聞く。

↓

5 疑問点を確認する
わからない点があったらあいまいなままにせず、必ず確認すること。

↓

6 内容を復唱する
メモを見ながら、指示の内容を復唱。期日や数量、人の名前を確認する。

上司の真意をよく確認することが大切

入社したばかりの頃は、上司からの依頼や指示を受けるところから仕事が始まります。まずは、仕事の内容と意図をきちんと把握すること。表面上の言葉だけでなく、上司の真意を確認することが大切です。たとえば、会議の資料作成でも、何を目的としたものなのか、いつまでに用意すればいいのか、などを常に考える習慣をつけます。もちろん、疑問点があれば、その場で確認しておきます。

上司は、部下の状況を把握しているはずですが、自分にはこなせないと思ったら、現状を説明したうえで断ることも必要になります。取り組んでいる最中の仕事に支障が出るなら、断るほうが会社の利益にかなうこともあるからです。

レベルアップ！

［効率］★★

［スキル］★★★★

［信頼度］★★★

こんなときどうする?

途中でできそうになかったら

いったんは引き受けたが、途中で完遂できそうもないことがわかったら?

BAD! 無理してなんとか仕上げる

GOOD! 上司に相談する

新人時代は自分のキャパシティがわからず、結果的に安請け合いをしてしまいがち。責任を持って「なんとか仕上げる」ことはもちろん重要ですが、明らかに「難しい」「終わりそうもない」と感じたら、ひとりで抱え込まず、早めに上司に相談しましょう。期限までに余裕があれば、上司は有効なアドバイスができますし、他の人員に割り振るなどの対応策を講じることができます。

上司からの仕事を断る

現在の状況を説明する

ただ「できません」と言うのではなく、現状を説明して、納得してもらう。

優先順序を確認する

今取り組んでいる仕事と優先順序を確認し、進め方について上司に相談する。

検討してから断る

「無理です」と即答すれば、信頼感を失う。必ずいったんは検討してみること。

お詫びをする

受けられない状況があるときは丁寧にお詫びをし、上司にきちんと説明する。

スキルアップのポイント

仕事の3ステップを覚えよう

上司の指示を受けたら、計画（PLAN）、実行（DO）、検討（SEE）の流れを意識すると、仕事がスムーズに。

1 計画（PLAN）

実際に仕事に着手する前に、内容と目的を理解すること。手順ややり方を考えたり、時間、数量、質などの目標を決めたりして、「実行」に備えます。

←

2 実行（DO）

上司や先輩に相談しながら、「計画」に従って仕事を進めます。疑問点は上司に確認して解決。自己判断せず、必ず上司の指示をあおぎましょう。

←

3 検討（SEE）

仕事が終わったあと、「計画」通りに「実行」できたか、目標を達成したかを確認。もし失敗した場合は、原因を分析し、仕事のやり方を改善します。

気持ちよく引き受けてもらう

仕事を依頼するときのポイント

Lesson

会社の先輩・同僚に仕事を依頼する

1 依頼する相手を検討する
その業務に適している人や得意な人を検討する。上司に相談してもいい。

→

2 相手の都合を聞く
相手の状況を見ながら、都合を聞き、お願いしたい仕事がある旨を伝える。

↓

3 依頼内容を的確に伝える
内容、目的、期限などを正確に伝える。疑問点がないかも確認すること。

→

4 進捗を管理する
進捗を管理したい旨を相手に伝えておく。随時連絡を入れ状況を確認する。

↓

5 成果を受けとる
お礼を述べながら、仕事の内容を確認する。もし不備があるようであれば対応してもらう。

相手の立場に立って指示を出す

新人であっても、上司や先輩、同僚などに仕事を依頼することがあります。自分が指示を受けていたときのことを思い出し、相手に気持ちよく仕事をしてもらえるよう配慮します。重要なのはわかりやすく的確に指示を出すこと。５Ｗ１Ｈを意識しながら、できるだけ具体的に仕事の内容を伝えましょう。いい加減な指示を出してしまうと、出来上がりが予想と違うものになり、自分自身にも余計な負担がかかってしまいます。

また、「仕事だからやって当たり前」という態度も禁物。依頼されたほうも気分が悪くなりますし、今後依頼を受けてもらえなくなる可能性もあります。感謝の気持ちも忘れないようにしましょう。

レベルアップ!
［効率］★★★
［スキル］★★★★
［信頼度］★★★

スキルアップのポイント

5W1Hを正しく伝える

5W1Hはビジネス会話の基本ルール。これを正確に伝えられるかどうかが、相手の理解度、そして仕事の成果に大きく関わってきます。とくに「When（納期）」はしっかりおさえるようにしましょう。慣れるまでは、紙に書き出しておくなどして、下準備を整えておくとスムーズに伝えられます（5W1Hについては78ページを参照）。

●5W1H

When…いつ（納期・期限）
Where…どこで
Who…誰が
Why…なぜ
What…何を
How…どのように（手段）
How much…いくら（予算）
How many…いくつ（分量）

依頼した仕事を管理する方法

■経過を確認する

できるのをただ待つのではなく、依頼した側の責任として、進捗状況は常にチェックしておく。ただし急がすのは禁物。

check 依頼した側も状況を把握

■困っていたらフォローする

相手が仕事を進めている間、折を見て「わからないことはありませんか」などと声をかけると、人間関係も円滑に。

check 人間関係を円滑に

■感謝の意を伝える

仕事が終わったら誠意を込めて感謝の意を。相手に「やってよかった」と思ってもらえれば、次の機会にも依頼しやすい。

check 相手にやってよかったと思わせる

■ひとこと言葉をそえる

依頼するときに「仕事の早いあなたにお願いします」などと、やる気の出る言葉を。相手も気持ちよく仕事ができる。

check やる気が出る言葉を

こんなときどうする？

外注の業者に依頼するときは？

会社の人ではなく、取引業者に仕事を依頼するときの納期の伝え方は？

BAD! ギリギリの納期を伝える

GOOD! 余裕を持った納期を伝える

信頼できる業者であっても、トラブルはつきもの。ギリギリの納期を伝えていると、問題が起こった場合に対応できなくなります。作業に応じて数時間〜数日の納期を設けるようにしましょう。

社内の人に依頼する場合と比べると、より具体的・正確に内容を伝えることが求められます。事前にしっかりメモしておきましょう。場合によっては、上司と相談しながら進めていくことも必要です。また、社外の業者で行われている作業の状況を把握するのは、手間と時間がかかります。業者とはすぐに連絡がとれる態勢を取り、定期的に進捗状況を確認しておくことが大切です。

周囲の人へ配慮する
退社と残業のルール

Lesson

退社時のマナー

自分の仕事を終わらせ、上司への報告を済ませれば、終業時間で帰宅することは問題ない。しかし、残っている人への配慮も忘れずに。「手伝うことはありませんか？」と尋ねたり、「お先に失礼します」としっかりあいさつしたりして、人間関係に配慮するようにしよう。

翌日のスケジュールを確認

翌日の仕事の予定を確認し、取引先までの経路を調べるなど、必要な準備を。

仕事をキリのいいところで終える

その日にやるべき仕事が残っていたら、終わらせてから帰るのが基本。

最後に室内を点検

最後に帰る場合は、戸締まり、火の元などを確認して退室。

机の上を整理

書類や文房具を引き出しにしまい、ゴミは片づける。

終業時間になったらすぐに会社を飛び出さない

終業時間になったら帰宅しても何ら問題はありません。しかし、一人前のビジネスパーソンなら、終業時間と同時に会社を飛び出すのではなく、仕事をキリのよいところまで仕上げたり、周囲の人へ手伝いを申し出たりするなどの配慮も必要ですし、翌日の朝、すぐに仕事に取りかかれるよう準備をしておくことも大切です。もちろん、終業時間の前に後片づけをしたり、遊びに行く準備をしたりするのはマナー違反になります。

　仕事が終わらない場合、残業するかどうかは、自己判断せず、上司と相談しましょう。会社の方針で残業が認められない場合もありますし、上司は部下の労務状況を把握しておく義務があるからです。

レベルアップ!

［効率］★★

［スキル］★★★★

［信頼度］★★★

こんなときどうする？

予定があって残業できないときは？

上司や先輩から頼まれたとき、予定があって協力できないときは？

BAD! 仕事を持ち帰る

データの流出の危険性があったり、社員の精神的負担の大きさから禁止している会社も多くあります。

GOOD! 代案を持って相談

残業できないことがわかった時点で上司に申し出て、仕事の配分を調整してもらうのが理想。当日、急に残業を依頼されたら「申し訳ないのですが、明日早めに出社して仕上げれば間に合うでしょうか？」などと、代替案を提示して相談するとよいでしょう。

残業するときのルール

自分の仕事が終業時間までに終わらない場合は、進捗状況と完了予定の時間を伝えながら上司に相談する。その日に終わらせるべき仕事であっても、翌日に持ち越してもよかったり、別の人に手伝わせたりしてくれるかもしれない。とくに新人時代は自己判断はせずに必ず許可を得るようにしたい。また、上司や先輩から残業を頼まれたら、なるべく協力をするのがベター。

ダラダラしない

まわりに人がいないからといって、気を緩めず、集中して取り組むこと。

目標を立てる

「○時までに終わらせる」「○まで仕上げる」などの目標を立ててから始める。

はかどらないときは帰る

翌朝、早めに出社して取り組んだほうが、結果的に効率のよいこともある。

スキルアップのポイント

他の人と差がつく心がまえ

上で紹介しているのは、最低限やっておくべきマナーですが、ビジネスパーソンとしてのスキルを伸ばすなら、左のような点にも注意してみると、上司からの評価も上がるでしょう。

■時間内に終える

仕事は業務時間内に終わらせるのが基本。そのためには仕事の効率化も考えたいもの。手帳やメモを活用して、1日の仕事に無駄がないか再確認を。

■社外の人へ連絡

社外への連絡も業務時間内に終わらせること。アポの連絡、進捗の確認、商品発送の手配など、忘れていることがないかを確認し、確実に終わらせておきます。

■重要書類の保管確認

紙の文書なら、所定の場所にしまったか、データならきちんとバックアップをとったかを確認。DVDやUSBメモリなどのメディアの所在もチェックを。

Lesson

業務内容と相手の立場を把握する 名刺交換の方法と手順

レベルアップ!

［効率］★★

［スキル］★★★

［信頼度］★★★★

名刺交換のしかた

1 向かい合って立つ

座っていた場合は立ち上がり、テーブルを回り込んで相手の正面に。

check 相手の正面に立つ

2 名刺を持つ

名刺入れから取り出し、相手に見えるように向きを変えて持つ。

check 見えやすい向きに

名刺交換の順序

訪問した側、立場が下の人から渡すのが基本。相手が複数の場合、役職が上の人から先に名刺交換をする。

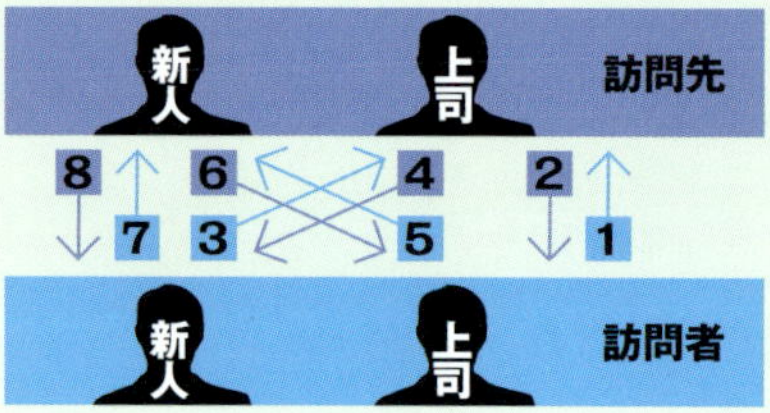

名刺にも敬意を持って取り扱う

名刺交換をスムーズに行うことは、ビジネスの基本スキルのひとつ。取引や商談は名刺交換から始まりますし、きちんとした名刺交換ができれば、そのあとの面談も円滑に進みます。

名刺は社名が書かれたただのカードではなく、その人自身の仕事内容を表す大切なものですので、敬意を持って取り扱います。名刺を汚したり、あるいは汚い名刺を渡したりするのは禁物です。

名刺交換には、上記のように立場に応じたルールがあります。これが正しくできないと、信頼を損ね、仕事がうまくいかないこともあります。上司や先輩のやりかたをお手本にしながら、正しい名刺交換の方法をマスターしましょう。

3 名乗りながら差し出す

社名、部署名、名前を言いながら、相手の胸の高さで差し出す。

check
「よろしくお願いします」とそえる

4 名刺を受けとる

軽く会釈をして名刺を受け取る。会社名やロゴを指で押さえないこと。

check
「頂戴いたします」と言う

5 あいさつする

相手の名前を声に出して確認し、「よろしくお願いします」とあいさつする。

check
相手の名前を声に出して確認

受け取った名刺の扱いかた

名刺はその人の分身のようなもの。受け取ったあとの扱いにも注意が必要になる。

受け取ったら名刺入れの上に

名刺を受け取ったら、名刺入れの上に重ねて持つ。その手は胸より下に下げない。

面談中はテーブルの上に

名刺交換のあと着席したら、面談中はテーブルの上に置き、名前が見えるようにしておく。

相手が複数の場合は座席順に

座席と同じ順番に見えるように並べておくと、面談中に名前を間違えることがない。

信頼度アップのポイント

不測の事態に的確に対処する

ビジネスシーンでは、不測の事態はつきもの。それにどのように対処するかで、信頼度も変わってきます。ここでは名刺交換の場で起こりがちなケースと対処法を紹介します。

■相手の名前が読めない！

読めない字は、その場で確認をしておくことが大切。「失礼ですが、どのようにお読みすればいいのでしょう？」と尋ねるとスムーズです。

■名刺を床に落としてしまった！

相手の名刺の場合は「たいへん失礼しました」と丁寧にお詫びを。自分の名刺の場合、それをそのまま渡さず、新しい名刺を渡すようにします。

■名刺を切らした！

名刺を切らしていることをお詫びし、社名、所属部署、名前を名乗ります。次に会ったときに「先日は失礼いたしました」と言葉をそえて名刺を渡します。

アイデアや情報を仕事に生かす

メモを取る習慣の必要性

Lesson

メモの書きかたのポイント

1 日付を入れる

あとで探せるよう必ず日付を。

2 図やイラストを描く

アイデアを図で書く。

3 フローチャートを活用する

頭で考えていることをうまく整理して把握できる。

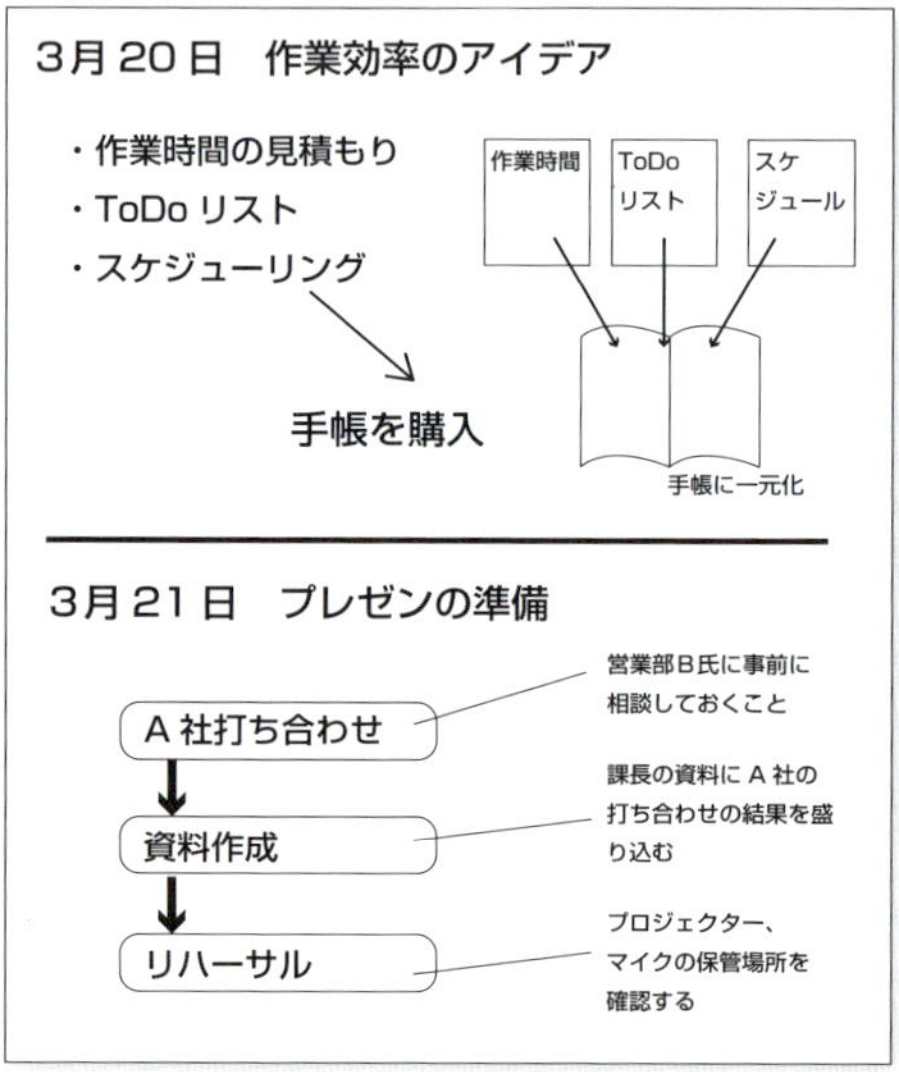

check

自分に合った書きかたを模索しよう

話をするときはメモ帳が必須

ビジネスパーソンとして、メモを取る習慣を持っておくことは基本です。たとえば、上司から仕事の指示を受けるときは、頭で覚えられる内容であっても、指示をメモすることは、上司の信頼を損なわないためにも必要です。また、仕事を進めるうえで、さまざまな情報を書き留める必要性が出てきます。取引先の担当者の名前や連絡先、依頼の内容など、電話や口頭で聞いたものは、あとで問題にならないよう、しっかり記録に残しておきましょう。さらに、よりスキルアップのためには、仕事をしていて気づいたこと、思いついたアイデアなどもメモしておくと、あとで役に立ちます。自分なりの書き方も工夫してみましょう。

レベルアップ!

【効率】★★★

【スキル】★★★★★

【信頼度】★★

こんなときどうする?

アイデアを思いついたときは?

仕事をしているとき以外に、アイデアを思いついたらどうすればいい?

BAD! あとでメモする

GOOD! その場でメモする

アイデアは、仕事中にだけわいてくるものではありません。日常生活のふとした瞬間に思いつくこともあります。しかし、「あとでメモしよう」と思っても、アイデアというのはすぐに消えてしまうものです。ですから、思いついたその場で書き留めておくことが大切です。プライベートの時間にも、つねにメモ帳を持ち歩きましょう。最近ではスマホをメモ帳に使っている人もいます。

メモを取ることのメリット

1 情報を記録できる

いくら有益な情報を得たとしても、忘れてしまっては意味がない。その場でメモをしておくことで、記録として保存され、あとで見返して活用できる。

2 情報を整理できる

メモをしておけば、集めた情報を分類したり、整理をしたりして、仕事に活用できる。情報の要・不要も判断しやすい。

3 分析ができる

あとで見返して、情報を分析したり、別の情報を付け加えたりできる。そこから新たなアイデアが生まれることもある。

スキルアップのポイント

情報収集能力を高めよう

商品企画を考える、ライバル会社の商品について調べる、などというふうにビジネスの場では情報収集をする局面が数多くあります。この情報収集能力を高めておくことは、仕事のスキルをアップすることにつながります。基本的には、新聞や雑誌、インターネットを使って情報を集めていきます。このとき情報の信憑性には注意を払うこと。インターネットの情報は、出典を確かめるなどして、その信憑性を確認することが大切です。

また、ほんとうに仕事に役立つ情報は多くの場合、人が握っているものです。もちろん、企業秘密に属するものを聞き出すことはできませんが、商談中のちょっとした雑談から、思わぬ仕事のヒントが見つかることもあります。もちろん、相手にとってもそれは同様なので、自分のアイデアを話したり、差し障りのない程度に、自社の業務についてお話したりしてもいいでしょう。そこから新たなビジネスが生まれることもあります。

期日に向けて仕事をこなすために
スケジュール帳の使いかた

スケジュール管理は仕事の基本

仕事には「納期」や「締め切り」が決められており、その期日に向けて、作業を進めていきます。1日にこなすべき仕事の量を決めたり、優先順序をつけたりして、スケジュールを管理することは、ビジネスパーソン必須のスキルであり、そのために使われるのが手帳です。最近では、パソコンやスマートフォンでスケジュールを管理する人もいますが、持ち運びが簡単で、その場でサッと書き込める、商談の最中でも広げられる、などといった使い勝手の良さから、昔ながらの紙の手帳を使う人が多いようです。

社会人になったら、スーツやカバン、名刺入れなどとともに、ぜひ手帳を買いそろえたいものです。

レベルアップ!

【効率】★★★★★

【スキル】★★★

【信頼度】★★

Lesson

スケジュール帳の選びかた

お店にはさまざまな手帳が売られている。スケジュール表のレイアウトだけでも、下のような種類がある。自分の好みや仕事の状況を見極めて、適切なものを選ぶようにしたい。

おもな手帳のスタイル

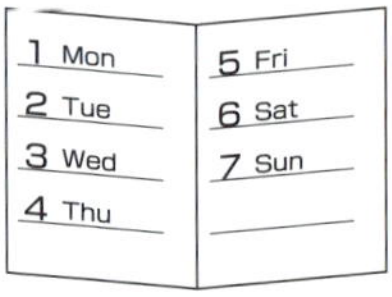

週間セパレートタイプ

1日の欄が広く、細かい項目も書ける。長期の予定は見えにくい。

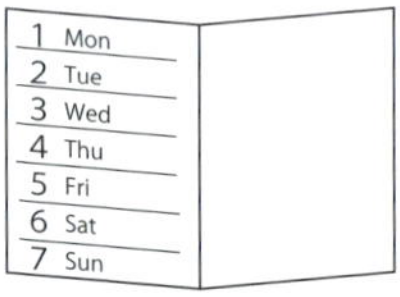

週間レフトタイプ

左に1週間の予定、右にメモを書ける。長期の予定は見えにくい。

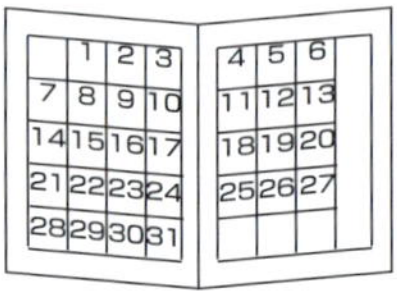

月間ブロックタイプ

ひと月の予定が一覧できる半面、1日の書き込みスペースが小さい。

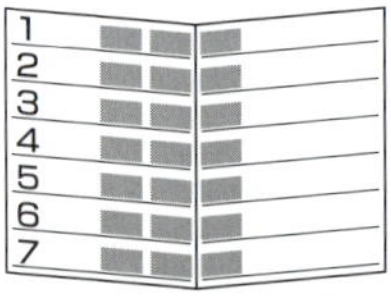

週間バーチカルタイプ

時間軸が縦に配置されているので、複数同時の予定を確認しやすい。

月間メモタイプ

ひと月の予定が一覧できる半面、1日の書き込みスペースが小さい。

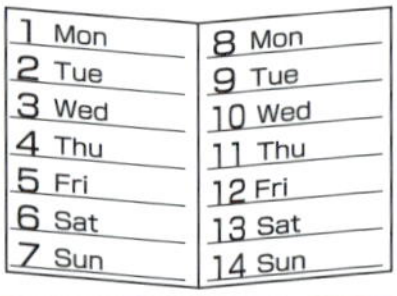

2週間タイプ

1日のスペースはやや小さいが、2週間分の予定が見渡せる。

スケジュール帳の使いかた（週間バーチカルタイプの例）

開始と終了の時間を書く
そのあとの段取りがスムーズに行える。

目標を書いておく
その週にやるべきことを空いているスペースに。

予定は定時30分前まで
終業ギリギリに入れると残業になってしまう。

ToDoリストを書く
その日のToDoリストを見やすいところに書いておこう。

重要な予定は色を変えて目立たせる
色を使いすぎるとかえって目立たなくなるので注意。

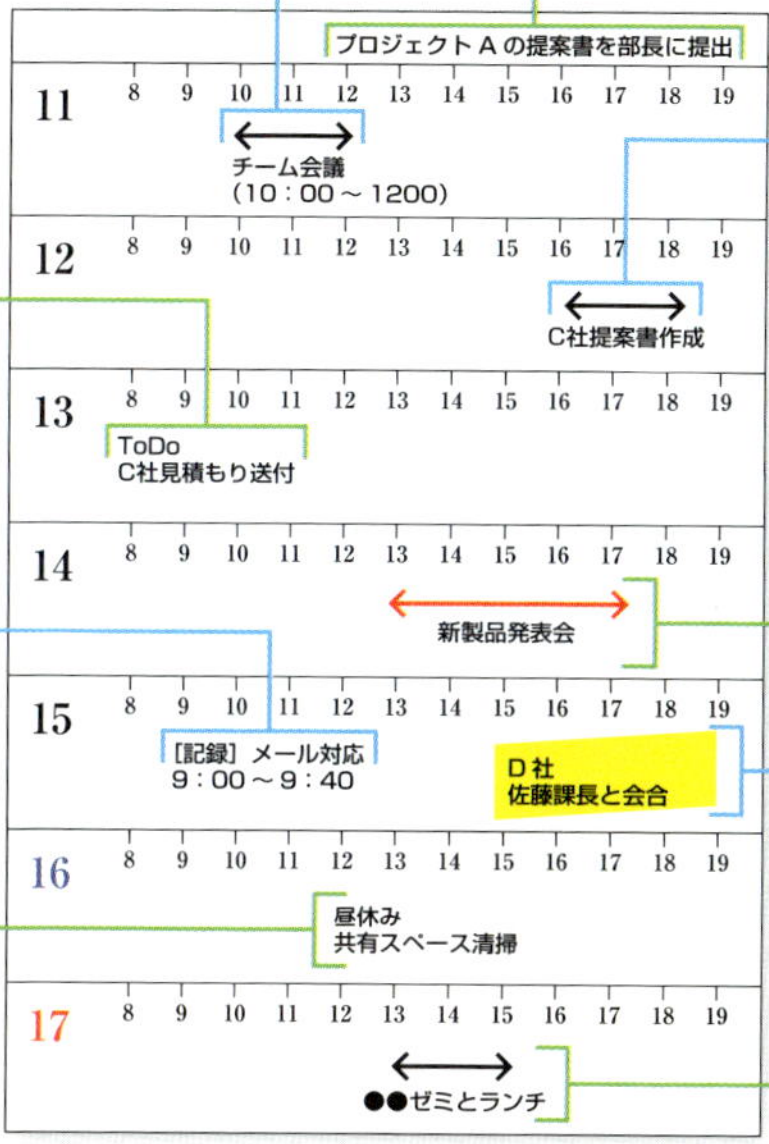

作業時間を記録する
あとで見返して、無駄がなかったか検証できる。

未確定の予定は付せんに書く
予定が確定したら、スケジュール表に書き込むといい。

スキ間時間も活用する
時間をより有効に使え、仕事の効率もアップする。

プライベートの予定も記入する
仕事のメリハリをつける意味でも、書いておこう。

効率アップのポイント

スケジュールを管理して仕事を片づける

手帳を使えば直ちに適切なスケジュール管理ができるわけではありません。仕事の段取りや時間の使い方についてしっかり意識を持つことが大切です。

■自分のペースを知る
手帳には、予定だけでなく、実際にかかった作業時間を記録すると、自分のペースがつかめます。今後の仕事の予定を組む際の参考になります。

■前倒しで進める
仕事にトラブルはつきもの。納期ギリギリに進めていると、問題があった場合に対応できません。締め切りに間に合わせることは社会人の最低限のマナーです。

■翌週の予定も見る
たとえば、1週間タイプのスケジュール欄を使っていると、週明けに重要な予定が入っていてもわかりません。常に2～3週間分の予定を確認しましょう。

さらにくわしい手帳の使い方は72ページを参照

Lesson

仕事に無駄な時間を作らない 書類整理とファイル管理

効率のよい書類の整理のしかた

1 手元の書類を4つに分類

手元にある書類を右の4つに分類。「会社で保管するもの」は規定に従って対応する。

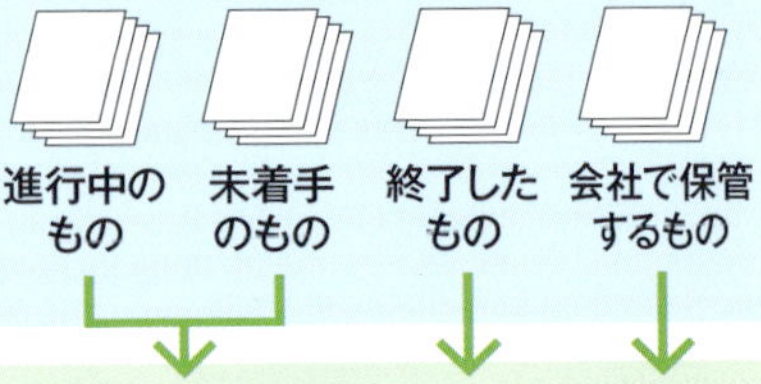

2 テーマ別に分ける

上で分類したものを、さらに案件ごとに分ける。取引先ごとに分ける方法もある。

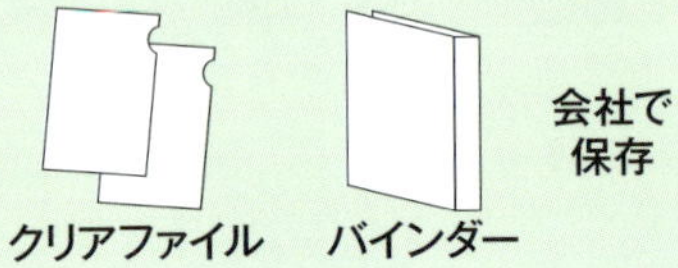

3 ラベルを貼る

書類を出さなくても内容がわかるように、ラベルシールを貼っておく。

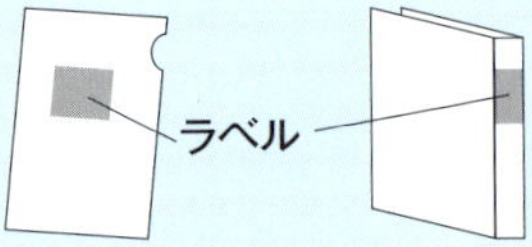

4 保管する

デスクの一番下の引き出しや、棚に保管。定期的に中身を確認して破棄する。

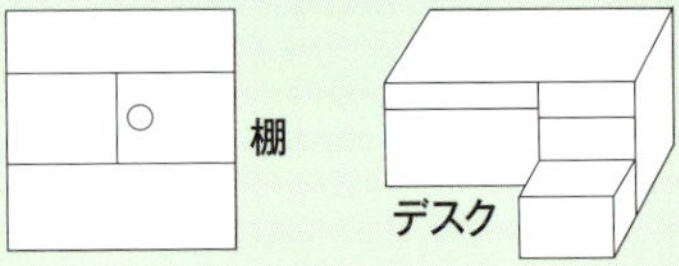

日頃から書類・データを整理しておく

仕事をするうえで、「探し物」にかける時間ほど無駄なものはありませんが、書類が見つからないことはよくあります。必要なものはすぐに取り出せるよう、日ごろから整理しておくことが大切です。

書類の保管・廃棄について、会社でルールが決められている場合は、それに従いましょう。個人で管理がまかされているならば、クリアファイルに入れたり、ラベルを貼ったりして整理します。

パソコンのデータも、きちんと管理をしておかないと所在がわからなくなります。わかりやすいフォルダを作って整理しておきましょう。パソコンの急な故障に備えて、データのバックアップをとっておくことも重要です。

レベルアップ!

【効率】★★★★

【スキル】★★★

【信頼度】★★

効率アップのポイント

名刺を管理する

もらった名刺を整理しておかないと、あとで見つけ出すのに苦労します。名刺交換をした日に整理する習慣をつけておきましょう。五十音順、業種別、会社別に名刺ファイルに保存するのが一般的。名刺の裏側に受け取った日、その日の打ち合わせの内容などをメモしておくと、どの仕事でもらったのかがすぐにわかります。また、部署の異動などで名刺の情報が古くなることもありますので、不要な名刺は定期的に破棄するようにしましょう。

■分類例

- 五十音順
- 業種別
- 会社別

混乱しないパソコンのファイル管理のルール

1 テーマ
大きなテーマのフォルダを作る。わかりやすい名前をつけること。

2 小テーマ
上よりさらに小さいテーマでフォルダを作ってファイルを入れる。

3 時系列
仕事の時系列ごとにフォルダを作ると、あとで検索しやすい。

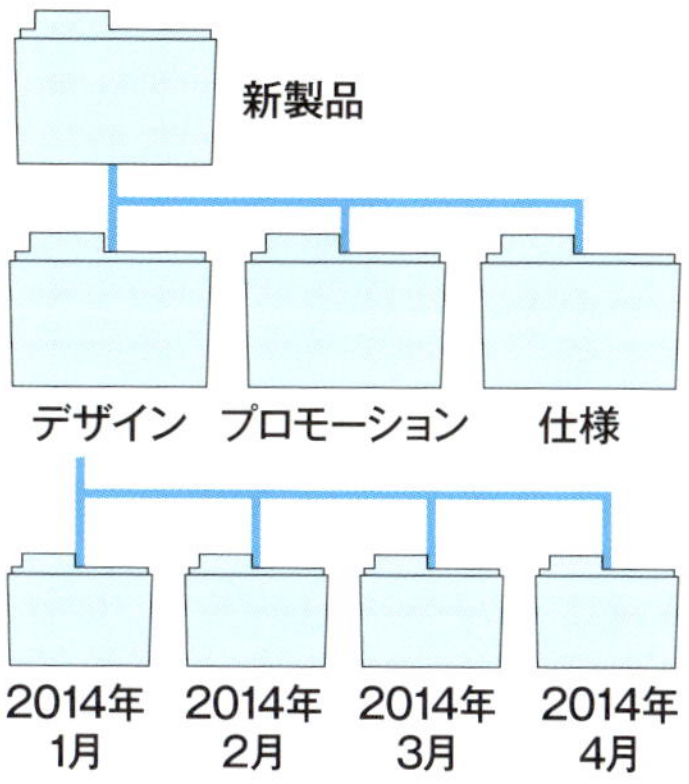

! check 3階層以内に収める

4 データをバックアップする
不意の故障に備えてバックアップをとっておく。毎日行うのが理想だが、毎週金曜日などと決めてもいい。

こんなときどうする?

共有パソコンのデスクトップが散らかっていたら?

共有パソコンは誰も整理しないので、散らかりっぱなし。どうすればいい?

BAD! キレイに整理する

GOOD! 担当者にまかせる

パソコンに保存されているファイルを整理・管理することは重要ですが、それは個人が使用しているものの場合。共有パソコンやサーバーにあるファイルの整理は、権限のある担当者にまかせましょう。散らかったデスクトップを見かねて善意で整理をしてあげたとしても、ほかの人がファイルを見つけられなくなったり、重要なファイルを誤って削除してしまったりする危険性もあります。メモリがいっぱいで自分の作業に支障が出るなら、自分ではファイルを操作せず、担当者にお願いするか、上司や先輩に相談して対応してもらうのがいいでしょう。

Lesson

会社の損害を未然に防ぐ 情報漏えいを防止する方法

情報の漏えいを防ぐための注意点

カバンを網棚に置かない

そのまま置き忘れたり、誰かに持ち去られたりする恐れがある。カバンは肌身離さない。

check 常に肌身離さない

パソコン・書類を持ち帰らない

移動中に紛失したり、自宅のネットから流失したりする危険性が。持ち帰りは上司に相談を。

check 必ず上司に相談

送信先をしっかり確認

誤った宛先に送信するだけで情報は漏れる。しつこいくらいアドレスや番号を確認しよう。

check 何度も確認

資料を放置しない

いらなくなった書類は片づけるかシュレッダーへ。ファクシミリなどへの置き忘れも注意。

check 不要な資料・書類は破棄する

ひとりひとりの注意が漏えい防止のカギ

近年、テレビや新聞などの報道で、情報流出が取りざたされることが多くなっています。そのため、社員の情報管理を厳しくする会社も増えています。パソコンに不正にアクセスすることによって情報が流出するイメージがありますが、書類の単純な置き忘れ、データの入ったUSBメモリーの紛失、ノートパソコンの盗難などが原因であるケースも多いのです。メールやファクシミリの送信ミスなどが機密情報の漏えいにつながることもあります。ちょっとした不手際で、会社全体に損害をもたらす場合もあります。ひとりひとりが注意をすることで未然に防ぐことができるので、情報管理の意識をしっかり持ちましょう。

レベルアップ!

［効率］★★

［スキル］★★★★★

［信頼度］★★

こんなとき どうする?

情報が漏えいしてしまったら?

どんなに注意していてもミスはあります。漏えいがわかったら?

BAD! 自分で処理する

GOOD! 上司に相談する

ミスを隠そうとするのは、ビジネスパーソンとして最低の行為といえます。とくに情報漏えいの場合、そのまま放置しておくと被害が拡大して、大きな損害を会社に与える可能性が高くなっていきます。自分で解決しようとすると事態を悪化させることもあります。漏えいがわかった時点で、速やかに上司に相談しましょう。

パソコンのデータを守る方法

セキュリティーソフトを導入する

常に最新版にしておくことが重要。

仕事に関係ないサイトは見ない

閲覧しただけでウィルスに感染するサイトもある。

怪しいメールは開かない

少しでも不審に思ったら開かないで破棄する。

信頼できるソフトを入れる

フリーソフトなどは危険性が高い。

マルウェアの種類

種類	特徴
ワーム	ネットワークを経由して増殖していくマルウェア
ウィルス	パソコンに侵入し、ほかのフォルダやパソコンに感染する
スパイウェア	パソコン内の情報を勝手に外部に送信する
トロイの木馬	有益なアプリケーションを偽装し、被害をもたらす
ボット	ネットワークを通じて外部からパソコンを操る
バックドア	パソコンに作られる不正な侵入経路

スキルアップのポイント

個人情報の取り扱い方をマスターする

個人情報の取り扱い方は会社や上司の指示に従うのが基本ですが、基本的なルールを覚えておきましょう。

■個人情報を廃棄する

個人情報をそのまま破棄するのはNG。シュレッダーで裁断するか、専門の業者に依頼して安全に処分します。

■情報を他者に教える

本人の同意なしに、第三者に情報を教えることはできません。警察などからの照会に答えるのは例外的に認められます。

■情報を他社に渡す

本人の同意なしに他の業者に提供はできませんが、事業の譲渡先などは渡すことが可能なケースがあります。

■別の目的に使う

情報を入手した際に説明した目的にのみ使用できます。承諾を得ていれば、ダイレクトメール等を送ることは可能です。

スキルアップ講座1

仕事がはかどる手帳&メモ術

手帳&メモを使いこなすためのさまざまなテクニックを紹介。

活用したい手帳&ノートの3大機能

スケジュール管理

ビジネスパーソンにとって重要なスキルのひとつ。手帳はそれをサポートする。

タスク管理

スケジュールを基に具体的な作業に落とし込んでいくことも重要。

メモ

仕事やプライベートの時間に得られた情報や着想は忘れないよう書き留めよう。

定番テクニックを覚え仕事に活用しよう

手帳の使い方やメモのベストな使い方は、人によって、また仕事の状況によってさまざま。一方で、多くの人が実践している「定番テクニック」というものも存在します。ここでは、知っておくと仕事に役立つ手帳&メモ術を紹介していきます。これらのテクニックがどんな人にも適切とは限りませんが、一読して、少しでも役に立ちそうだと思ったら、ぜひ試してみましょう。

スケジュール管理編

1 アポイントの書き込み方を覚える

スケジュール表にアポを書き入れる場合、注意したいのが「時間に余裕を持たせておく」こと。ビジネスにおいては、見込み違い、トラブルは常につきまとう。スケジュールに空きがあれば、万が一の場合も対応できる。

1 スケジュールの始点と終点を書く

意外に終点を書かない人は多い。次の予定を入れるためにも、区切りを決めておこう。

2 すき間時間を設ける

会議の延長などにも対応するため、すき間の時間を作っておく。

3 移動時間も計算しておく

移動時間も含めた全体の所要時間が一目でわかり、そのあとの予定が立てやすい。

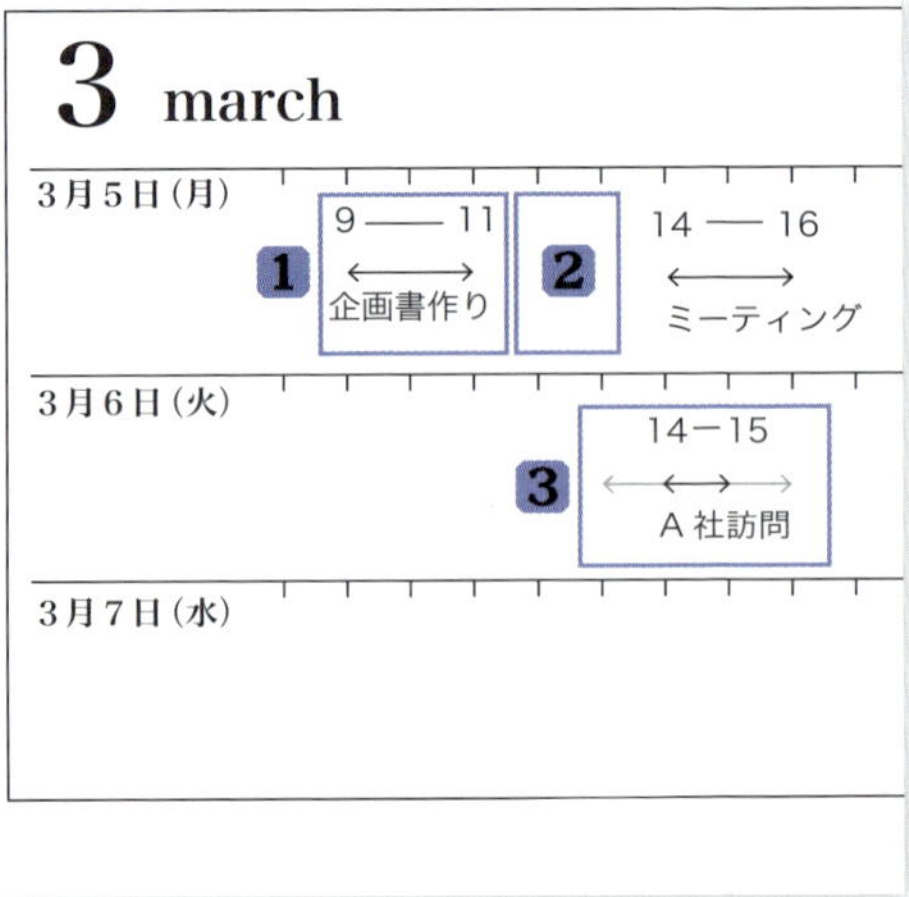

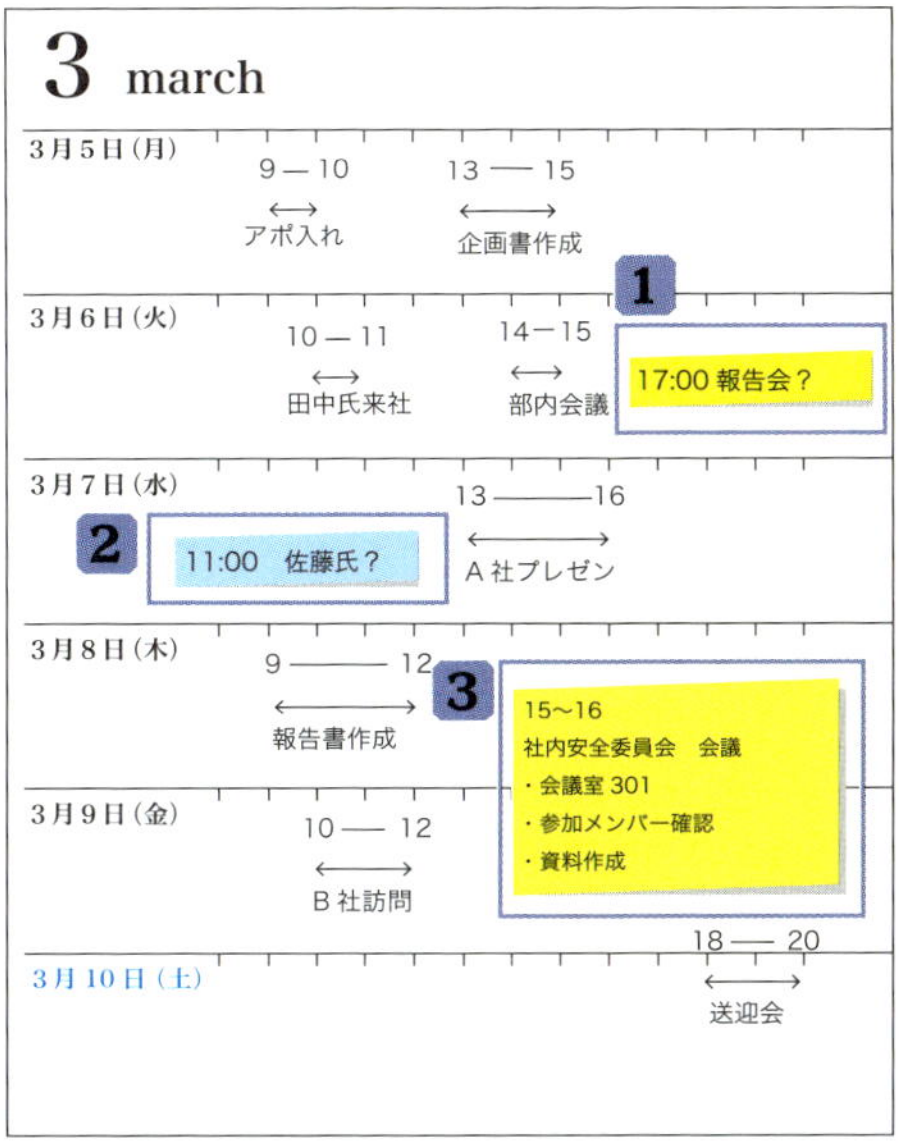

2 未定の予定は付せんで管理する

「未確定の予定」を付せんに書くこともよく行われるテクニック。確定するまで付せんを貼っておき、確定後、はがして手帳に転記する。付せんで目立たせることで「早く決めなければ」という意識が働き、案件の処理が早くなる。

1 小型の付せんに時間と用件だけを書く
手帳では付せんが目立つので、確定している用件と区別しやすい。

2 確定した用件の上には貼らない
下に書き込んである予定が隠れてしまう。半透明の付せんを利用する手もある。

3 中〜大型の付せんにポイントをメモする
期日までにやることなど、大事な案件のチェックポイントを書き出すのも有効。

4 ノート＋付せんで1日の仕事を「見える化」する

手帳に付せんを貼り、１日のスケジュールを組み替えていく方法もおすすめ。時間を左に、予定を付せんに書いて右に貼り、順番を並べ替えて検討する。この方法をしばらく続けると、効率のよい仕事の進め方が見えてくる。

1 １行は１時間とし、その幅に合わせた付せんを用意するといい。

2 付せんには１枚につき１つの予定を書き込むのがポイント。

3 重要度やプロジェクトごとに色の異なる付せんを使ってもいい。

3 略語&記号を使って見やすくする

よく使う言葉や用語は、略語・記号に置き換える。手帳の紙面がすっきりするし、書き込むスピードもアップする。自分の手帳を見返してみて、下のようなものを使ったり、自分で新たに作ったりしてもいい。

仕事関連

コピー	CO
電話	Ⓣ
メール	Ⓜ
ファックス	Ⓕ
プリント	P
打ち合わせ	(打)
会議	(会)
企画書作成	㊭
報告書作成	(報)
出張	(出)
残業	Z
調査	CHO
私用	(私)

時間

年	y
週	w
時間	h
分	m

状態と重要度

未定	(未)
要確認	(要)
決定	(決)
保留	(保)
重要	☆
最重要	★

1 ToDoリストは仕事とプライベートを分ける

○ 上に仕事のタスク、下にプライベート

3月5日
●仕事
□議事録を提出
□企画書の資料集め
□A 社へアポを入れる
□佐藤課長に報告

●プライベート
□歯医者を予約
□旅行のチケットを手配
□ブログを更新

←

× 仕事とプライベートが混在

3月5日
□議事録を提出
□歯医者を予約
□旅行のチケットを手配
□企画書の資料集め
□A 社へアポを入れる
□ブログを更新
□佐藤課長に報告

ToDoリストは、やるべきことを箇条書きに書き出して作成する。前日もしくは朝一番に行うのが一般的。このとき「仕事」と「プライベート」の予定を思いつくものから書き出していってよいが、左のように両者のスペースを分けておいたほうがいい。書き出したあと検討して、「仕事」の予定は緊急度の高いものから処理していく。「プライベート」の予定は、期日を書き込んでこなしていくといい。

2 タスクや目標に具体的な数値を入れて効率を上げる

After		Before
会議のテーマは2つまで、20分以内に議論を終える	←	部内会議の時間をできるだけ短縮する
今週末までにA4の紙10枚以内の企画書を作成	←	企画書を作成する
週に1度、セミナーに通い、月末までに10人の知人を作る	←	セミナーに参加して人脈を広げる

期限の決まっている予定は、当然それをメモしておく。しかし、実際はとくに期限のないものも多い。目標などもあいまいなことがある。そこで、仕事の効率を上げるために、予定には具体的な数値を意識して入れていくといい。期限のないものは自分で仮の締め切りを設定し、作業時間などを見積もって書き込んでおく。枚数や人数、個数などのボリュームも数値化できるものを入れ込んでいく。実際に達成できるとは限らないが、目標と成果が異なった場合、どこに原因があったのかを調べる材料にもなる。

3 手帳に書いた案件ごとのToDoリストを今日のToDoリストに落とし込む

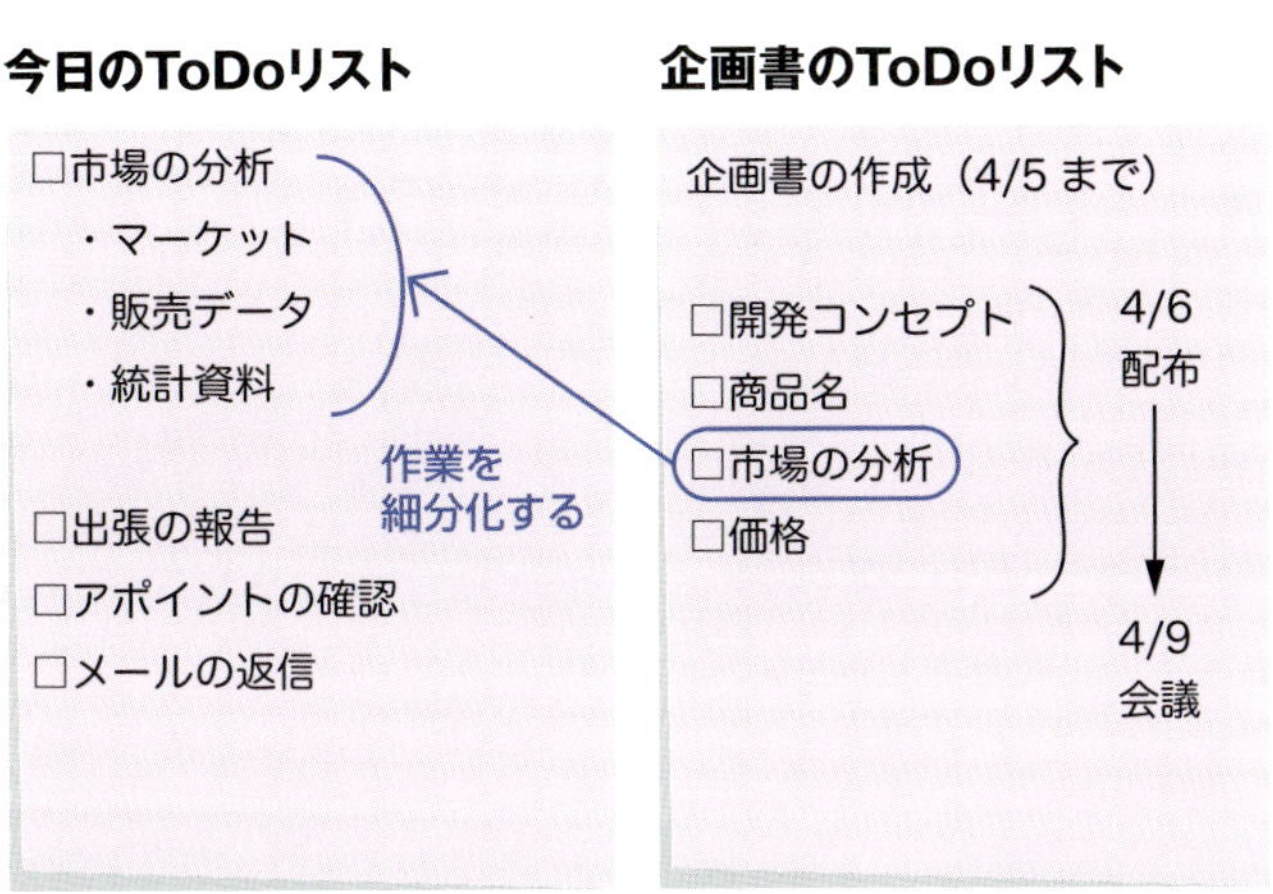

「ToDoリスト」とひとくちに言っても、「案件ごとのToDoリスト」と「今日のToDoリスト」に分けて考えたい。「案件ごとの～」は、具体的な目標を書かないことが多い。期限が示されていたとしても、バラバラなこともある。そこで「今日の～」に落とし込む際に作業を細分化し、具体的な予定に置き換えるようにする。やるべき作業を漏らしてしまうなどのミスを防げる。

4 タスクチェックのタイミングを決めておく

長期にわたるプロジェクトは、それだけ進捗状況にムラが出やすい。定期的に手帳のスケジュール表やタスクを見直すようにしたい。1か月、1週間、1日と違うスパンで見直すタイミングを決めておけば、遅れを調整しやすい。

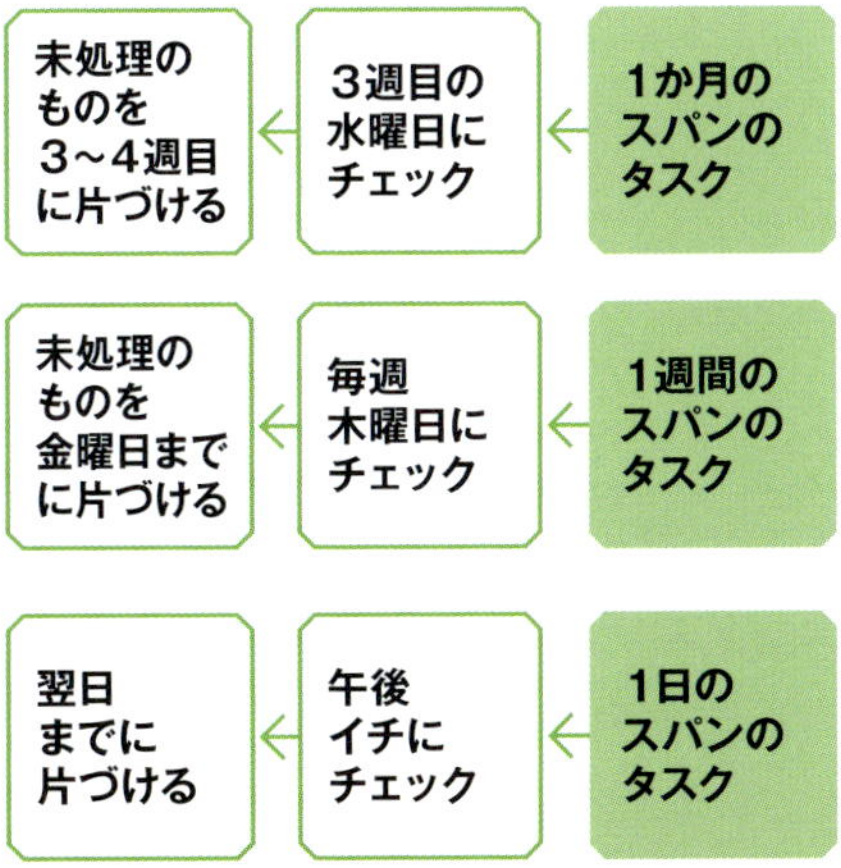

5 ToDoリストに予想時間を書き込んでおく

1時間で終わると予測した作業が2時間かかれば、1日の予定は大幅に狂う。「タスクを処理する時間の予想」をしっかり行うためには、予測時間と実際の時間をメモする習慣をつけ、その誤差が生じた原因を探るようにしよう。

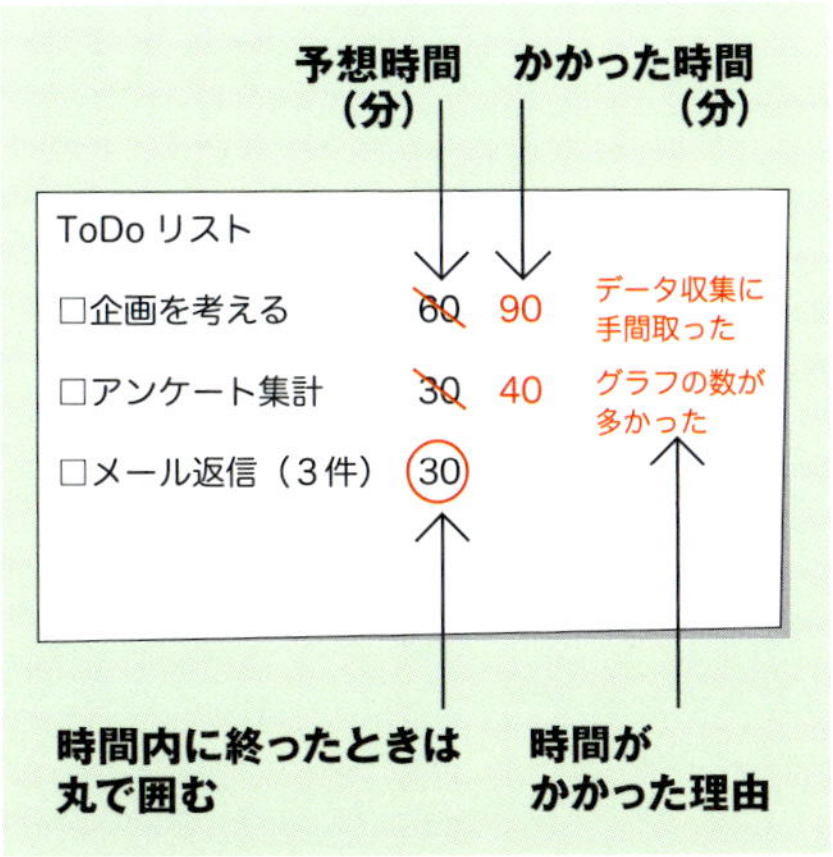

1 会議・ミーティングのメモは3ステップで仕上げる

会議やミーティングでメモを取ることは重要だ。その会議の内容にもとづいて今後の仕事の方針が決まるからだ。新人の場合、議事録の作成を依頼されることがある。当然、話し合いの内容を正確に記述することが求められる。その際に役に立つのが会議中に書いたメモというわけだ。ここでは会議やミーティングにおけるメモの取り方を下の３ステップに分けて解説する。この方法は、手帳のメモ欄を利用してもいいし、専用のノートを用意してもいい。

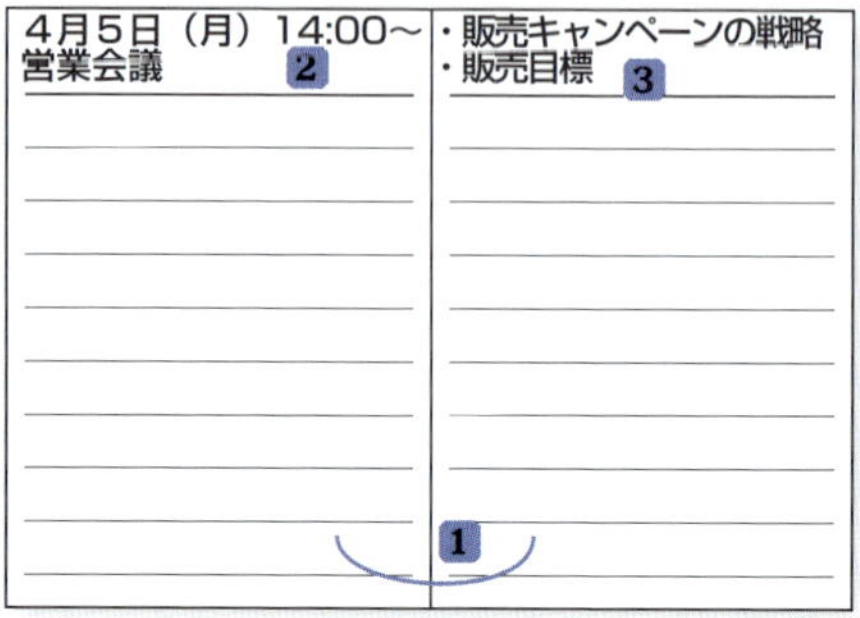

1 見開きスペースを用意

2 日時と大きなテーマを記入

3 決めるべきことを箇条書きに

ステップ1 準備

手帳やノートの大きさに関わらず、新しい見開きのスペースを使用する。会議が始まる前に、左ページの上の余白に「日付と会議のテーマ」を記入し、右ページの上に「会議で決定すべき事項」を書き出しておく。

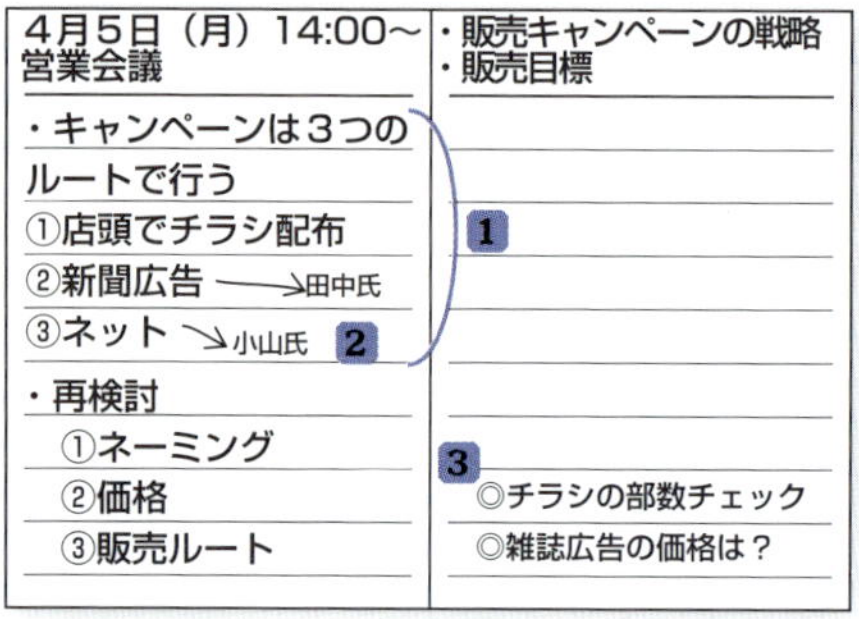

1 左ページに決定した要点を簡単にメモする

2 やるべきことの分担をメモしておく

3 感想や気づいたことを余白にまとめておく

ステップ2 会議中

会議中は、左のページに決定した要点をメモしていく。作業の分担や期日などをできるかぎりくわしく記入しておくこと。右ページは空欄のまま残しておき、会議の最後に、感想や気づいたことを箇条書きにする。

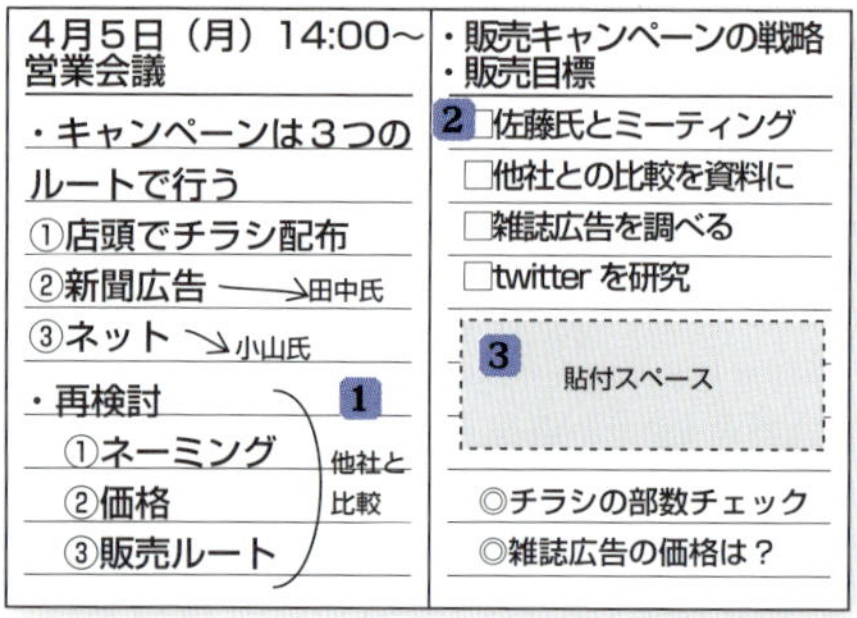

1 ヌケやモレ、新たなアイデアを書き足す

2 やるべきことを細分化してToDoリスト化しておく

3 資料を折りたたんで貼りつける

ステップ3 会議後

会議が終わったら、メモを見返し、ヌケやモレを追加しておく。右ページには、自分がやるべきことをリストにする。資料が配布された場合は、縮小コピーをしたり、折りたたんだりして右ページに貼り付ける。

2 アイデアに行き詰まったときのために「オズボーンのチェックリスト」を書いておく

アメリカの広告会社の副社長で、ブレーンストーミングの考案者として知られるA・F・オズボーンが作成したリストがある。これはアイデアに行き詰まったとき、突破口を発見するために多くの人が使っている。下のような９つのキーワードに現状の問題点をひとつずつあてはめて解決するのだ。下のリストを縮小コピーしたり、パソコンで打ち直してプリントしたりしたものを貼っておこう。内容が頭に入るので、手書きをするのもおすすめだ。

1 転用	現状のまま、ほかに使い道はないか？　少し変えたら、使い道はあるか？
2 応用	アイデアをほかから借りられないか？　これに似たアイデアはほかにないか？
3 修正	形式を変えみたら、どうか？　意味を変えてみたら、どうか？
4 拡大	何かを加えてみたら、どうか？　もっと回数を増やしたら、どうなるか？
5 縮小	分割したら、どうなるのか？　回数を減らしたり止めたりしたら、どうか？
6 代用	ほかの材料、素材を使ったらどうか？　ほかの人にしたら、どうなるのか？
7 アレンジ	ほかの順序にしたら、どうなるか？　原因と結果を入れ替えたら、どうなるか？
8 逆転	役割を逆にしたら、どうなるか？　立場を変えたら、どうなるのか？
9 結合	目的を結合したら、どうなるか？　アイデアを結びつけたら、どうなるか？

4 何度も使う情報は手帳にまとめておく

ビジネスにおいては、見積もりの際にベースにする固定費や交通費など、頻繁に使う情報がある。同じことをその都度調べるのは時間の無駄なので、手帳に書き込んでおくと便利だ。

例

1. よく使うルートの交通費
2. 見積もりの固定費
3. 列車・飛行機の時刻表
4. 取引先担当者の連絡先
5. オススメのお店の情報

3 色分けで仕事の効率をアップする

タスクを「緊急度」と「重要度」という２つの基準で考えると、下のような４つに分類できる。この基準に従ってタスクを色分けして書いておけば、パッと見ただけで優先順位がわかるようになる。そのために、手帳と一緒に色分けできるペンを持ち歩くようにしよう。

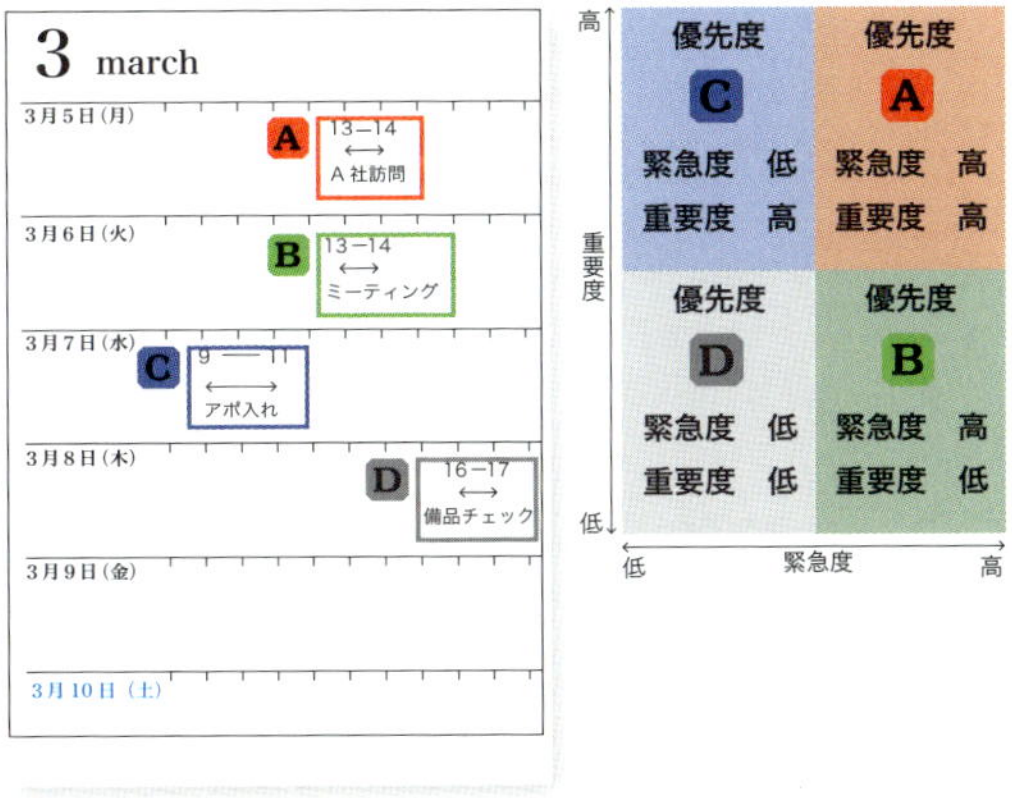

Column

内容が正確に伝わる「5W1H」の使いかた

仕事の内容を確実にわかりやすく伝えるためにしっかりマスターしよう。

例文でわかる5W1Hの重要性

「５Ｗ１Ｈ」がいかに重要か、ビジネスで日常的に使われる例文を挙げて説明していこう。

この企画書作っておいて。

↓ What（何を）だけが入った曖昧な指示。

山田くん、この企画書作っておいて。

↓ Who（誰が）が加わり少し具体的に。

山田くん、**来週の水曜日までに**、この企画書作っておいて。

↓ When（いつ）として期限を示している。

山田くん、**来週の金曜日に取引先に提案するから**、来週の水曜日までに、この企画書作っておいて。

↓ Why（なぜ）が入り指示がより具体化した。

山田くん、来週の金曜日に取引先に提案するから、**開発部の担当者と相談して、商品のポイントがわかるよう**、来週の水曜日までに、この企画書作っておいて。

↓ How（どのように）でわかりやすくなった。

山田くん、来週の金曜日に取引先に提案するから、開発部の担当者と相談して、商品のポイントがわかるよう、来週の水曜日までに、この企画書作っておいて。**見積もりは100万円だけど、来年は1000万円のプロジェクトになるかもしれない。**

↓ How much（金額）も説明したパターン。

山田くん、来週の金曜日に取引先に提案するから、開発部の担当者と相談して、商品のポイントがわかるよう、来週の水曜日までに、この企画書作っておいて。見積もりは100万円だけど、来年は1000万円のプロジェクトになるかもしれない。**木曜日にはチームでも検討しよう。**

５Ｗ１Ｈ以外に今後のスケジュールも告げている。

上司も部下も使いたい重要な概念

仕事を円滑に間違いなく進めるためには、内容を具体的に正確に伝える必要があります。日時、場所、数量など、伝えるべき事項を総称して「５Ｗ１Ｈ」と表現します。「報告」「連絡」「相談」のほか、あらゆる場面で使われる概念です。

5W1Hの内容

When いつ	打ち合わせ日、着手時期、納期、季節、頻度など
Where どこで	集合場所、職場内外、屋内外など
Who 誰が	自社および相手先の担当者など
What 何を	仕事の内容、種類、性質など
Why なぜ	仕事の意義・目的、狙い、背景、必然性など
How どのように	仕事の手順、テクニック、進め方など
How much いくら	予算、単価など
How many いくつ	数量、範囲、人数など

※How much、How manyを加えて「５Ｗ２Ｈ」「５Ｗ３Ｈ」と言うこともある。

商談をこなすための基本スキル

訪問・接待・案内のルール編

スムーズな連絡で好印象を与える

上手なアポイントの取りかた

レベルアップ!

【効率】★★★★

【スキル】★★★

【信頼度】★★★

Lesson

丁寧なアポ取りを心がける

あいさつする

会社名、名前を告げたあと、担当者に取り次いでもらい、あいさつする。

→

目的を告げる

「○○の件で、1時間ほどお時間をいただきたいのですが……」と目的を告げる。

→

訪問日時を決める

候補日を伝えながら「ご都合はいかがでしょうか？」と相手の都合を優先して訪問日を決める。

check 相手の都合を優先

→

お礼をする

訪問日時を復唱して確認し、訪問を承諾してもらったお礼を述べてから、電話を切る。

相手を訪問するための最初のステップ

営業や商談のため他社を訪問する場合、事前にアポイントメント（面会の約束。以下「アポ」）を取るのが基本です。突然訪問しては相手に失礼ですし、不在で徒労に終わってしまうこともあります。

アポ取りはふつう電話で行います。希望日の1週間ぐらい前に、会社名、氏名、同行者の人数、訪問の目的を伝えます。事前に複数の候補日を設定しておき、相手の都合に合わせて面会日を決めるとよいでしょう。もちろん、同行者がいる場合は、その人たちのスケジュールも確認しておく必要があります。

訪問の日時が決まったらその場で復唱し、電話を切ったあと、自分のスケジュール帳に記入しておきましょう。

こんなときどうする？

アポイントの日時を変更したいときは？

面会を約束した日時に、どうしても外せない急用ができてしまった。そんなときは？

GOOD! なるべく早めに連絡

面会をお願いした側から変更を依頼するのは原則NG。あってはならないミスですが、同じ日時に別の用件を入れてしまう（ダブルブッキング）場合もありますし、家庭の事情で変更せざるを得ないこともあるでしょう。約束の日時に訪問できないことがわかった時点ですぐに連絡しましょう。先方にお詫びを述べながら、理由を丁寧に説明します。そのうえで改めて面会日を設定します。このとき、相手の都合を最優先するのがマナーです。ダブルブッキングの場合で、どちらの用件を優先するか判断できない場合は、上司にも相談を。

事前準備で失敗を防ぐ

用件を整理する

話の手順を整理し、疑問点には答えられるようにしておく。同行者がいる場合は、打ち合わせをしておく。

資料を準備する

訪問の目的に応じて、商品サンプル、カタログなどを準備。初めての訪問先には自社の会社案内も持っていく。

訪問先の情報を確認

訪問先までの交通機関、最寄り駅、駅からの道順などを確認。移動の所要時間も計算しておくといい。

効率アップのポイント

アポ確認シートを作っておこう

アポ取りの電話をするとき、必要な情報を伝え、確認すべき事項を漏らさないために、左のようなチェック表を作成しておくとスムーズです。

アポ確認シート

□相手の社名・担当者名	○○商事　大山課長
□電話番号	○○-○○○○-○○○○
□住所・最寄り駅	○○線○○駅　徒歩5分
□受付	1階受付にてお呼び出し
□訪問日時	14日15:00
□案件の内容	新製品のご紹介
□訪問人数	高橋部長と2人
□必要書類	説明資料、サンプル

会社のイメージを損なわない 他社訪問の流れとルール

Lesson

基本の流れをおさえて失礼のないふるまいを

あいさつ ― 応接室 ― 訪問先受付 ― 会社

会社

準備を整える

出発前に必要な資料、名刺など忘れ物がないかをチェック。服装や髪形なども確認しておこう。

訪問先受付

取り次ぎを依頼

約束の５分前に受付を訪問し、あいさつして名乗ったあと、相手の担当者に取り次いでもらう。

受付で告げること

- 会社名と自分の名前
「私、○○○社の○○○と申します」
- 相手の名前
「○○部の○○様をお願いします」
- 訪問時間
「○○時にお約束をしております」

応接室

着席して準備

席を指定されたらその席へ、指定されない場合は下座（107ページ参照）に座り、姿勢を正して待つ。

あいさつ

相手が入室してきたらあいさつ

相手が応接室に入ってきたら、すばやく立ち上がり、相手の顔を見ながらあいさつをする。

あいさつのしかた

「本日は、お忙しいところ、お時間をいただきまして、ありがとうございます」

会社の代表としてのふるまいを

初めての訪問先でのふるまいは、訪問した人だけでなく会社全体のイメージとして受け取られます。自社の事業内容や経営方針、扱っている商品の概要などは訪問先でも説明できるよう事前に準備をしておくとよいでしょう。

他社への訪問でもっとも注意したいのが、時間の管理です。遅刻は厳禁ですし、貴重な時間を割いてもらっているという感謝の気持ちを持つようにしましょう。そのほか、身だしなみを整える、携帯電話はマナーモードにすることも必要です。応接室でのふるまいはもちろん、受付や廊下での行動も見られているという意識を持つこと。会社の代表として恥ずかしくないふるまいを心がけたいものです。

レベルアップ！

【効率】★★
【スキル】★★★
【信頼度】★★★★

名刺交換

商談開始

商談終了

退室

初対面なら名刺交換

初めて会う相手なら名刺交換をする（62ページ参照）。相手に勧められてから席に座る。

商談を進める

できれば雑談をして場を和ませてから用件を切り出す（商談の上手な進め方は88ページ参照）。

お茶を出されたら

口をつけるのは、相手を待つ間のみ。そのあとは勧められるまで待とう。

商談を切り上げる

感謝の言葉を述べ「よろしくお願いします」と頭を下げて締めくくる。

お礼を述べて退室

「本日はお時間をいただきありがとうございました」と言いながら退室する。

信頼度アップのポイント

荷物の置き方にも気を配る

アタッシュケースやビジネスバッグなどの荷物をどこに置くか。こんな小さいことにもルールがあります。ふだん床に置くことも多いビジネスバッグは、応接室でも床に置くのが基本。空いている隣のイスやサイドテーブルには載せないのがマナーです。ただし、先方から勧められればOKです。また、荷物は座っているイスの左側に置きます。中から資料などを取り出すときは、膝の上に乗せるか、床に置いたまま行いましょう。

人脈を広げていくための大切な手続き

人の紹介の順序と流れ

Lesson

さまざまなケースの紹介のしかた

■複数の社員を担当者に紹介する

自社の社員の役職の高い順に紹介し、次に取引先の担当者を紹介する。「身内が先」と覚えておくとよい。

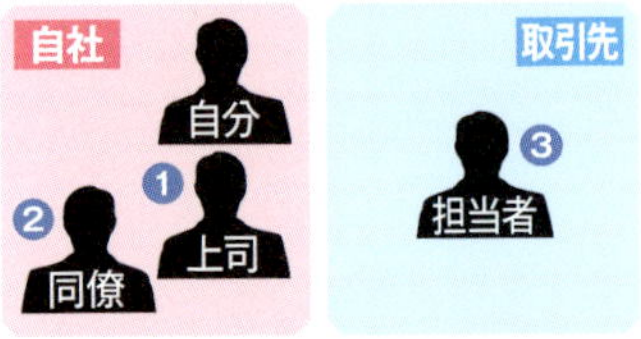

■上司を取引先の担当者に紹介する

上司→取引先担当者の順に「弊社営業部長の○○です」「こちらはB社開発部の△△課長です」などと紹介。

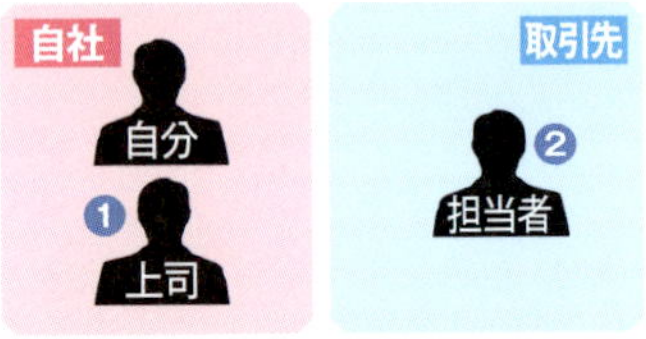

■A社の依頼でB社の人を紹介する

依頼者（A社）を紹介する際に自分との関係を簡単に説明し、B社の人を紹介する。

■お互いの担当者が複数の社員を紹介する

訪問側もしくは取引先から役職順に紹介し、次に相手側の担当者が上司から順に紹介する。

立場や親密度で順番が変わる

ビジネスシーンでは、人を紹介したり、あるいは紹介してもらったりして、人脈を広げていきます。この紹介の仕方にもルールがあります、これをおろそかにすると、恥をかくだけでなく、人間関係にヒビが入ってしまうこともありますので、正しい手順を知っておくことはとても重要です。人をどの順番で紹介していくかは、立場や親密度で変わります。基本は、目上の人から目下の人へ、また関係の深い人から関係の浅い人へ紹介するのが基本です。実際には、上司が同席する場合、相手に複数の社員がいる場合など、人間関係は複雑になります。上の例を参考にしながら、スムーズな紹介ができるようにしておきましょう。

レベルアップ!

［効率］★★

［スキル］★★★★

［信頼度］★★★

スキルアップのポイント

役職の付け方をマスターする

人を紹介する際には、順番とともに役職の付け方にも注意が必要です。基本的に、社外の人は「名前＋役職」、役職がない場合は「名前＋様」。社内の人は、役職を前に出し「役職＋名前」となります。会社では人事異動があるため、役職が変わることが多くあります。しばらく会っていない相手を紹介する場合、間違った役職を呼んでしまうと気分を害し、せっかくの場が台無しになることも。役職は事前に確認しておきましょう。

社外の人は「名前＋役職」
役職がない場合「名前＋様」

○ 加藤営業部長
✕ 営業部の加藤様

社内の人は「役職＋呼び捨て」

○ 営業部長の加藤
✕ 営業部の加藤部長

紹介のされかたのルール

■自社の担当者に取引先を紹介してもらう

自社の担当者（仲介者）が自分を紹介した後、「初めまして。営業部の○○と申します」などと自己紹介をする。そのあと取引先の担当者を紹介してもらう。

■A社の人に依頼してB社の人を紹介してもらう

A社の人が自分を紹介した後、改めて自己紹介をし、A社の人との関係を簡単に述べる。そのあと、B社の人を紹介してもらう。

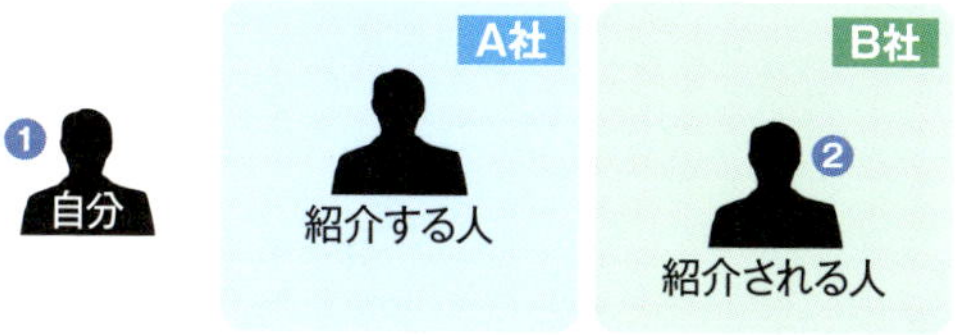

こんなときどうする？

社外の人を紹介するときは？

知らない人同士を紹介する場合、どんなことに注意したらいい？

GOOD! 略歴をそえる

見知らぬ人たちをつなげる場では、その人を紹介する際に、ちょっとしたひと言を添えるとよいでしょう。たとえば、社外の人を紹介するときは「先日、ご好評をいただいた商品のパッケージデザインをお願いしています」などと、仕事上の具体的な関係、その人の長所となることを付け加えることで、そこから会話が広がることもあります。お互いの関心のある話題を出すことで、初対面でもスムーズに面談を進めることができます。新たなビジネスチャンスが生まれることにつながるでしょう。人に喜ばれる紹介のしかたを身につければ、自分が反対の立場になったときに、同じような紹介をしてくれるはずです。そうすれば相手の信頼を得ることもでき、人脈をさらに広げられるでしょう。

アシスタント役を務め仕事を成功させる

上司を上手にサポートする方法

Lesson

商談がうまくいくサポートのしかた

上司の指示に従って入念に準備をする

上司の指示に従い、訪問日までに資料など手配しておくものを聞き、事前の準備を完璧にしておく。時間や手間のかかるものは、きちんとスケジュールを組んで、当日に間に合うよう準備を進める。

check
前日までにすませる

荷物などを率先して持つ

用意した資料は、率先して持つこと。荷物を運ぶための紙袋などは事前に用意しておこう。歩くときは上司より一歩下がる。車で移動する場合は、上司を上座に座らせる（車の席次は113ページ参照）。

check
歩くときは上司より一歩下がる

フォロー役の自覚を持ち積極的な行動を

新入社員や若手は、上司や先輩とともに取引先を訪問することが多くなります。自分の役割をしっかりと自覚してふるまうことが求められます。商談をまとめるスタッフの一員として、的確に上司をサポートしていきましょう。

具体的には、訪問の前に、上司の指示に従ってスケジュールを調整したり、資料を準備したりします。商談の最中も、メモを取ったり、適切なタイミングで資料を取り出したりして、上司をフォローします。商談中は上司が指示を出すことはないので、商談の流れを見ながら、積極的に行動していくことが大切です。当然、応接室の席次（107ページ）など、基本的なマナーはおさえておきましょう。

レベルアップ!

【効率】★★

【スキル】★★★★

【信頼度】★★★

■あいさつは上司のあとに

相手の担当者が入室したらすぐに立ち上がる。初めての訪問先の場合は、上司に紹介してもらってからあいさつをして、名刺交換をする（名刺交換の仕方は62ページ、あいさつのしかたは84ページをそれぞれ参照）。

check
自分を紹介してもらう

■応接室では上司より下座に座る

訪問先では受付で会社名と名前、相手の担当者、訪問の目的を告げる。応接室までの通路では、上司の一歩うしろを歩く。応接室では上司が先に入室し、席は上司より下座に座る。出されたお茶に口をつけるのも上司のあと。

check
上司を常に尊重する

■退室も上司が先

商談が終わったら、あいさつをする。資料などを広げていた場合は、すみやかに片づける。自分のほうが入り口に近い場合も、上司のあとに退室する。退室の際にも頭を下げてあいさつすることを忘れない。

check
自分が入り口に近い場合も

■上司の仕事をフォローする

商談中は上司のアシストに徹する。資料や商品サンプルなどをタイミングよく取り出す、テーブルの上のものを片づける、話のポイントをメモする、相手の話に相づちを打つなど、積極的に上司をフォローする。

check
アシスタント役をこなす

スキルアップのポイント

上司の仕事ぶりを観察する

上司や先輩と取引先を訪れる際に求められるのは、あくまで「アシスト役」ですが、同時に、上司の仕事ぶりを観察するよい機会でもあります。いずれは、上司が同行せず、ひとりで商談をしなければならないからです。とくに商談の核心となる部分は、マニュアル化はできませんし、上司も言葉では説明が難しいものです。実際に上司がやっていることを真似するしか方法がないわけです。もちろん、最初は上司のフォローで手いっぱいでしょうが、左のようなことをチェックしてみましょう。

チェックしたい上司の仕事ぶり

- ■雑談の仕方
- ■本題の切り出しかた・順序
- ■交渉の会話術
- ■取引先からの質問の答えかた
- ■相手の要望や考えの聞きかた
- ■話す速度やトーン、身ぶり

相手の要望を探りチャンスをつかむ

取引先と商談するときの秘訣

Lesson

取引先を納得させる話しかた

会話スタート

↓

世間話で場を和ます

本題に入る前に世間話でお互いの緊張をほぐす。時間は５分くらいが適当。

話題の例

- **天気・天候の話**
  「最近、急に寒くなりましたね。昨日はコートを引っぱり出しました」
- **ちょっとした自己紹介**
  「今年の4月から営業部に配属になりましたので、いろいろご指導ください」
- **趣味の話**
  「最近は釣りには行ってらっしゃいますか？　今度ぜひご一緒させてください」

check
面識があれば
相手の興味のあることを

用件を明瞭に伝える

本題に入ったら、こちらの提案をなるべく具体的に述べる。話す順番は下記のとおり。話すときは、余計な要点のみを簡潔に伝えるのがポイント。会話にリズムが生まれ、相手も聞きやすくなる。

1. 全体のテーマ（自社の要望）を伝える。
   ↓
2. テーマに関連した補足事項を伝える。
   ↓
3. テーマと関連事項を再度確認する。

check
要点のみを
簡潔に話す

話すのが苦手でも商談はうまくいく

商談は、取引先を訪問する目的のうち、もっとも重要な部分です。よくある誤解は、「話すのが苦手だから商談はうまくいかない」というもの。意外にも、口下手な人の中に優秀な営業マンがいたりします。相手に不愉快な思いをさせず、自分を信頼してもられれば、多少話しかたが下手でも、商談はうまくいくものです。

どのように商談の会話を進めていくかは、ケースバイケースですが、基本的な流れは上記のとおり。もっとも重要なのは相手の要望をしっかり聞くことです。当初の考えに固執せず、相手の要望をうまく自分の提案に盛り込んでいきましょう。相手の信頼が得られれば、商談はきっとうまくいくはずです。

レベルアップ！

［効率］★★

［スキル］★★★

［信頼度］★★★★

こんなときどうする？

秘密にすべきことを聞かれたら？

会話の途中で、秘密にすべきことを聞かれることもある。そんなときは？

BAD! 「そんなこと言えない」と断る

GOOD! 知らないフリをする

会社の業績や開発中の新製品に関することは、一般的に秘密にすべき事柄です。これらについて聞かれたときに怒ったり、不機嫌な態度を取ったりするのはマナー違反です。業績については「おかげさまで堅調です」、新製品については「いろいろアイデアを検討しています」などと、当たり障りのない回答をすればよいでしょう。「その件はわたしは担当していないので、わかりかねるのですが……」などと、知らないフリをする手もあります。

答え方の例

- 「現在、検討しているところです」
- 「それについては別の担当者が管理しておりますので、お答えいたしかねます」
- 「私からは申し上げかねます。申し訳ありません」
- 「上司と相談させてください」
- 「申し訳ありませんが、お伝えできません」

相手の要望をすべて聞き出す

こちらの一方的な用件を述べるだけでは足りない。相手の疑問や要望を聞く時間はたっぷり取ろう。当然、相手の話の腰を折るのは禁物。

ポイント！

- 相手の話を妨げず最後まで聞く。
- 自社と相手が利益を得られる道を探る。
- 無理な条件を出されたら、自社に持ち帰って上司と相談する。
- その場で決めようとせず、何度か訪問して、信頼関係を作る。

↓

終了

訪問後、時間を割いてくれたことや商談成立に対するお礼をメールや手紙で送る。

信頼度アップのポイント

商談後のフォローでさらに信頼関係を高める

商談後に送るお礼の手紙やメールには、左のようなことも一緒に連絡すると、さらに相手の信頼関係が高まります。

お礼といっしょに
- 打ち合わせの内容
- 不明点への回答
- 担当者の連絡先
- 今後の大まかなスケジュール

追って連絡
- 変更点、追加事項
- 正確なスケジュール
- 納品した製品の評価や不具合の確認
- 作業の進捗状況

 さらにくわしい商談のコツは176ページを参照

取引先との間にしこりを残さない 謝罪するときのポイント

Lesson

取引先からのクレームへの対応

■電話で対応する場合

電話の場合、相手の顔が見えないので、言葉づかいや話し方にはとくに注意を払い、丁寧な対応を心がける。

■対面で対応する場合

クレーム対応は迅速さが第一。自分で判断できない場合、担当者がいない場合は、改めて対応させていただく方法もある。

1 クレームの内容を把握する

まずは相手の話を聞き、トラブルの内容を把握する。

↓

2 きちんと謝罪する

ご迷惑をおかけしたことに対して素直にお詫びする。

↓

3 上司に報告し指示を仰ぐ

クレームの内容を正確に上司に報告する。

↓

4 訪問の日時を決める

訪問する必要がある場合は、先方に連絡し日時を決める。

まずは相手の話に耳を傾ける

自社の商品やサービスについて、取引先からクレームをいただくことがあります。相手の勘違いで、こちらに落度がない場合や、勘違いでなくても、自分の責任ではないケースもあります。しかし、理由はどうあれ、相手に不快感を与えてしまったことは事実なので、まずは謝罪をするのがビジネスのルールです。クレームへの対応を誤ると、会社の信用を大きく損なったり、損害賠償に発展したりと、深刻なトラブルにつながることもあります。相手の話に耳を傾け、態度や言葉づかいに注意しながら、怒りの感情もすべて受け止めることが大切。直接対面する場合も、電話で受ける場合も、誠実に迅速に対応することを心がけます。

レベルアップ!

［効率］★★

［スキル］★★★★

［信頼度］★★★

相手の心に伝わる謝罪のしかた

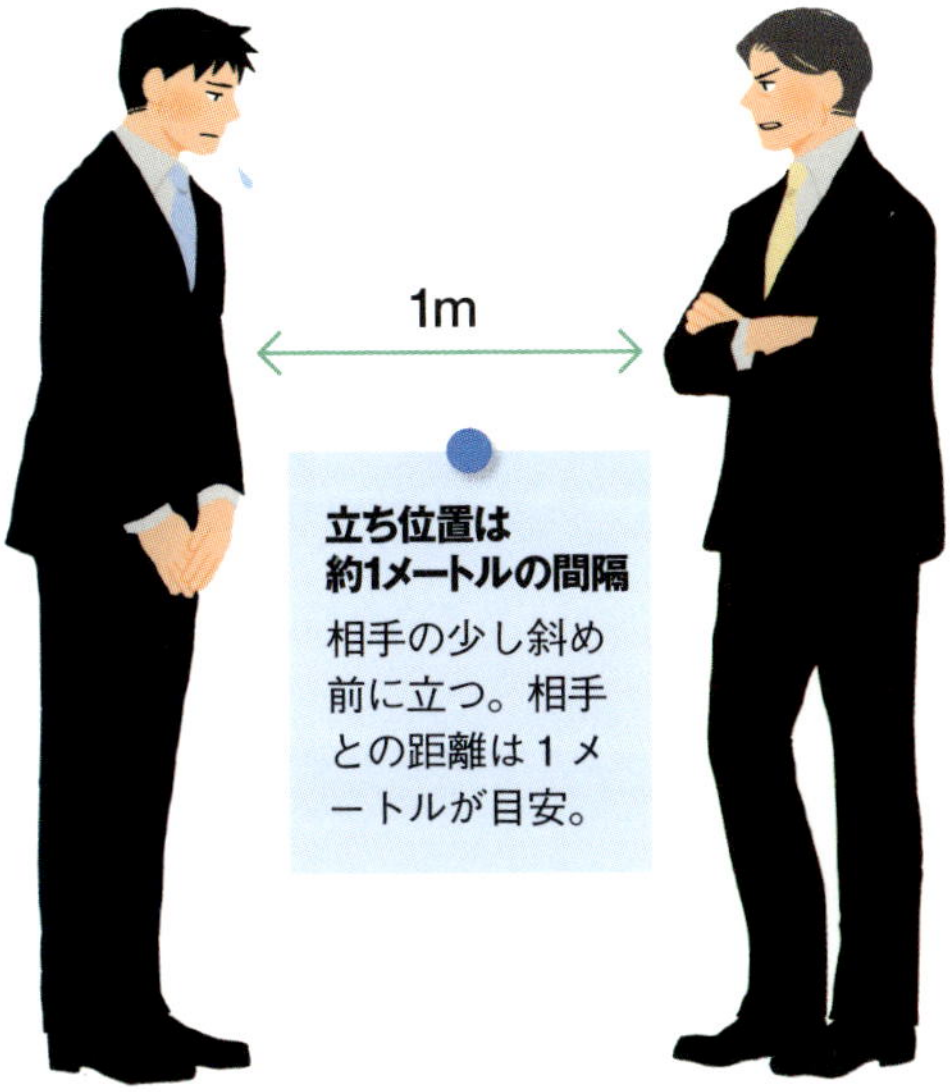

姿勢はやや前傾
手は体の前で揃え、やや前傾姿勢で。足も広げて立たない。

相手の話を誠意を持って聞く
相づちを打つなど、誠意を持って相手の気持ちを受け止める。

立ち位置は約1メートルの間隔
相手の少し斜め前に立つ。相手との距離は1メートルが目安。

お辞儀は最敬礼
お辞儀は最敬礼（30ページ参照）で、誠心誠意頭を下げる。

事前に万全の準備を
トラブルに対する解決策、代替案などを事前に準備しておく。

解決策を提示する
トラブルの原因を説明しながら謝罪し、解決策を提示。

上司の態度にならう
上司と一緒の場合は、一歩下がって、上司の行動にならう。

スキルアップのポイント

謝罪の際のNGを覚える

相手が怒っていると、つい自分も感情的になってしまいがち。しかし、左のようなふるまいをして火に油を注ぐようなことは避けましょう。

■否定的な表現をする
「そんなはずありません」のような否定的な表現は厳禁。まずは相手の話を聞き、問題のある点を確認しましょう。

■反論する
「先ほども申し上げたとおり……」など反論するのはNG。議論に勝つことではなく問題の解決を最優先します。

■言い訳をする
「でも」「だって」と言い訳や責任転嫁はやめましょう。自社に関わる問題ならば自分にも責任があると考えましょう。

■長時間待たせる
相手を長時間待たせるのはNG。すぐに解決できないときは、お詫びのうえ、あとで対応する旨を伝えます。

私生活への気配りを忘れない
個人宅を訪問するときのマナー

レベルアップ!

[効率] ★★

[スキル] ★★★

[信頼度] ★★★★

Lesson

相手の家族のことも考えた訪問の準備

■訪問する時間を守る

早く着きすぎると準備が整っていない場合もあるので、約束の時間より2～3分ぐらい遅れていく。最寄り駅から連絡を入れるのがベター。

check 早く着きすぎない

■手土産を買う

何かを依頼するときは、手土産を持参する。訪問先の近所ではなく、自社の近くで買うこと。

check 会社の近くで買っておく

■アポイントの電話をかける

食事どきを避け、相手の生活スタイル（小さい子どもがいるなど）も考慮。迷惑のならない時間に電話する。

check かける時間に注意

■場所を事前に調べる

ビジネス街と異なり、住宅のある地域は道が入り組んでいるため、事前によく場所を確認しておく。

check 住宅地は迷いやすい

プライベート空間であることを考慮

ビジネスでは、個人宅を訪れる機会もあります。基本的な流れは会社を訪問する場合と同じですが、プライベートの空間であることを考慮する必要があります。たとえば、早朝や食事の時間帯の訪問は避ける、書類の受け渡しなど簡単な用件なら玄関先で済ませるといった配慮をしたいものです。「どうぞ上がってください」と言われても、ご家族も同じ気持ちとは限らないので辞去するのが基本。個人のお宅にお邪魔する場合、和室に通されるケースも多いので、左ページのような和室でのふるまいかたも覚えておきましょう（和室の席次は99ページを参照）。手土産を持参するなど、ご家族への気配りも考えておきましょう。

会社とは異なる個人宅でのふるまいかた

到着
玄関に入る前にコートを脱ぐ。約束の時間の2～3分後を目安にインターホンを押す。

玄関
許可を得て荷物を置き、前向きのまま靴を脱ぐ。靴先を玄関に向け、片隅に揃える。

家の中
家の中では、相手のあとについて歩く。家族がいることも考えられるので、大きい声で話したり、足音を立てたりしないよう最大限の配慮を。

入室
応接室のふるまいは下記を参照。日本間の場合、座布団には勧められてから座ること。

面談
手早く用件を切り出し、長居をしないよう努める。部屋をジロジロ見るのも失礼にあたる。

辞去
切りのよいところで「本日はお時間をいただきありがとうございました」とお礼を述べる。

玄関
玄関を出るときに、改めてお礼を述べる。勧められたら、コート類を着る。

信頼度アップのポイント

和室のマナーを覚える

個人宅で通される部屋が和室の場合もあります。あいさつやふるまい方に和室ならではのマナーがあるので、事前に覚えておきましょう。コートやカバンは相手に断って、玄関に置きます。玄関でスリッパを勧められた場合は、入り口で脱ぎ、室内に入ったら、腰を落とし、向きを変えます。座布団へは勧められてから座り、その際、座布団の上には立たないこと。お辞儀は正座した状態からハの字に手をつき、床から5センチぐらいの高さまで頭を下げます。そのほか細かいタブーは、左を参考にしましょう。

- 敷居を踏むのはタブー
- 部屋の出入りの際、ふすまの開閉は座って
- 畳の縁は踏まない
- 座布団はいったん畳に座り、膝からにじり上るようにして座る
- 常に座布団の上には立たない
- あいさつは座布団の外で座ったまま

Lesson

人間関係をスムーズにする 手土産の選びかたと常識

人間関係を深める手土産の選びかた

渡すタイミングは?
正式なあいさつのあとに渡すのが基本。紙袋から品物を出し、相手に正面を向けて差し出す。

自分の気持ちを贈り物で示す

新年のあいさつまわり、お礼、お詫び、お見舞いなど、ビジネスでは手土産を持っていく機会が多々あります。自分の気持ちを形として表すことができ、人間関係もスムーズになります。手土産が必要かどうかはケースバイケースなので、まずは上司に相談しましょう。予算などは会社の慣例に従います。手土産を選ぶ基準は、相手の立場に立って、もらってうれしいもの、役に立つものかどうかです。会社に持っていく場合は、職場で分けやすいもの、少人数の家庭ならば高級なお菓子など、贈り先の状況によってもふさわしいものが変わってきます。ふだんの会話で、それとなく相手の好みを聞いておくのもよい方法です。

レベルアップ!
【効率】★★
【スキル】★★
【信頼度】★★★★★

手土産はTPOを考えて選ぶ

■契約がまとまったときのお礼

職場の人たちと分けやすく、日持ちのするものがベター。個別包装の焼き菓子などが定番。自分の会社の近くにあるお店の人気商品や、地方の名産品、手に入りにくいお菓子などは、話題作りの点でもおすすめ。

焼き菓子

! check
人気商品など

■年末年始のあいさつ回り

年末のあいさつには、自社の社名入りカレンダーを渡すのが定番。年始のあいさつの場合は、「お年賀」ののし紙をつけたタオルを渡すことが多い。もちろん、相手の好みに応じてお菓子などを渡しても問題ない。

白いタオル

! check
お客様の好みで

NGの手土産

- ■訪問先の近くで買ったもの
- ■職場で配るのが面倒なもの
- ■相手のライバル会社の商品
- ■味や香りが特殊なもの
- ■4個、9個入りなど
不吉な連想をさせる個数

■お詫びするとき

取引先やお客様に迷惑をかけてしまった場合、おわびの気持ちが伝わる品物を用意する。自己判断はせず、具体的な品物や金額は上司と相談して決めるのがベスト。一般的には高級な菓子折りなどが選ばれる。

菓子折り

! check
上司と相談

信頼度アップのポイント

さまざまなケースの手土産

上記以外にも、左のような点に配慮しながら手土産を選ぶと、さらに信頼度はアップするはずです。

■初めて訪問する相手に

自宅・会社の近所にある名物店のお菓子などは、自己紹介のツールとして、会話の糸口にもなります。値段は1000円程度のものであれば、相手の心理的負担になりません。

■2回目以降に訪ねる相手に

2回目以降は、相手の状況や好みがわかっているはずなので、これらを考慮したものを選びます。手紙やカードを添えるのもおすすめ。気を遣わせないように帰り際に渡すのがよいでしょう。

■開業・開店のお祝いに

お店やオフィスで使う調度品や、お酒、お菓子といった消耗品などが喜ばれます。また開店・開業のお祝いに限っては、目上の人に現金を包んでも失礼にあたりません。相場は、1万円が一般的。

当日の流れを滞らせない

接待の準備をする手順

Lesson

場を盛り上げるための準備

1 参加者、内容、予算を決める
参加者は相手側との役職のバランスを考えて決める。

↓

2 日時を決定する
日時の候補をいくつか挙げ、相手に選んでもらうのがベター。

↓

3 店を選び予約する
相手の地位や年齢、関係の深さなどを考慮して、店を選び予約する。

↓

4 手土産・送迎を手配する
手土産や送迎の有無は、上司と相談しながら決める。

↓

5 参加者へ連絡する
日時、会場を参加者全員に連絡。会場までの地図は必ず送付する。

店選びのポイント
相手の食べ物やお酒の好みのほか、帰宅ルートなども考えて店を選びたい。

人間関係を良好にし仕事をスムーズに

接待相手との関係を深めるため、食事やお酒でもてなすのが接待です。良好な人間関係が築ければ、仕事のほうも円滑になるでしょう。

接待は、相手に楽しんでもらうことが第一の目的。そのために、当日、その場をどう盛り上げるかはもちろん、食事や飲み物の手配、手土産などの準備が必要になります。相手の趣味や嗜好をあらかじめ知っておくと、喜ばれるひとときを演出することができます。

接待をするだけでなく、ときには接待を受ける側にまわることもあります。相手の厚意に応えて、食事やお酒を楽しむのが基本ですが、あくまでビジネスとして、場をわきまえることも大切です。

レベルアップ!

【効率】★★★

【スキル】★★★

【信頼度】★★★★

こんなときどうする?

接待のない会社だったら?

相手の会社が接待に対して積極的でない場合は、どう対応すればいい?

BAD! なんとか場を設ける

GOOD! ランチなどを提案

接待は長年にわたって行われてきたビジネス上の慣習ですが、最近では接待に対して積極的でない会社も増えているようです。そうした会社を無理に接待しようとするのは、かえって人間関係を損なうことになります。接待を受けていただけるかを尋ね、不可ならば、上司の出席しないカジュアルな雰囲気でランチなどを提案するなどして、交流や意見交換を図るといいでしょう。

直前の準備で当日の段取りをスムーズに

■接待費用の準備

費用は多めに準備しておくのが安全。カードで清算する場合は、店に予約を入れた際に、使えるかどうか確認しておく。

check
費用は多めに用意する

■予約の再確認とあいさつ

店に電話を入れ、時間や料理の内容を確認する。「よろしくお願いします」とひとことあいさつしておくといい。

■相手の予定を確認

相手に電話を入れ、翌日の会場や集合時間、人数を確認。「明日はよろしくお願いします」とひとこと添えるといい。

■手土産・送迎の確認

必要に応じて数日前に送迎の車を手配する。車代やタクシーチケットは、封筒に入れて渡せるように準備をしておく。

check
タクシーチケットは封筒へ

信頼度アップのポイント

相手の情報を集めておく

相手に心の底から楽しんでもらえる場にするには、左のような情報のリサーチが不可欠。とはいえ、「接待のために」ということが相手にわかってしまうと、逆に気を使わせてしまうので、ふだんのおつきあいの中で、さりげなく聞き出すのがいいでしょう。

■趣味・特技
相手に合わせた話題が提供できる。

■出身地・出身校
話のきっかけがつかめる。

■嗜好
料理やお酒を選ぶ際の参考になる。

■居住地
終了時間の配慮、車の手配などができる。

■家族構成
手土産を選ぶ際の参考になる。

相手に余計な気を使わせない
接待の進めかたと席次

Lesson

スムーズに進行させるための心得

1 会場に早めに到着
相手を出迎えるため、30分前には会場に到着しておく。

2 初めはあいさつ
接待をする側の幹事か役職の高い人があいさつをする。そのあと、乾杯の音頭をとる。

3 宴席でのもてなし
ひとりひとりにお酌をしてまわるなど、周囲に気を配りながら、積極的に場を盛り上げる。

check 相手に楽しんでもらうのが最優先

4 終了時間が近づいたら
終了15分前をめどに、ラストオーダーを確認。二次会を行う場合は、人数を確認し、お店に連絡を。

check 二次会の準備を

5 支払い
会計は相手に気づかせないようさりげなく済ませる。クレジットカードを使えば、スムーズに精算できる。

6 お見送り
締めのあいさつをしてお開きに。お見送りも全員で行う。

接待の基本的な流れをおさえる

相手に接待の場を満喫してもらうために、基本的な流れやポイントをおさえておきましょう。上記の点に注意しておけば、当日、相手の気分を害するような失敗をすることはないはずです。

また、接待では席次が大きなポイントになります。これを間違うと、相手に不快な思いをさせ、接待が逆効果になってしまいます。基本的に、入り口に近いほうが下座、奥が上座と覚えておきましょう。相手側の役職の高い順に、上座を勧めていきます。部屋のタイプによって、微妙に違いがあるので、左ページの図で確認してください。店によっては、席次がわかりにくい場合もありますので、店の人に聞いておきましょう。

レベルアップ!

【効率】★★

【スキル】★★★

【信頼度】★★★★

食事を楽しむための席次のルール

和室宴会場

奥から順番に、左右では右側が上座。

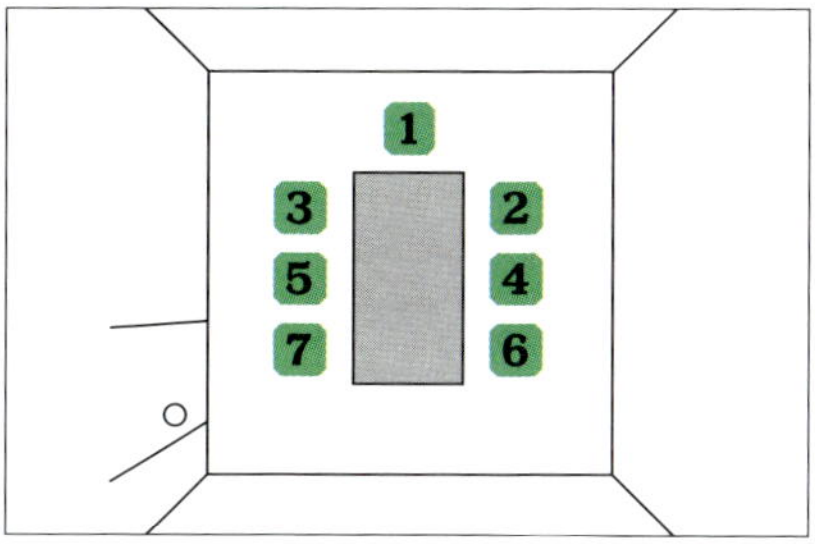

和室

床の間の前、床柱の前が上座になる。

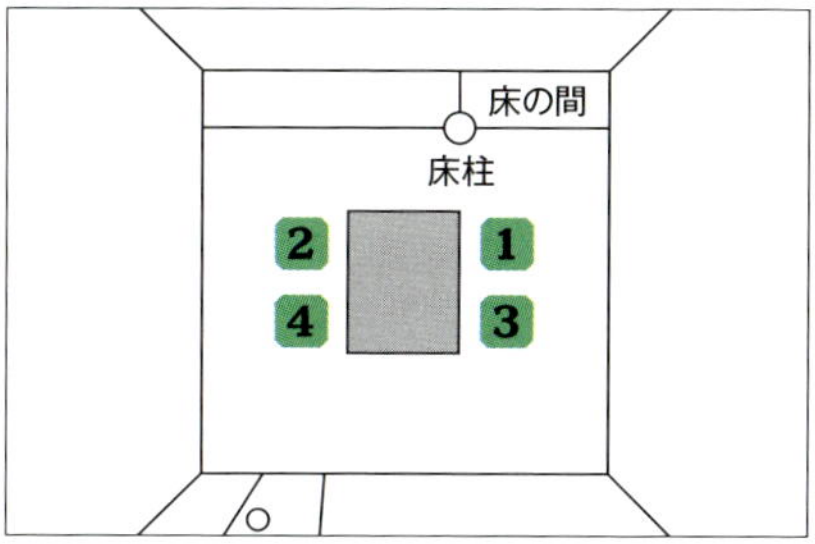

レストラン

奥か景色のよい席が上座。左右では右側が上座。

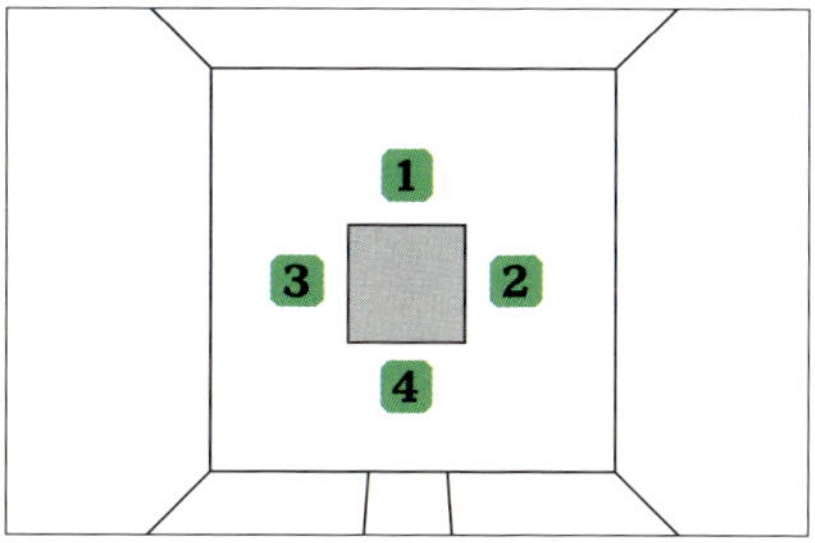

円卓

奥から順番に、左右では右側が上座になる。

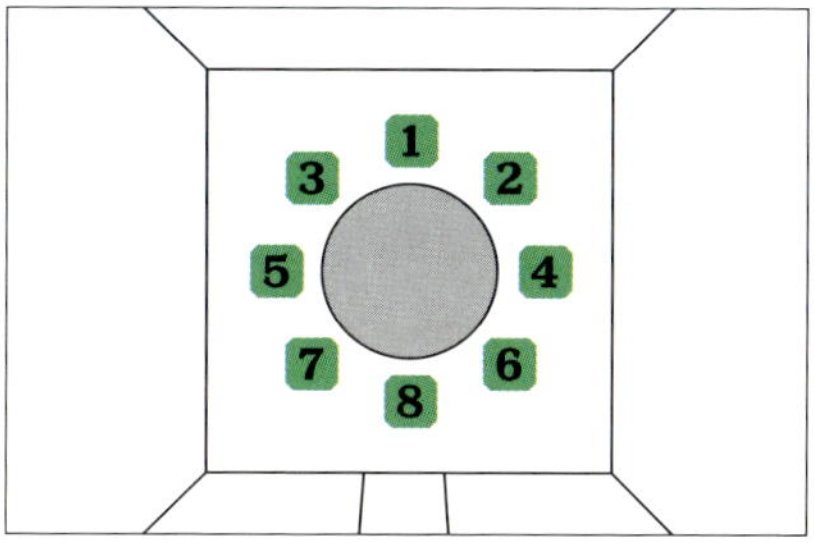

1 から順に上座→下座

信頼度アップのポイント

新人の役割を覚える

接待する側の上司と新人では、役割が異なります。ここでは、新人が行うべきふるまいを覚えて、上司をサポートしていきましょう。

■出入り口側の席に座る

部屋がどんなタイプであろうと、出入り口にもっとも近い側が下座。接待する側の新人はここに座ります。

■お店との連絡係を

注文をする、店の人が運んできた料理や飲み物を受け取る、空いたお皿を片づけるなどは、新人の役目。

■上司、相手の話を聞く

上司が話している最中に、新人が言葉をさしはさむのは難しいものの、発言はしなくても会話の内容はしっかり聞く。

■接待されるときは……

接待される側になっても、当然、上司より下座に座ります。料理やお酒に口をつけるのも、上司よりあと。

取引相手との人間関係を深める
接待の気配りとポイント

Lesson

相手に楽しんでもらうポイント

節度を持ってふるまう
ハメをはずして酔っぱらうのはマナー違反。

場を盛り上げる
相手が喜ぶ話題を提供し、場を盛り上げる。

出迎えは全員で
接待する側は全員で相手を出迎えるのが礼儀。

周囲に気を配る
食事や飲み物の残り具合、灰皿などを確認。

楽しそうな表情を
退屈そうな顔や早く帰りたいそぶりはNG。

バランスのよい会話を
仕事の話が出た場合も、場が堅苦しくならないように。

相手に気を使わせないよう行動する

接待の場では、雰囲気を楽しいものにし、相手に喜んでもらうことが第一です。そのためには、相手が何を求めているのかをすばやく察知して、相手に気を使わせないようにすることが大切です。たとえば、お酒のグラスが空にならないようにしたり、新しい取り皿を用意したり、積極的に行動しましょう。

接待では、新しい契約を結ぶ、進行中のプロジェクトをスムーズに進めることが目的の場合があります。上司に接待の趣旨を確認し、今後の仕事がうまくいくよう、サポート役に徹することも大切です。相手と自社との関係や今後の仕事の方針などを事前に上司に確認しておくとよいでしょう。

レベルアップ!

【効率】★★
【スキル】★★★★
【信頼度】★★★

こんなときどうする?

相手が酒好きだったら?

お酒が好きな人なら、とことん酔っぱらってもらったほうがいい?

BAD! **とことん酔わせる**

GOOD! **相手の体調を気遣う**

接待はあくまでもビジネス上のつきあいの場。接待をするほうも受けるほうも節度が求められます。相手がお酒好きだからといって、前後不覚になるまで飲ませるのはマナー違反です。たとえ相手が望んだとしても、体調は十分に気遣いたいものです。また、都合のいい仕事の契約条件などを提案することもNG。相手が楽しい時間を過ごせるように、場の雰囲気を大事にしましょう。

相手の誠意に応える接待の受けかた

偉そうな態度をとらない
礼儀を忘れず、ふだんどおりの接し方を。

誘われたら上司に相談
接待はあくまで仕事の一部。上司と相談を。

仕事を安請け合いしない
「それは別の機会に」などとごまかす。

過度に酔っぱらわない
会社の愚痴や機密情報を言わないよう注意。

スキルアップのポイント

支払いをスマートにすませる

接待の終盤、店への支払いをスマートに行うことも、ビジネスパーソンが身につけるべき必須のスキルです。

1 ラストオーダーの確認
お開きの時間が近づいたら全員に確認。

2 支払いは早めにすます
トイレに行くふりをしてさりげなく。

3 名刺とカードでスムーズに
名刺も渡せば領収書発行がスムーズ。

領収書のポイント

- A 宛名は正確な会社名を
- B 日付を確認する
- C 金額を確認する
- D 3万円以上の支払いには印紙が必要

酒席の雰囲気を損なわないための お酒のマナーとルール

Lesson

節度を守ったお酒の楽しみかた

接待する側が音頭をとる

乾杯の音頭は、接待する側の幹事か役職の高い人がとる。乾杯の前に、相手の代表者があいさつする場合もある。

無理にグラスを合わせない

参加者の人数が多いと、全員と乾杯するのが難しいこともある。その場合は、会釈をするだけでもＯＫ。

飲めなくてもひと口つける

乾杯は儀礼的なものなので、飲めなくてもグラスを置かず、ひと口つけるのが基本ルール。

相手の飲み物に気配りする

相手の様子には常に気を配る。好みの飲み物を勧めるなどの配慮をしよう。

相手の気分を損ねない基本ルールを覚える

　接待では、お酒をふるまうのが普通です。お酒を飲むことで気持ちがリラックスし、楽しい雰囲気を演出することができますし、人間関係もより深まるという効果もあります。その一方で、お酒を飲みすぎると、大きな失敗をしやすいので注意が必要です。相手に不愉快な思いをさせてしまっては、その後の仕事にも支障が出てしまいます。あくまでビジネスの場であることをわきまえ、接待相手に勧められたとしても、無理をして飲まないようにしましょう。

　また、乾杯やお酌にも基本的なルールがあります。相手に失礼のないように行動できるように、しっかりマスターしておきましょう。

レベルアップ！

［効率］★★

［スキル］★★★★

［信頼度］★★★

相手の気持ちに応えるお酌の受けかた

1 相手に声をかけられたら、お礼を言い、右手でグラスや杯を持つ。左手を添えて受ける。

2 注いでもらったら、すぐに口をつけるのがマナー。すぐにテーブルに置いてしまうのは失礼。

グラスの持ち方

ワイングラス

器の部分が温まらないよう、脚の部分を指で軽く持つ。

杯

中指と薬指で底の部分をはさみ、親指と人さし指で縁を持つ。

心のこもったお酌のしかた

日本酒

徳利を両手で持ち、注ぎ口を杯から少し離して注ぐ。8分目まで注いだところで止めるのが基本。

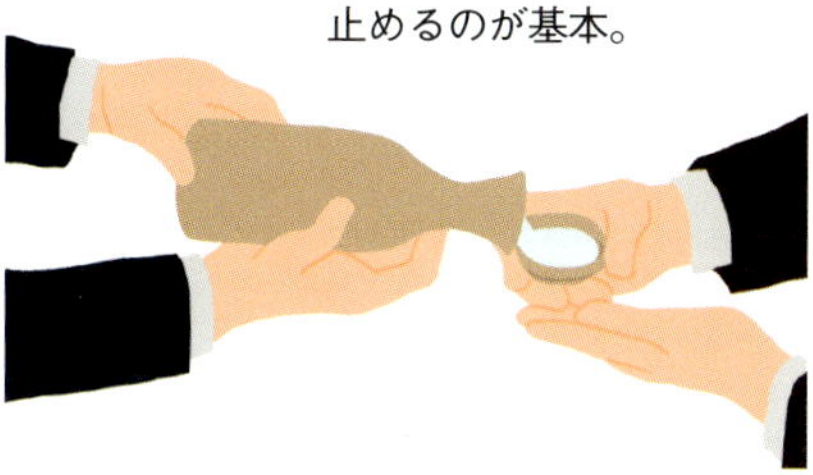

ビール

ビンを両手で持ち、ラベルを上向きにして注ぐ。相手が飲み干してから注ぐのが基本的なマナー。

スキルアップのポイント

お酒が飲めない場合の断りかた

お酒が飲めない人や弱い人は、「接待も仕事のうちだから」「相手の厚意に応えないのは失礼だから」などと、無理に飲む必要はありません。乾杯のときに少しだけ口をつけるのはマナーですが、そのあとはさりげなくノンアルコールの飲み物に代えても失礼にはあたりません。相手に強くお酒を勧められることもありますが、「アルコールに弱いので……」「このあと車に乗らなければいけないので……」などと、やんわり断りましょう。古い表現では「不調法（ぶちょうほう）なので……」という言い方もあり、年長の方の勧めを断るのには最適です。

また、相手がお酒の飲めない人である場合も同様です。「とにかくお酒は勧めるもの」と勘違いしている人もいますが、無理強いはマナー違反になります。

断り方（例）

「お酒に弱いもので……」

「不調法なもので……」

相手をまごつかせないスムーズな誘導

お客様を案内する① お出迎え

レベルアップ!

【効率】★★

【スキル】★★★

【信頼度】★★★

相手を待たせないよう すばやく出迎える

会社にはさまざまな人がやってきます。面会予約のある取引相手、出入りの業者、飛び込みのセールスマンなど、立場は異なります。その人たちが最初に接する社員が会社の顔となるので、分け隔てなく明るい表情・態度で出迎えることが大切です。面会を断る場合も、会社全体の印象に関わるため、不機嫌な態度は慎みましょう。来客があったら、お待たせしないよう、すばやく応対するのがマナー。さっと立ち上がって出迎え、あいさつをして、相手の名前、来訪の目的を尋ねましょう。担当者への取り次ぎも速やかに行います。相手に「気持ちよく出迎えてもらった」と思ってもらえれば、その後の商談もスムーズに進むはずです。

Lesson

相手を尊重したスムーズな案内のしかた

担当者への取り次ぎ

1 席を立ってあいさつ
来客に気づいたら素早く立ってあいさつ。

↓

2 会社名・名前を確認
来訪の目的、面会相手を聞く。

↓

3 アポイントの有無を確認
「お約束でいらっしゃいますか?」

↓

4 担当者へ取り次ぐ
「少々お待ちください」と告げる。

check
来客に気づいたらすぐにあいさつ

→ 応接室への案内

1 行き先を告げる
「○○へご案内します」と告げ、指示された場所へ案内する。

↓

2 お客様の斜め前を歩く
お客様の2～3歩前を、相手のペースに合わせて。

↓

3 進行方向を手で示す
曲がるとき、階段などにさしかかったら、進行方向を手で示す。

check
お客様の2、3歩前を歩く

階段の上り下り

1 手すり側へ案内する

階段では、歩きやすい手すりのある側が上座になる。お客様に手すり側を手で示し、案内する。

2 ひと声かけて先導する

「お先に失礼します」とひと声かけて先に上る。女性のお客様の下を上るのはＮＧ。男性のお客様の場合は可。

3 下りるときも前に

お客様より低い位置にいるのが基本なので、階段は先に下りる。お客様の前を下りて、先導する。

check
上り下りの前に「お先に失礼します」

エレベーターに乗る

1 お客様を先に

乗る際にはボタンを押してドアを開いたままにし、お客様を先に進ませる。混んでいる場合は次を待つ。

2 奥へ案内する

エレベーターの上座は出入り口から遠い奥。お客様を上座に案内し、自分は操作盤の前の下座へ。

3 背を向けない

エレベーターの中でも、お客様に背を向けるのは失礼。立つ向きを変えて、お客様のほうへ向くようにする。

check
エレベーターではお客様を先に

スキルアップのポイント

いろいろなケースの応対をマスターする

来客にはさまざまなケースがあり、出迎えた人には臨機応変に対応することが求められます。ここでは、よくあるケースと対応のしかたを紹介。どんな場合でもあわてず、お客様をお待たせすることなく、スムーズにご案内できるようにしておきましょう。

ケース1 初めてのお客様
社名と名前、用件、面会相手を聞く。その後、担当者の指示をあおぐ。

ケース2 アポなしのお客様
社名と名前を聞き、担当者に連絡して指示をあおぐ。

ケース3 来客が重なった
先着順に対応し、後のお客様にはお待ちいただくことを詫びる。

ケース4 担当者が不在
用件を確認し、担当部署へ連絡して、指示をあおぐ。

上下関係をわきまえて

お客様を案内する② 応接室

Lesson

正しい手順で応接室へお通しする

ドアの開け方

内開き

「お先に失礼します」とドアを開けて中に入り、ドアを押さえる。

外開き

ドアを大きく開け手で押さえ、お客様を通す。

1 ドアをノックする
中に誰もいないことがわかっていても必ずノック。担当者が入室している場合は返事を待つ。

↓

2 ドアを開ける
担当者が入室している場合は、ドアが開いたら「○○様がお見えです」と声をかける。

↓

3 上座を勧める
上座を手で示しながら、「どうぞ、おかけください」と案内する。

↓

4 退室する
「○○はすぐに参ります。少々お待ちください」と会釈して、部屋を出る。

席次を間違うのは役職を間違うのと同じ

　会社には、お客様と話をするための応接室があり、そこへご案内する際にもルールがあります。これを間違うと、不快感を与えかねないので、基本事項をしかっりおさえておきましょう。

　もっとも注意したいのが席次。その場にいる人の上下関係を表すもので、席次を間違うことは、役職を間違えるのと同じくらい失礼な行為になります。お客様には上座を勧め、迎える側は下座に座ります。「出入り口からもっとも遠い席が上座」が基本ですが、部屋の状況によっては「もっとも快適な席」を上座としている会社もあります。あらかじめ自社の応接室の席次を確認しておくことが大切です。

レベルアップ！

【効率】★★
【スキル】★★★
【信頼度】★★★

応接室の席次を覚え上座を案内

席次の原則

- ■出入り口が最も遠い席が上座
- ■長イスは来客用。ひじ掛けイスは社内用

応接室

３人掛けのイスは、出入り口から遠い順に席を勧める。ひじ掛けイスが対応者用となる。

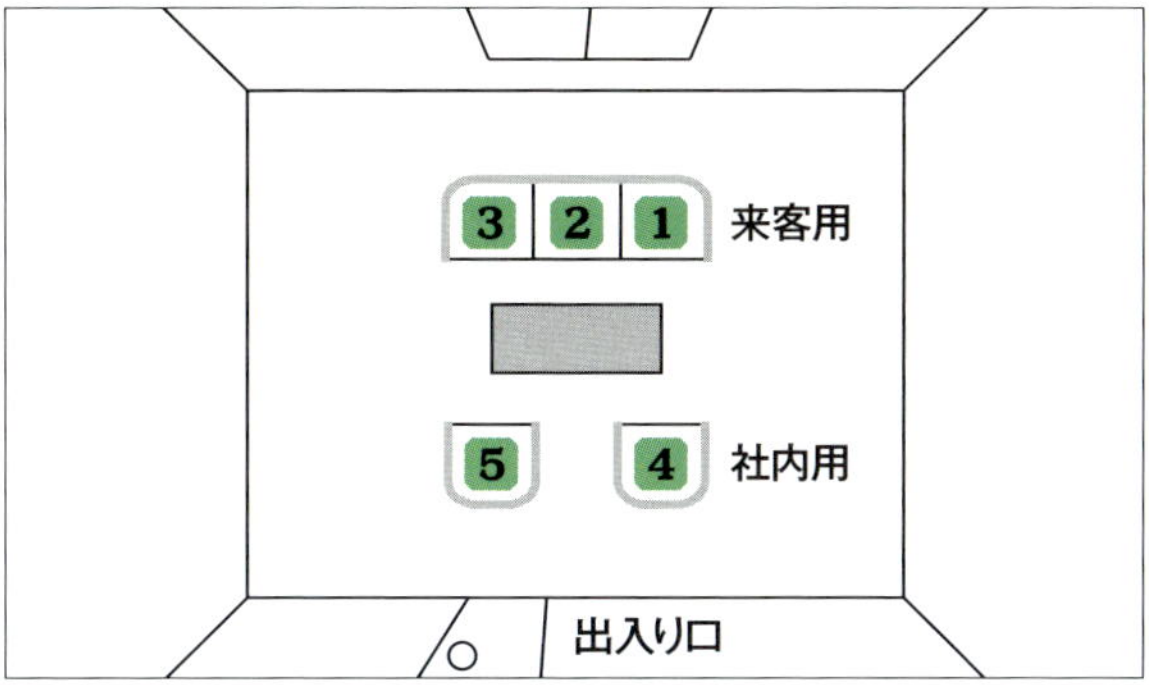

絵がある場合

絵を正面から眺められる席が上座。

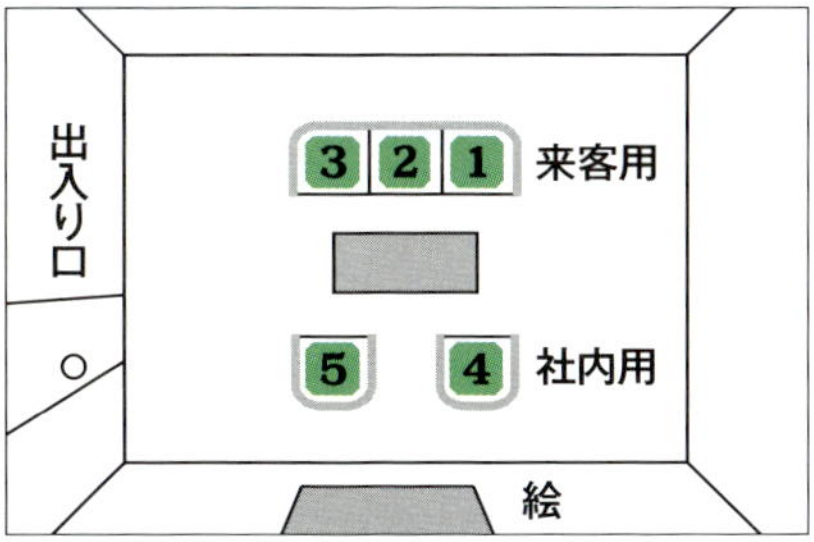

応接コーナー

事務机のほうが見えない位置を上座に。

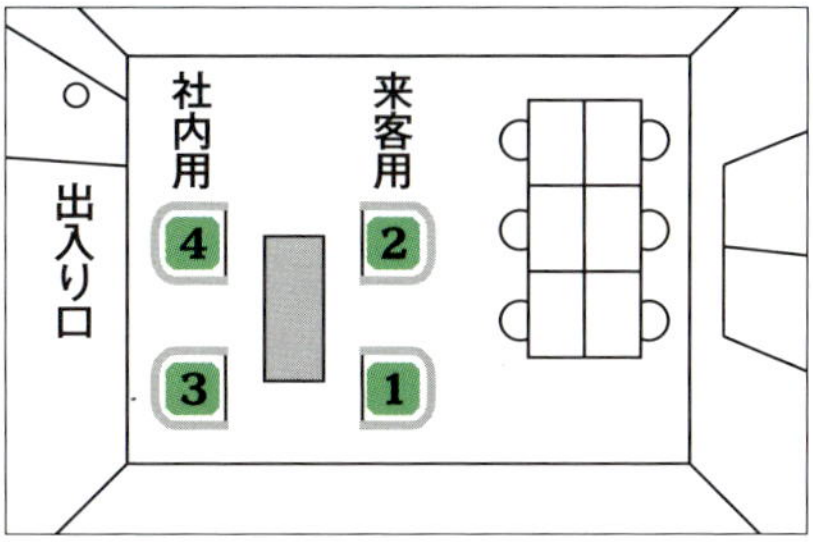

1 から順に上座→下座

スキルアップのポイント

イスの格を判断しよう

応接室のイスは、大きく分けて左の３種類があります。「ゆったりとくつろいで座れるイスほど上座」と覚えましょう。

下座 ←→ 上座

ひじ掛けのない１人用のイス。あくまで補助的に使われるもの。

ひじ掛けがある１人用イス。お客様が１人でも右のイスを勧めます。

ひじ掛けがある長イス。その中でも入り口から遠いほうが上座。

おもてなしの精神を忘れない

お客様を案内する③

お茶の出しかたとお見送り

Lesson

おもてなしを伝えるお茶の出しかた

1 胸の高さでお茶を運ぶ
お盆に人数分の茶碗、茶托、ふきんを別々に乗せて運ぶ。

↓

2 ノックをして入室
返事を待ち「失礼します」と声をかけて部屋に入る。

↓

3 サイドテーブルにお盆を置く
茶碗の底をふきんで軽く拭き、茶托に乗せる。

茶碗の下をふきんで軽く拭いてから茶托に乗せる。

↓

4 上座の人からお茶を出す
サイドテーブルかテーブルの下手にお盆を置く。

書類がある場合は、邪魔にならないところに。

↓

5 一礼して退室する
お盆の裏を自分の体につけて持ち、一礼して部屋を出る。

お越しいただいた感謝の気持ちを示す

お客様をおもてなしする際には、お茶を出すのが基本的なマナー。このお茶の出し方にもルールがあり、礼儀をわきまえないと、お客様に不快感を与えてしまいます。緊張して動作がぎこちなくならず、笑顔でおもてなしができるようにしておきましょう。熱い緑茶をふるまうのが基本ですが、夏場などは、アイスコーヒーやアイスティーを氷入りのグラスで出すのもいいでしょう。

また、わざわざ来社をしていただいたお客様がお帰りになる際は、きちんとお見送りをすることも大切です。どこまで見送るかは、相手との関係や来社理由によっても異なります。左ページを参考に丁寧にお見送りしましょう。

レベルアップ!

【効率】★★

【スキル】★★★

【信頼度】★★★★

感謝の気持ちが伝わるお見送り

玄関まで

重要な取引先や遠方からのお客様、クレームで訪れた人などをお見送りする場合の場所。丁寧にお辞儀をし、相手の姿が見えなくなるまで見送る。

check
重要な得意先

応接室の前で

つきあいの長い人をお見送りする場合の場所。室内でドアを押さえ、お客様を送り出し、一礼して見送る。外開きの場合は、自分が先に出て、お客様を通す。

check
よく知っている人の場合

エレベーターまで

ビルの中にオフィスがある場合は、エレベーターまで見送る。エレベーターのボタンを押し、相手が乗り込んだら「こちらで失礼します」とあいさつをする。

check
ビル内のオフィスの場合

車まで

車で訪れた役職の高い人などに対するお見送り場所。車に乗ったところであいさつし、車が動き出したらお辞儀をする。車が見えなくなるまで見送る。

check
車で訪れたお客様

コーヒー・紅茶の出しかた

カップの持ち手を相手から見て右側に。スプーンは受け皿の手前側に乗せる。

冷たい飲み物の出しかた

先にコースターを置いてから、その上にグラスを乗せる。

信頼度アップのポイント

相手の立場に立った配慮を

お客様をおもてなしする際には、つねに相手の立場に立って行動すると、相手に喜ばれます。

たとえば、コーヒーや紅茶のカップの持ち手は、お客様から見て右に向けるのが基本です。日本茶の茶碗を茶托に乗せるときは、茶托の木目をお客様と平行になるように置きます。また、日本茶を入れる茶碗がワンポイント模様のふた付きの場合は、茶碗とふたの絵柄を合わせます。細かいことですが、お客様に配慮したふるまいになります。

また、訪問先では、玄関を出るまでコートを着たり、マフラーをつけたりしないのがマナーになっています。訪問する側のお客様も当然、そのようにするはずです。しかし、接客する側になったら、ドアを開ける前に「どうぞこちらでお召しください」と声をかけて差し上げましょう。社内で着ることができれば、寒い思いをさせないですみます。声をかける場所は玄関の前でも、応接室の中でもいいでしょう。

ふだんとは異なる環境で仕事をする

出張の準備と注意点

Lesson

出張がうまくいく準備のしかた

1 上司に出張の許可を得る
新人は上司や先輩の出張に同行するケースが多いが、単独で計画した場合は、上司の承認を得る。

2 出張申請書を提出する
訪問先や目的、日程、必要経費など、会社のフォーマットに従って記入し、上司に提出する。

3 スケジュール調整と予約をする
現地でのスケジュールを調整し、ホテルの予約、交通手段の手配をし、必要な場合は仮払いの申請も行う。

4 出張日程表を提出
出張中のスケジュールが確定したところで、訪問先や宿泊先を明記した日程表を上司に提出する。

5 持ち物を準備する
書類や名刺、資料、携帯電話などを準備。手土産は訪問地ではなく会社の近くで出発までに買っておく。

旅行気分にならず仕事であることを意識する

出張は、ふだんは訪れることのできない遠方のお客様に会う大切な機会となります。長距離を移動するので、つい旅行気分になってしまうかもしれませんが、仕事の一部であることを強く意識しましょう。事前に綿密にスケジュールを組み、資料などをきちんと準備しておきます。地方の場合、交通の便がよくないこともあるので、時間に余裕のある計画を立てましょう。会社によっては、出張の申請書や仮払いの申請といった事務手続きが必要になることもあります。上司が同行しない場合は、現地からこまめに連絡を入れるのがルール。帰社したあとも、訪問先へお礼の連絡をしたり、経費を精算したりと、やるべきことがあります。

レベルアップ!

【効率】★★★★

【スキル】★★★

【信頼度】★★★

次の仕事につなげるために出張後の段取り

成果を報告する

上司や先輩に商談の成果などを報告。仕事を分担してもらった同僚にもお礼を。

訪問先へお礼する

帰社したことを報告すると同時に、出張中の応対に対するお礼を述べる。

報告書を提出する

出張の成果をまとめた報告書などの書類を作成し上司に提出。

経費を精算する

自社へのお土産などは経費として認められない場合が多い。

不可 ←		→ 可
遊興費	接待費	交通費
お土産		宿泊費

トラブルを未然に防ぐポイント

時間に余裕を持つ

慣れない土地では、電車の乗り換えや道順を間違えやすい。トラブルに備え時間に余裕を。

定期的に社に連絡を入れる

上司への状況報告と自分宛の連絡がないかを確認するため、定期的に電話をする。

体調を管理する

長い移動時間、ホテルでの宿泊、気候の違いなどにより、体調を崩しやすい。念のため風邪薬なども持参しよう。

効率アップのポイント

持ち物リストを作っておく

出張は、ふだん会社へ出勤するのと比べて持ち物が多くなります。また、出張前にあわてて準備をすると、忘れ物をしがち。そこで、左のようなチェックリストを作っておくと安心です。

- □航空券、切符
- □出張先の連絡先、地図
- □資料、サンプル ― 必要な部数と予備の数を確認
- □手土産 ― 出発までに用意しておく
- □携帯電話と充電器 ― 常に連絡がとれる状態に
- □予備の名刺 ― いつもより多めに用意しておく
- □領収書入れ
- □財布、カード ― 現金は多めに持っていくと安心
- □手帳、筆記用具
- □パソコン、ICレコーダー ― 電源ケーブルや電池も忘れずに
- □着替え

スキルアップ講座2

恥をかかない席次の常識

席次はその人の立場を表す役職と同じくらい大切なもの。

こんな場所で席次に注意

■乗り物
→112～114ページを参照。

■会議室
→115ページを参照。

■応接室
→107ページを参照。

■レストラン
→99ページを参照。

基本ルールを覚えて礼を失しない

ビジネスでは、車や列車などの乗り物、会議室、応接室、レストランなど、さまざまな場所で「席次」に注意する必要があります。目上の人は上座に座り、新人など目下の人は下座に座るのが基本ルールです。とくに新人は上司やお客様に積極的に上座を勧めるようふるまう必要があり、間違った席を勧めることは失礼な行為になります。それぞれの席次は、きちんと頭に入れておきましょう。

エレベーターの立ち位置

乗り降りは目上の人が優先。席次はドアから見て、左奥から時計回りに1、2、3、4となる。操作盤の前が下座で、ここで目下の人が開閉や階数ボタンを押す役目を負う。

左奥が上座

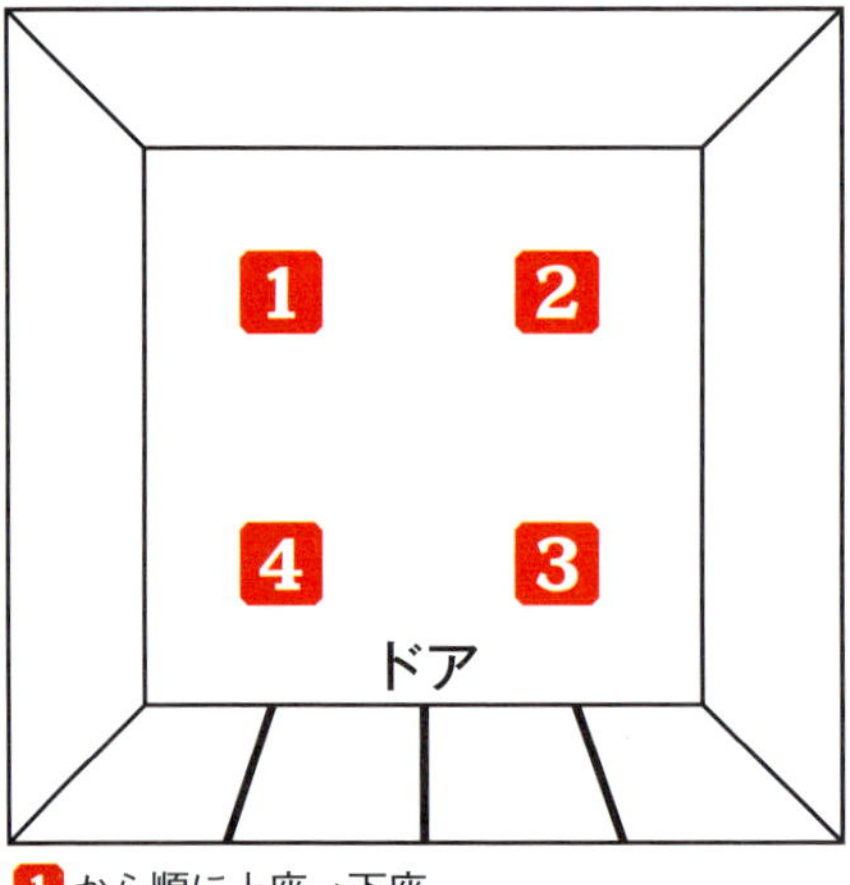

1 から順に上座→下座

エスカレーターの立ち位置

エスカレーターでは、上司やお客様など「目上の人が上」が基本。しかし、女性のすぐ下につくのは失礼なので臨機応変に対応する。下りるときは、もちろん自分が先に。

目上の人が上に

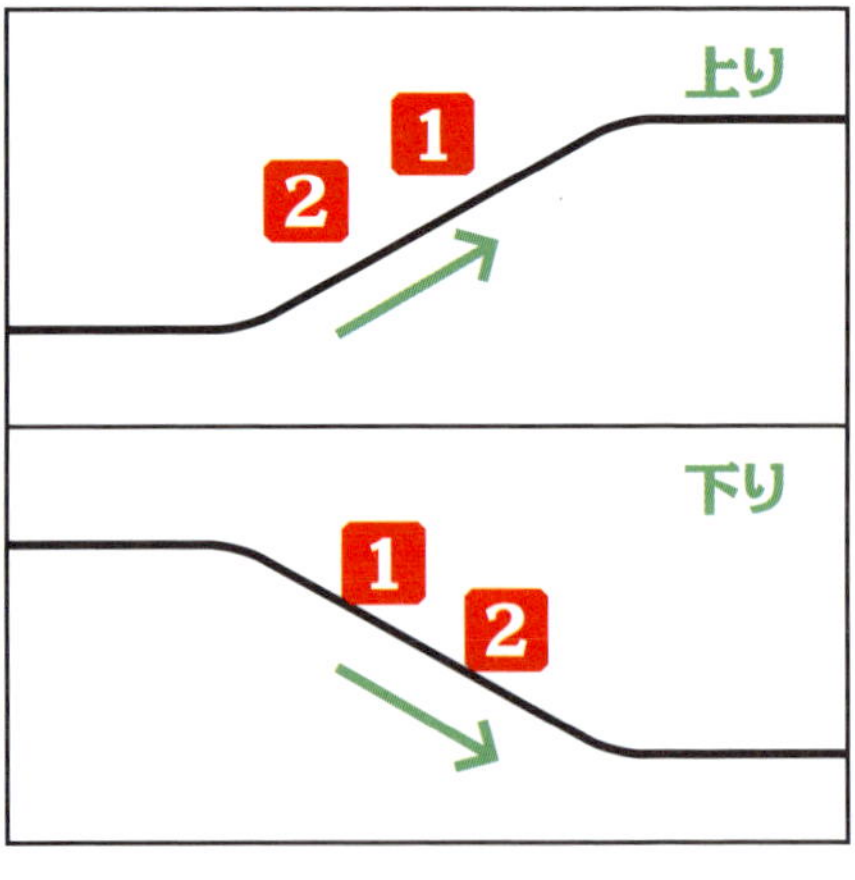

車の席次

ビジネスシーンには、上司やお客様と一緒に車で移動する機会も多いので、車の席次は覚えておきたい。タクシーと自家用車に乗る場合では、席次が異なる点にも注意しよう。

タクシーの場合

運転席のうしろが上座

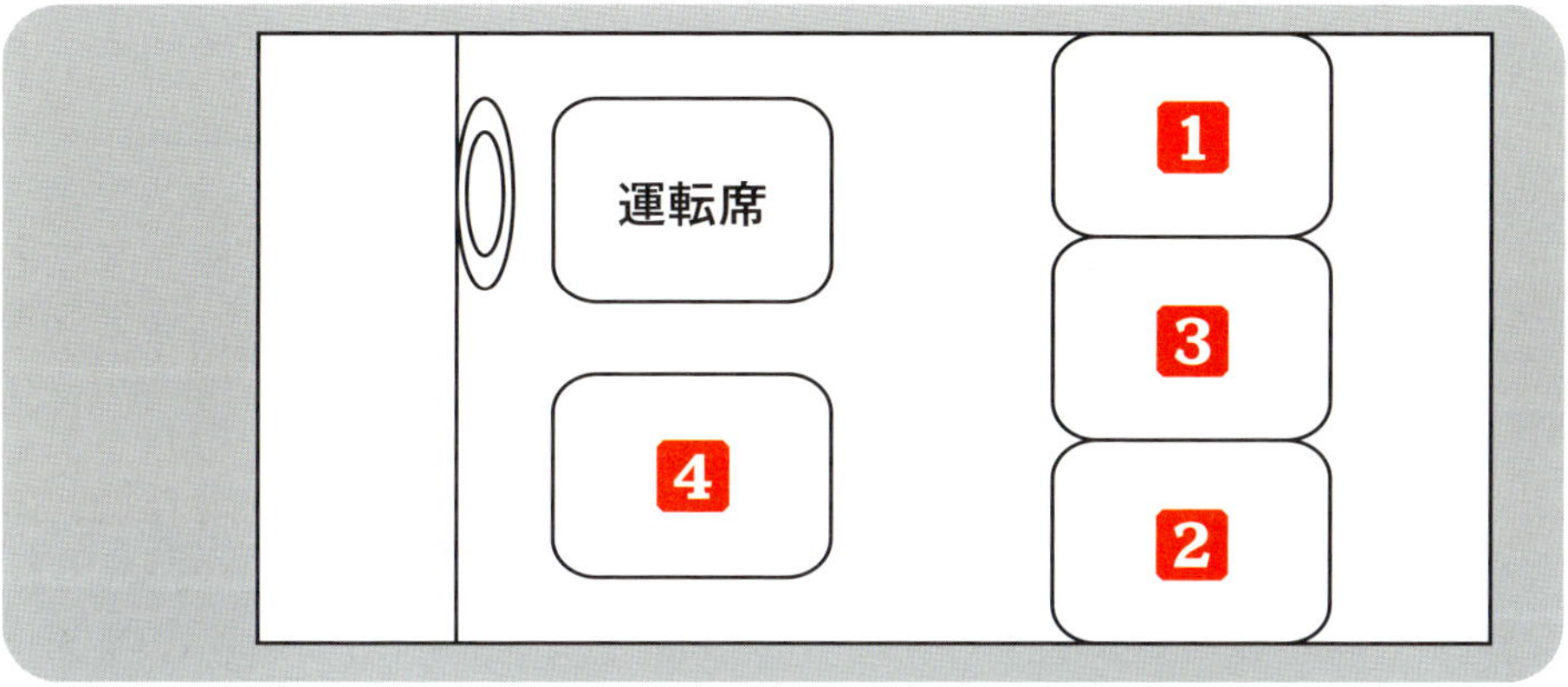

運転席のうしろが上座。次が後部座席の歩道側、真ん中の順。助手席が下座となる。

個人所有の車の場合

助手席が上座

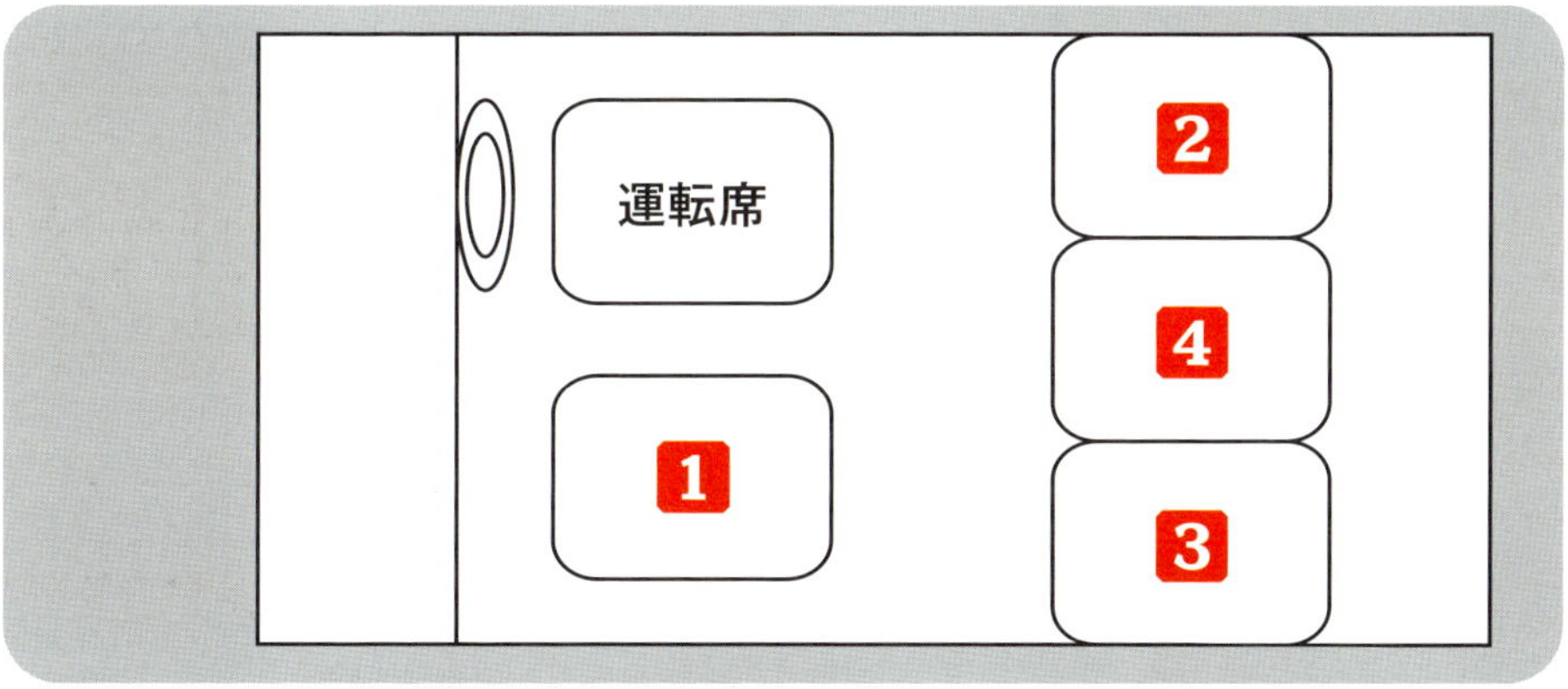

助手席が上座。次が運転席のうしろ、後部座席の歩道側の順。真ん中が下座となる。

車に酔いやすい
↓
助手席をご案内する

スカートをはいた女性
↓
歩道側の席をおすすめする

席次にこだわりすぎず臨機応変に

席次はあくまで「目上の人に快適な席に座ってもらう」ための基準。人によっては車道側の席を嫌ったり、車に酔うなどの理由で助手席に座りたい場合もある。状況に応じて相手の要望を優先しよう。

上司の出張に同行するなど、列車・飛行機の席次に注意が必要なこともある。基本的には「進行方向を向いている右の窓側が上座」と理解し、下のバリエーションを覚えよう。

列車・飛行機の席次

横5列シートの場合

進行方向を向いた窓側が上座

進行方向を向いた窓側が上座、通路側が下座となる。３列の場合は真ん中が下座。

横4列シートの場合

進行方向を向くほうが上座

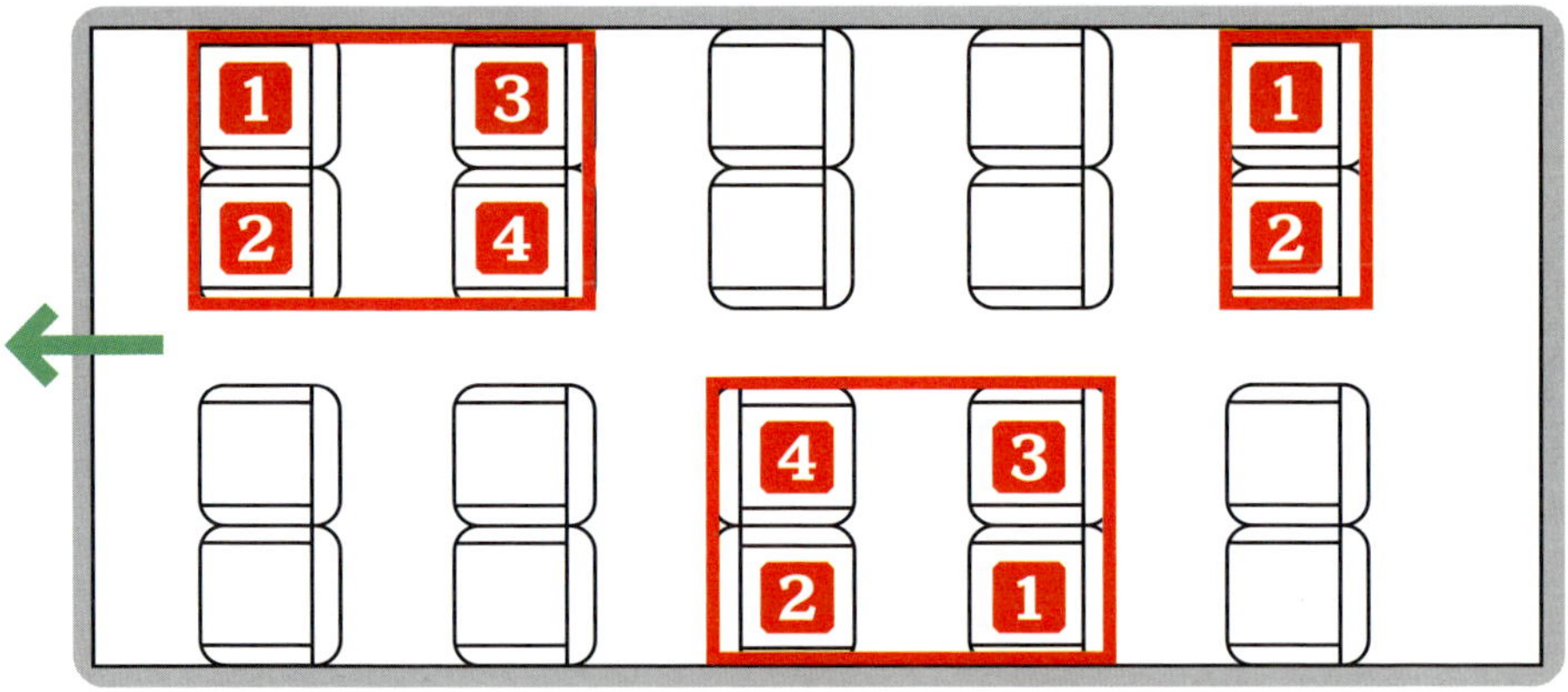

進行方向を向いた窓側が上座で、次がその隣（向かい合う場合は、向かい側）。

同行者に配慮して席を予約する

113ページの車の場合と同様、臨機応変に対応したい。進行方向に向かった窓側が上座だが、トイレに立ちやすいなどの理由で通路側に座りたい上司もいる。新人が席の予約をすることが多いので、事前に同行者の好みを聞いておくといい。

会議室の席次

応接室（107ページ）と同様、会議室にも席次がある。部屋の状況や席の数によって多少異なるが、一番奥が上座で議長がつく。新人は下座の出入り口付近に座ろう。

円卓型

議長（上座）から見て右から順に

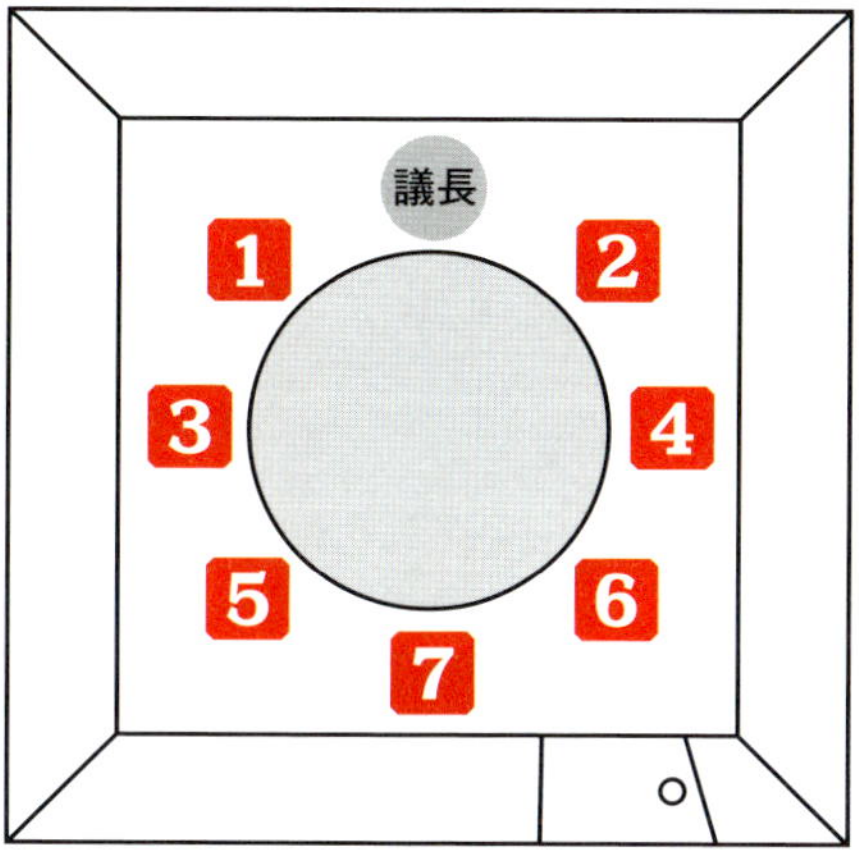

部屋の奥が議長の座る上座。議長から見て右手前から順に座っていく。

コの字型

議長（上座）は一番奥。次にその方から右、左の順

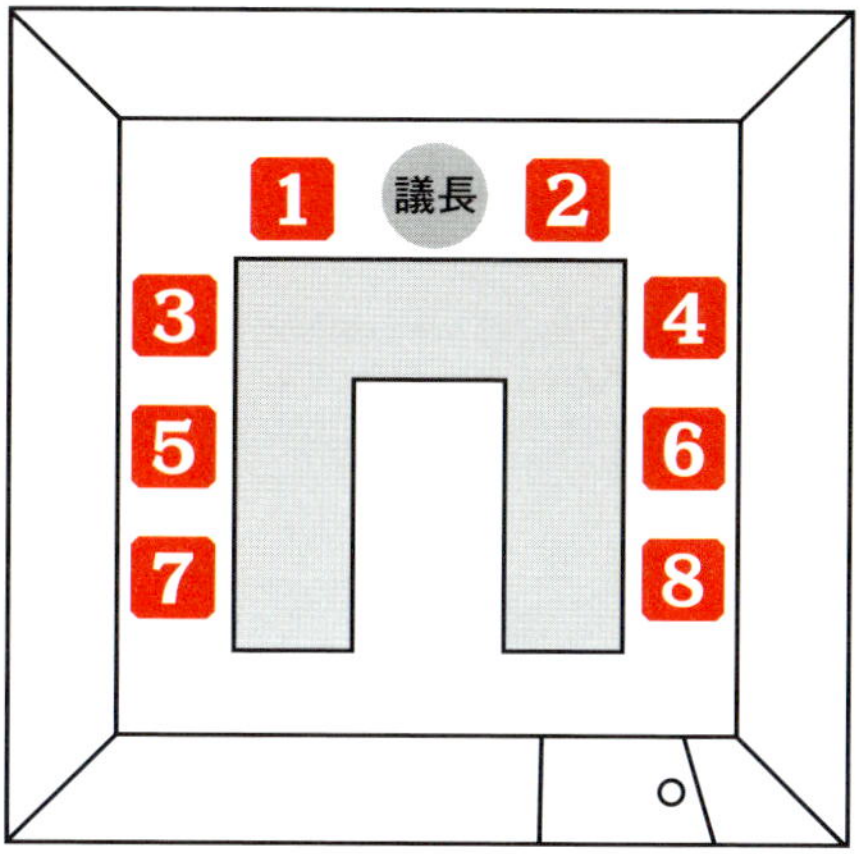

部屋の奥が上座で、議長が座る。次に、右、左の順。議長から見て右手前から座る。

対面型

議長（上座）から見て右から順に

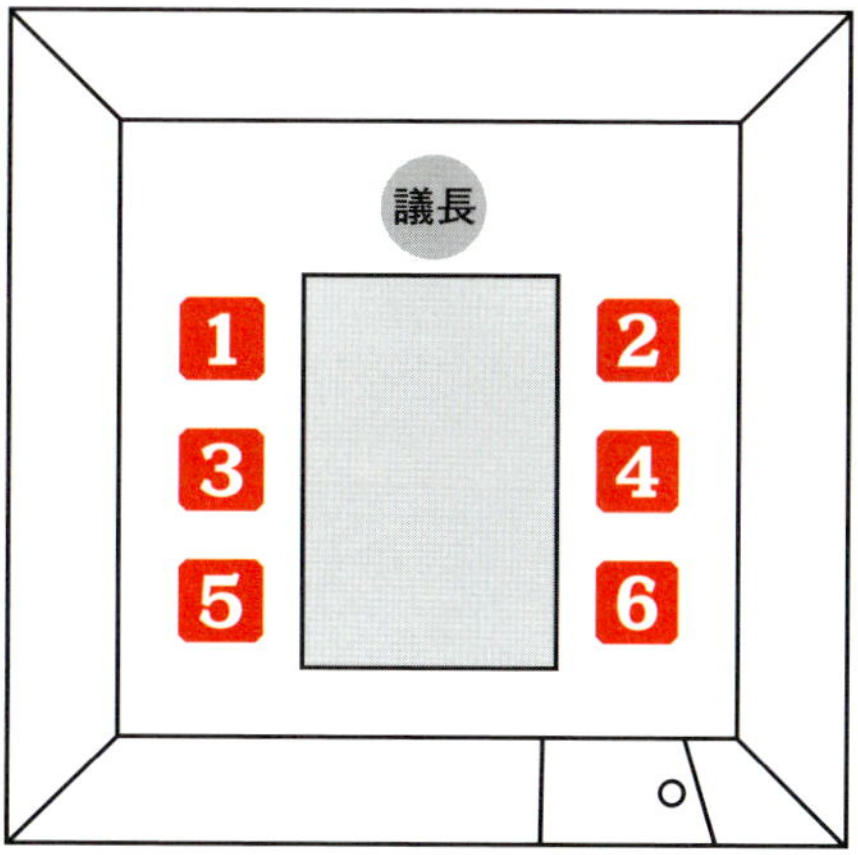

上座の議長から見て、右手前から、役職の高い順に座っていく。

会議室の席次の基本原則

- **入り口から遠い席が上座、入り口に近い席が下座**
- **議長が一番の上座**
- **役職の高い順に議長から見て右手前から着席する**
- **自分の席を事前に確認しておく**

Column

宿泊施設でスマートにふるまう

出張などで宿泊施設に泊まる際の基本的なマナーを覚えておこう。

ホテル

公共の空間であることをわきまえる

ビジネスでの宿泊には、洋風のホテルを利用することが多いもの。客室から一歩出たらそこは公共の空間であることをわきまえること。服装やふるまいはホテルの雰囲気にふさわしいものにしましょう。ビジネスで訪れている場合は、会社の代表としての意識が求められていることを忘れないように。

品性を保つ4つのポイント

1 ドレスコード（服装規定）をわきまえる

仕事中のスーツをそのまま着ているなら問題ないが、夜、私服に着替える場合も、襟つきのシャツを。ジーンズやサンダルはＮＧ。

2 客室の外は公共の場

廊下を部屋のスリッパで移動したり、浴衣のまま出歩いたりするのはマナー違反。客室から出たら、街の外を歩くのと同じだという意識を持とう。

3 ドアマンにドアを開けてもらう

遠慮の気持ちを持つあまり、ベルボーイに荷物を運んでもらうのを断ったり、ドアマンがいるのに自分でドアを開けたりしてしまうのはNG。

4 チップよりカードを置く

日本にはチップを渡す習慣はない。感謝の意を伝えたいなら、名刺かカードの裏にお礼のメッセージを書いて部屋に残しておくといい。

和風旅館

個人の家にお邪魔する気持ちで

ビジネスでは和風の旅館を利用することは少ないので、慣れていないだけに、思わぬところでマナー違反をしてしまうこともあります。基本的には、個人の家にお邪魔をしてもてなしてもらうときのような気使いを。浴衣の着かたや心づけの渡しかたなど、和風旅館ならではのマナーを覚えましょう。

粋と思われる3つのポイント

1 荷物は運んでもらう

仲居さんは女性でも荷物を運ぶのが仕事。荷物は遠慮なく運んでもらおう。

2 心づけを用意しておく

感謝の意を込めて2000～5000円程度の心づけをポチ袋に入れて渡そう。

3 和室は男性が上座に座る

旅館は、レディーファーストではなく、床の間を背にした上座に常に男性が座る。

■浴衣の着こなし

着物の合わせは「左前」と覚える。右身ごろの上に左身ごろを重ね、裾はくるぶしの位置に。帯は腰の下。

見えない相手だからこそ気をつけたい

電話とメールの基本編

Lesson

電話の受けかた・かけかた

ていねいな対応をすれば会社のイメージもアップ！

会社を代表して応対することを意識しよう

check
デスクまわりをキレイにしておくと対応しやすい

■自分の名前を伝え相手の名前を聞く

電話応対では、自分の名前や会社名を伝えるとともに、相手の会社名、名前も確認する。間違いのないようにきちんとメモしよう。

■電話の近くにメモ帳を用意する

重要なキーワードや伝言を書き留めるときなど、電話応対ではメモが必須となる。電話の近くにメモ帳と筆記用具を常備しておこう。

■大切なことは復唱して確認

打ち合わせの日時や納品日の変更など、大切なことは、内容を復唱して再確認すること。電話番号などの間違えやすいものも必ず復唱しよう。

■電話は3コール以内に出る

かかってきた電話は３コール以内に出るのがルール。もし、３コール以上待たせてしまったら、「お待たせいたしました」とひと言添える。

正しい言葉づかいと元気な声で応対する

電話応対は新人が最初に任される仕事として代表的なもののひとつです。「会社を代表して、外部の人と話している」ということを忘れずに、きちんとした応対を心がけましょう。

電話でのコミュニケーションは、顔や姿が見えません。元気のない声でボソボソと話していたら、それだけで会社の印象が悪くなってしまいます。正しい言葉づかい、元気でハキハキとした声で受け答えすることが大切です。

電話の切り方も覚えておきたいマナーのひとつです。基本的には電話をかけたほうが先に切ります。ただし、お客様や目上の人の場合は、相手が電話を切ったのを確認してから切りましょう。

レベルアップ！

［効率］★★

［スキル］★★★

［信頼度］★★★★

電話を受けるとき

はい、○○社でございます。

↓ 電話に出たら、まず会社名を伝える。部署直通の電話の場合は「○○社、○○部でございます」と名乗る。

いつもお世話になっております

↓ 相手の名前を確認したら、はじめて話す相手でも必ずあいさつ。相手が名乗らない場合は「失礼ですがお名前を聞かせていただけますか？」と確認。

相手の用件を聞く

↓ ほかの人宛ての場合は「少々お待ちください」と言って取り次ぐ。不在の場合は、「戻りましたら、こちらから折り返します」と伝え、電話番号を聞く。

ありがとうございました。
失礼いたします。

最後はお礼のあいさつ。相手が電話を切るのを確認してから、自分も電話を切る。

電話をかけるとき

○○社の佐藤と申します。
いつもお世話になっております。

↓ 相手が電話に出たら、ひと呼吸おいてから社名と名前を名乗り、あいさつ。

恐れ入りますが、広報部の
山田課長をお願いいたします。

↓ 取り次ぎをお願いする。不在の場合は帰社時間を確認し、改めて電話する。

いつもお世話になっております。
○○社の佐藤です。

↓ 話したい人が電話に出たら、再び名前を名乗り、きちんとあいさつする。

○○の件についてですが、
今、お時間よろしいでしょうか？

↓ 話す時間があるかどうか相手の都合を確認してから、用件を説明する。

ありがとうございました。
失礼いたします。

話が終わったら、最後にお礼のあいさつをしてから、手でフックを押して電話を切る。

信頼度アップのポイント

相手のことを考え
かける時間にも気配りを

自分の都合だけで電話をかけたら相手の迷惑になります。相手がそのときに何をしているのかをイメージして、負担のかからない時間にかけましょう。

電話をしないほうがいい時間

■就業直後
就業開始直後はメールやファックスの確認など忙しい時間帯。

■昼休みの時間
昼休みは相手も食事に出かけるので、不在の場合が多いです。

■就業時間外
就業時間外に連絡するのはNG。相手の迷惑を考えましょう。

Lesson

電話の取り次ぎと伝言メモ

電話のやりとりが円滑に進むよう臨機応変に対応する

取り次ぎ1 シチュエーション別の対応法

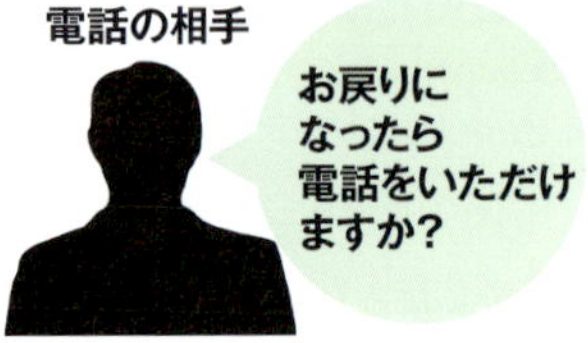
電話の相手
お戻りに
なったら
電話をいただけ
ますか?

伝言のときと同様、相手の社名、名前、用件、連絡先を聞く。何度も連絡している相手でも、電話番号を再確認すること。

電話の相手
伝言を
お願いでき
ますか?

相手の社名、名前、用件、連絡先を聞く。伝言メモ（次ページ参照）を使うと便利。内容は必ず復唱して相手に確認しよう。

電話の相手
改めて
お電話いたします

「恐れいります。○○社の山田様ですね。お電話いただきましたことを申し伝えます」と言って、相手の社名、名前をメモ。

名指し人が不在のときは その後の対応を明確にする

電話の取り次ぎは、まず相手の社名、名前を聞くことが大事。そして、名指し人（相手が話をしたい人）がいることを確認したら、「少々お待ちください」と言い、保留ボタンを押してから、名指し人に用件を簡単に伝え、取り次ぎます。

難しいのは、何らかの理由で電話を取り次げないとき。名指し人が電話をかけられる（出られる）ようになる時間を伝えたうえで、その後、どう対応すべきかをはっきりさせましょう。

また、名指し人が電話に出られないときは、自分の名前を伝えることも重要。最後に「私、○○が承りました」と自分の名前を告げれば、その後、変更があったときも対応がしやすくなります。

レベルアップ!

［効率］★★

［スキル］★★★

［信頼度］★★★

取り次ぎ2 名指し人の状況に応じた対応のしかた

■電話中のとき

**中村はほかの電話に出ております。
終わりましたら、
こちらから
ご連絡いたしましょうか?**

折り返し電話をさせるか確認。終わりそうだからと勝手に判断して待たせないように。

■会議中のとき

**中村はただいま会議中です。
お急ぎでしょうか?**

会議の終わる時間を伝え、本人に折り返し電話をさせるのが基本。だが、相手が急いでいる場合は、会議室に内線をかけるか、会議室に出向くかして、直接本人と話をし、どう対応すべきか指示を受けよう。

■遅刻しているとき

**中村は立ち寄りがございまして、
◯時には出社する
予定でございます。**

会社や本人の印象が悪くなるので、遅刻していることは正直に話さない。「立ち寄り」や「外出」などの言葉を使おう。

■外出中

**中村は外出しておりまして、
◯時には戻る予定でございます。**

戻る時間を伝え、「戻りましたら、こちらから連絡させます」と対応する。

■外出先から戻らないとき

**中村は外出しておりまして、
本日は社に戻らない予定でございます。**

相手が急いでいる場合は、携帯電話などで本人と連絡をとり、電話をかけてもらおう。

■欠勤休暇中のとき

**中村は休みを取っておりまして、
◯日には出社する予定でございます。**

休む理由に関して、くわしく話す必要はないが、出社する日は伝えておくこと。

■席にいないとき

**中村は席をはずしております。戻りましたら、
こちらからご連絡いたしましょうか?**

折り返しするかどうかを相手に確認する。

伝言メモ 電話の内容を正しく伝える

伝言メモ
1 月 日( ) 時 分
2 様 3 受け
4 様より
□お電話がありました
□電話くださいとのこと
(電話番号 5)
□また電話しますとのこと(時 分)
□伝言あり
伝言メモ

1 電話があった日と時間
2 呼び出された人(名指し人)の名前
3 電話を受けた人(自分)の名前
4 電話をかけてきた人の名前と電話番号
5 用件や伝言の内容

伝言の内容をわかりやすく伝えるには、伝言メモがあると便利です。市販の伝言メモを購入するか、左の例を参考にして、伝言メモを作り、それをコピーして使ってもいいでしょう。

クレーム電話への対応

誠実な対応をすることでトラブルを最小限に防ぐ

Lesson

クレーム対応3つのポイント

相手の話を聞き正確に状況を把握する

正しい判断、対応をするためには、少しでも多くの情報を集めることが大事。相手の言いたいことや状況をじっくりと正確に把握し、理解しよう。

不愉快な思いをさせたことに対して謝罪

電話相手が自社に何らかの不満を抱き、わざわざ電話をしてきたのは事実。まずはそのことに関してきちんと謝罪するのが筋だ。

具体的な解決方法を提案する

相手が納得する具体的な解決方法を提示すること。自分で判断できないときは、一度電話を切り、上司と相談してから、改めて連絡する。

check

少し低めの声で
相づちを打ちながら話すと
相手も「ちゃんと話を聞いている」
と感じるようになる

相手の話から トラブルの原因を把握

クレーム電話は誠実でていねいな対応を心がけることが大切です。自社の商品やサービスが原因で、電話の相手が気分を害し、わざわざ電話をかけてきたことは事実です。まずはそのことについてお詫びしましょう。その後、相手の言い分をじっくりと聞き、トラブルの原因を聞き出していきます。クレーム電話は、決して自分ひとりで解決しようとしてはいけません。内容に応じて、担当部署に電話をつないだり、上司に相談したりして、適切な判断をしていきましょう。

不用意に「全面的なお詫び」をしないことも重要です。相手の言い分に対し、全面的に非を認めたことになるので、必ず上司の判断を仰いでから使うこと。

レベルアップ！

【効率】★★

【スキル】★★★★★

【信頼度】★★★

こんなときどうする？

相手の怒りが収まらずお詫びに行くことになった

相手が電話では納得せず、直接お詫びする際の正しい対応。

BAD! **自分の責任として1人でお詫びに行く**

1対1だとお互いに感情的になりやすく、トラブルが大きくなる可能性もあります。1人で解決しようとしてはダメです。

GOOD! **上司に相談して2人で謝罪しに行く**

経験豊富な上司に相談すればいい解決法が見つかることも。また、2人で詫びることで相手も冷静になれるかもしれません。

お詫びのしかたを使い分ける

お詫びには「全面的なお詫び」と「部分的なお詫び」とがある。

■部分的なお詫び

何についての謝罪なのかをはっきりさせたお詫び。まずはこの謝罪にとどめておく。

〈例〉「ご迷惑をおかけいたしまして申し訳ありませんでした」
「お待たせして申し訳ありませんでした」

■全面的なお詫び

相手の言い分に対して、こちらが全面的に悪いと認めたことに。安易に使ってはダメ。

〈例〉「大変申し訳ございません」
「大変失礼いたしました」

二次クレームに注意しよう!

最初の対応が悪いと二次クレームに発展することも。下記のような対応はやめよう。

〈クレーム時のNG対応〉

- 電話を保留にしたまま長時間待たせる
- 何度も窓口を変え、たらい回しにする
- 相手の話をさえぎり、こちらの言い分を話す
- 相手の問題点を指摘し、反論する
- 感情的になって対応する

スキルアップのポイント

相手の怒りを沈めるフレーズを覚えておこう

ただ話を聞いているだけでは、相手の怒りがなかなか収まらないこともあります。そんなときは、適度に相づちをうったり、相手の気持ちに共感するような言葉を入れたりするのが効果的。左で挙げているようなフレーズを使っていけば、相手も「真摯に対応してくれた」と感じるようになるでしょう。

覚えておきたいフレーズ

■「大変ご迷惑をおかけしました」
■「本当に申し訳ございません」
■「それはさぞかしご不快に感じられたと存じます」
■「ごもっともでございます」
■「おっしゃる通りです」
■「さようでございますか」
■「お気持ちは十分お察しいたします」

携帯電話のマナー

公共のマナーとビジネスシーンのマナーを守って使う

Lesson

仕事という意識を忘れずに携帯電話を使う

■使う場所と話題に注意すること

携帯電話は社外で使うもの。通話の内容がまわりの人にも聞こえてしまう可能性もある。重要な内容の話は社外ではしないこと。

■会社の携帯電話は勤務時間中は電源ONに

会社から支給された携帯電話は、基本的に勤務時間中、常に電源をオンにしておく。出社したら電源を入れるのを習慣にしよう。

■公私のけじめをしっかりとつける

たとえ、数分でも会社支給の携帯電話を私用で使ってはダメ。個人の携帯を仕事に使っている場合でも、私用電話は就業時間外にしよう。

■まわりに迷惑がかからない場所で使う

取引先やお店などにいるとき、携帯電話を使う場合は、廊下や屋外などに出てかけること。同席者がいる場合は断ってから電話をしよう。

! check

自分の声だけではなく
相手の話も聞かれる
可能性があることを
意識する

携帯電話での会話はまわりに聞かれる可能性も

社内の特定の人にしか聞かれない会社の固定電話と違い、携帯電話での通話は不特定多数の人に聞かれる可能性があります。自分や相手の社名、名前、仕事の内容などが漏れ、会社の信用問題にも関わってきますので、携帯電話を使うときは細心の注意を払うようにしましょう。たとえ誰にも聞かれない場所でかけたとしても油断は禁物。携帯電話では混みいった話はせず、必要最低限の連絡事項のみにとどめておきましょう。

　また、相手が携帯電話のときも配慮が必要です。いつでも連絡が取れるからといって気軽に電話をかけてはいけません。緊急を要する内容以外は、固定電話やメールなどで連絡するのがマナーです。

レベルアップ!

【効率】★★

【スキル】★★★★

【信頼度】★★★

電話をかけるとき

できるだけ静かな場所から電話をかける

周囲がうるさい場所で電話をかけると、自分の声や相手の声がお互いに聞き取りづらくなる。できるだけ静かな場所を選ぶこと。

相手が電話に出たら都合を聞く

電話には出たものの、相手の都合が悪いこともある。「お話してもよろしいでしょうか？」とひと言、声をかけてから話をしよう。

自分の電話番号は通知設定にしてかける

相手に電話番号が表示されない「非通知設定」は相手に警戒心を与える。その後のやりとりも考え、「通知設定」にしておくこと。

! check
セキュリティのためのロックを必ずかけておく

電話を受けるとき

着信音はビジネス仕様に着メロなどはやめよう

着メロなど特殊な着信音はビジネスシーンにはふさわしくない。仕事で使う携帯電話は一般的なコール音を設定しておこう。

使用できない場所では基本的に電話に出ない

電車の中など、携帯電話の使用が禁じられている場所では、電話に出ないように。電話をかけられる場所に移動してから折り返そう。

マナーモード＆電源オフにするべき場所と状況

社会人として一般的なマナーを守ることも大切。下記のような場所ではマナーモードまたは電源をオフにしよう。

- ■病院や公共の場（映画館・図書館・美術館など）
- ■電車・バス・飛行機
- ■会議中・来客中・他社訪問中
- ■車を運転しているとき

スキルアップのポイント

本人の承諾なしに携帯番号を教えてはダメ！

社外の人に、会社の人の携帯番号を教えるのはＮＧ。私物の携帯はもちろん、会社から支給された携帯の番号も、相手が関係者になりすましている可能性もあるので安易に教えてはダメです。こちらから連絡させる旨を相手に伝え、本人に折り返し電話をしてもらいましょう。

携帯番号の扱いについて

- 会社支給の携帯の番号であってもなりすましが考えられるため、安易に教えない
- 個人の携帯番号を勝手に教えるのはNG
- 緊急の場合は本人に折り返し連絡をするように頼む

ビジネスパーソンとして最低限の英語表現を身につける

電話で使える簡単な英語

Lesson

英語が苦手な人のための いざというときの英語表現

いざというときに役立つ英語表現。これだけは覚えておこう。

■英語ができる社員に代わってもらうとき

Just《ジャスト》 a《ア》 moment《モーメント》, please《プリーズ》.

I'll《アイル》 get《ゲット》 you《ユー》 an《アン》 English《イングリッシュ》 speaker《スピーカー》.

「少々、お待ちください。英語の話せる者に代わります」

■英語が話せない状況のとき

I'm《アイム》 sorry《ソーリー》. I《アイ》 don't《ドント》 understand《アンダースタンド》 English《イングリッシュ》.

「すみません。英語がわかりません」

There's《ゼイズ》 no《ノー》 one《ワン》 here《ヒア》 who《フー》 can《キャン》 speak《スピーク》 English《イングリッシュ》.

「英語が話せる者がおりません」

英語で「取り次ぎ」ができるようになる

現代のビジネスシーンにおいて、英会話は必須のスキルとなりつつありますが、実際に英語で電話のやりとりができる人はそう多くはいません。ふだんから英語に親しんでいない人が、英語に対して苦手意識を持ってしまうのも仕方がないことかもしれません。

一日、二日の勉強で英語を話せるようになるのは難しいもの。ですが、ビジネスパーソンの最低限のスキルとして、「英語が話せる人に代わる」「電話の取り次ぎをする」などの基本的な英会話はできるようになっておくべきです。

流暢に話せなくてもかまいません。恥ずかしがらず、ゆっくりとていねいに話せば、きっと相手に伝わるはずです。

レベルアップ!

【効率】★★

【スキル】★★★

【信頼度】★★★

取り次ぎに使う基本フレーズをマスターしよう

■相手の言うことが聞き取れないとき

I'm《アイム》 sorry《ソーリー》. Could you《クッジュー》 say《セイ》 that《ダット》 again《アゲイン》?

「もう一度おっしゃっていただけますか？」

Could you《クッジュー》 speak《スピーク》 more《モア》 slowly《スロウリー》,please《プリーズ》?

「もう少しゆっくり話していただけますか？」

■電話の取り次ぎをするとき

May《メイ》 I ask《アイアスク》 who's《フーズ》 calling《コーリング》?

「どちら様でしょうか？」

Hold《ホールド》 on《オン》, please《プリーズ》.

「そのままでお待ちください」

He(She)'s《ヒー（シー）ズ》 not《ノット》 in at《インアット》 the《ザ》 moment《モーメント》.

「彼（彼女）はただいま外出中です」

I'll《アイル》 have《ハブ》 him《ヒム》 call《コール》 you《ユー》 when《ウェン》 he《ヒー》 gets《ゲッツ》 back《バック》.

「戻り次第、こちらからお電話させます」

May《メイ》 I《アイ》 have《ハブ》 your《ユア》 phone《フォーン》 number《ナンバー》?

「電話番号を教えていただけますか？」

I'm《アイム》 afraid《アフレイド》 he(she)'s《ヒー(シー)ズ》 on《オン》 the《ザ》 phone《フォーン》 right《ライト》 now《ナウ》.

「あいにくですが、ただいま別の電話に出ております」

He(She)'ll《ヒー(シー)ル》 be《ビー》 back《バック》 in《イン》 about 5《アバウトファイブ》 minutes《ミニッツ》.

「５分ほどで戻ります」

メリット・デメリットを理解して活用する

ビジネスメールの基本

Lesson

相手に迷惑をかけないメールの送りかた

ウィルス対策やセキュリティは万全に

ウィルスはメールを介して広がることが多い。相手に迷惑をかけないよう、ウィルス&セキュリティ対策は万全に。

内容は整理して簡潔に！長文のメールは送らない

長文メールは読むのも大変で、内容が伝わりにくい。大事なこと、伝えたいことを簡潔にまとめて書くようにしよう。

添付ファイルのサイズに注意する

相手の環境によっては、サイズの大きいファイルが受け取れないことも。2メガ以上の場合はファイル転送サービスを。

急ぎの用件ではメールを使わない

メールは、送信しても相手がいつ読んでくれるかはわからないもの。緊急の用事には使わないようにしたい。

check
顔が見えないからこそ
メールはマナーやルールが大切

メールが届いていないこともあるので注意しよう

メールは現在のビジネスシーンでは欠かせないものになっています。電話で話したこと、打ち合わせで決まったことを整理してファイルにまとめ、関係者全員にメールで送るなど、日常の業務で大活躍していると思います。メールのいいところは記録として残ること。日時や金額など、口頭では行き違いが生じる可能性の高いものでも、メールなら文字情報として履歴が残るので確実です。

ただし、相手がメールを確認していないこともあるので注意しましょう。間違って削除してしまうことも考えられますし、サーバーの調子が悪くて届かないこともあります。送ったメールに対して返信がないときは、電話で確認すること。

レベルアップ！
【効率】★★
【スキル】★★★★
【信頼度】★★★

スキルアップのポイント

メールと電話を上手に使い分ける

メールと電話のメリット、デメリットを理解し、使い分けましょう。

メールのメリット

- 文字情報が記録として残る
- 多忙な相手でも連絡が取りやすい

↓

メール向きの用件

- 急ぎではない用件
- スケジュールや料金など、後々のためにはっきりとしておきたいことがあるとき
- 複数の内容を整理して伝えたいとき

電話のメリット

- 相手の理解度などを声から感じ取れる
- 緊急性や重要度を相手に伝えやすい

↓

電話向きの用件

- 急ぎの用件
- 謝罪やお詫びをするとき
- 相談など、互いの理解度や状況の確認をする必要があるとき

文字化けの可能性がある文字は使わない

特殊な記号は正しく表示されないこともあるので注意。使わないように！

文字化けの可能性がある文字・記号

半角カタカナ	ｱ、ｲ、ｳ、ｴ、ｵ
単位記号	㎝、㎞、㎡、
ローマ数字	Ⅰ、Ⅱ、Ⅲ
丸つき数字	①、②、③
省略記号	㈱、℡、№

CCとBCCの違いをしっかりと理解する

複数の人へ送るときに便利な「CC」「BCC」の違いを覚えておこう。

■**CC**　CCで別の人に送ったことが宛先（CC）の人にも通知される。

■**BCC**　BCCで別の人に送ったことは、宛先の人には通知されない。

こんなときどうする?

打ち合わせ日時の変更をメールでお願いした

1か月後の打ち合わせの日時が変更。メール送信後の対応で正しいものは?

BAD! **かなり先の予定なのでメールを送って放置した**

GOOD! **すぐに電話をしてメールしたことを伝えた**

打ち合わせは1か月先なので、急ぎの用件ではありません。また、日時の変更は、後々のためにはっきりとしておきたいことなので、これをメールで伝えるのは正しい選択です。時間の空いたときに返事ができるので相手も助かるでしょう。しかし、そのまま放置しておいてはいけません。何らかのトラブルでメールが確認できないこともあるので、きちんと電話をかけて、メールを送ったことを伝えるのがマナーです。

ルールを守り、短い文章で用件をシンプルに伝える
メールの基本フォーマット

Lesson

基本をおさえた読みやすいメールを心がける

書き出し　手紙のように頭語や時候のあいさつは不要。右の例のような簡単なあいさつだけでOK。

書き出しでよく使う言葉
- いつもお世話になっております
- 早速のご返事ありがとうございます
- お返事が遅くなりまして大変申し訳ございません

↓

名前　「○○社の佐藤です」と会社名と名前を名乗る。署名があってもきちんと書く。

↓

用件　５Ｗ１Ｈ（78ページ参照）を意識して簡潔に書く。適度に改行を入れて読みやすく。

↓

結び　メールの最後はあいさつで締めくくる。右の例のような簡単なあいさつでかまわない。

書き出しでよく使う言葉
- 今後ともよろしくお願いいたします
- ご検討のほど、どうぞよろしくお願いいたします
- お忙しいところ恐れ入りますがご連絡をお待ちしております

短時間で内容が理解できるメールを心がける

手書きで郵送の手間がかかる手紙とは違い、メールは簡単に素早く送れるのが最大のメリット。その結果、毎日多くのメールが行き来するようになり、受け取る（読む）側も、たくさんのメールを処理する必要があります。そんな背景からか、ビジネスシーンでは「メールは伝えたいことを簡潔に書く」という暗黙のルールがあります。長文は避け、文章はできるだけシンプルに。改行も多めに入れて、見やすいメールを書くことが大事です。相手ができるだけ短時間で確認・理解できるように配慮しましょう。

　また、書き出しや結びなどメール特有の定型句もあります。どちらも簡単なものなので、活用しましょう。

レベルアップ!
【効率】★★★
【スキル】★★★★
【信頼度】★★★

ビジネスメールの例

差出人　○○○社　佐藤学
宛先　株式会社○○○○　中村健二様
件名　資料ご請求の件

宛先・件名
アドレス名には「様」、内容がわかる件名に。

株式会社○○○○　広報部
中村健二様

宛名
宛名には、社名、部署名、フルネームを記載する。

いつもお世話になっております。
○○○○社の佐藤です。

書き出しと名前

先日は弊社の商品についてお問い合わせいただき
誠にありがとうございます。
つきましては、ご請求いただきました資料をご送付いたします。

用件（本文）
1行35文字ぐらいを目安に改行して読みやすく。

何かご不明な点がありましたらご連絡ください。
何卒、よろしくお願いいたします。

結び

○○○○株式会社
〒999-9999　東京都○○区○○○○○
TEL 03-○○○-○○○○
FAX 03-○○○-○○○○
E-mail ○○○○@○○○○.co.jp

署名
所在地、名前、電話番号などが入った署名を。

スキルアップのポイント

箇条書きなどを使って整理して書けば読みやすいメールになる

伝えたい内容が複数あるときは、それをすべて文章で説明しようとすると、長文になり、わかりにくくなってしまうのでやめましょう。伝えたいことを箇条書きにしてまとめておけば、読みやすくなります。添付ファイルなどをつけるときは、左の例のように、最初に文章で簡潔に説明したあと、その詳細をリスト化しておくといいでしょう。

商品写真3点と資料1枚、販売スケジュール表を同封いたしました。

・商品写真…………3点
・商品資料…………1枚
・販売スケジュール表…1枚

英文メールの基本ルール

敬辞と結辞を正しく使って円滑なコミュニケーションを

Lesson

英文メールは敬辞と結辞を入れる

敬辞

日本語のメールの宛名に相当する。相手の名前がわかる場合は「Dear Mr(Ms). 苗字」と書くのが基本。そのほかのケースは右記を参照。

■よく使う敬辞

Dear Sir or Madam:	拝啓
To whom it may: concern	関係各位
Dear Customer:	お客様へ
Dear all:	皆様へ
Hi everyone:	皆さんへ
Dear Mr. and Mrs. :	～ご夫妻様
Dear Sales Manager:	営業マネージャー様

結辞

日本語の「敬具」「草々」などにあたる。相手との関係に応じてさまざまな文言がある。フォーマル度が低いものは親しい人に使おう。

■結辞の使い分け

Respectfully yours,	フォーマル度が高い
Faithfully yours,	↑
Very truly yours,	
Truly yours,	
Sincerely yours,	↓
Sincerely,	
(With) Best regards,	フォーマル度が低い

check

基本のルールさえ守れば
あとは日本語のメールと同じ。
臆せず書いてみよう

英文メール特有のルールを頭に入れておこう

外国企業とのやりとりが多い会社では英文メールを書く機会も多くなります。英語のメールにも日本のメールと同様に書き方や決まりの文言など、おおまかな構成が決まっており、それに従ったメールを書くことが大事です。

本文は日本語のメール以上に短くまとめること。余計な文章を入れると誤解のもとになる可能性もあるので、できるだけ用件をシンプルにまとめましょう。

そのほかの注意点に関しては、日本語のメールと同じ。ウィルス対策を万全にし、大きいファイルは添付しないなどの配慮をしましょう。祝日の違いや時差なども頭に入れておくと、よりスムーズなやりとりができます。

レベルアップ!

【効率】★★★

【スキル】★★★★

【信頼度】★★★

英文メールの例

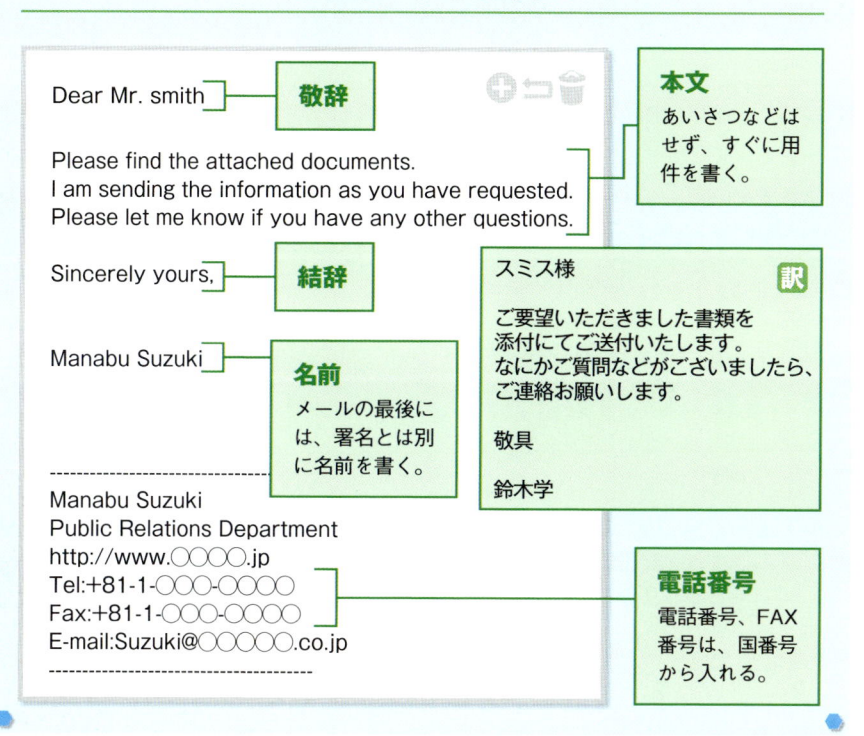

Dear Mr. smith ― **敬辞**

Please find the attached documents.
I am sending the information as you have requested.
Please let me know if you have any other questions.

― **本文**
あいさつなどはせず、すぐに用件を書く。

Sincerely yours, ― **結辞**

Manabu Suzuki ― **名前**
メールの最後には、署名とは別に名前を書く。

Manabu Suzuki
Public Relations Department
http://www.〇〇〇〇.jp
Tel:+81-1-〇〇〇-〇〇〇〇
Fax:+81-1-〇〇〇-〇〇〇〇
E-mail:Suzuki@〇〇〇〇〇.co.jp

― **電話番号**
電話番号、FAX番号は、国番号から入れる。

訳

スミス様

ご要望いただきました書類を
添付にてご送付いたします。
なにかご質問などがございましたら、
ご連絡お願いします。

敬具

鈴木学

スキルアップのポイント

相手に親しみを感じさせるフレーズを覚えておこう

電話で話をしたり、直接会ったりしたことのある人にメールを出すときは、カジュアルな結辞を使うと、相手も親しみを感じてくれます。ある程度親しい間柄の人には左のような結辞を使いましょう。

相手に親しみを感じさせる結辞

- **All the best!** (ごきげんよう!／さようなら!)
- **By for now,** (では。)
- **Good luck!** (幸運を祈ります!)
- **Have a good weekend!** (よい週末を!)
- **Keep in touch,** (またメールをください。)
- **Take care!** (お大事に!)
- **Talk to you later,** (また後ほど。)
- **Thanks,** (ありがとう。)
- **Thanks again,** (お礼まで。)

Column

効率アップのためのメール活用術

メールの処理は意外と手間がかかります。効率アップのためのメール活用法を覚えましょう。

フォルダ分けの例

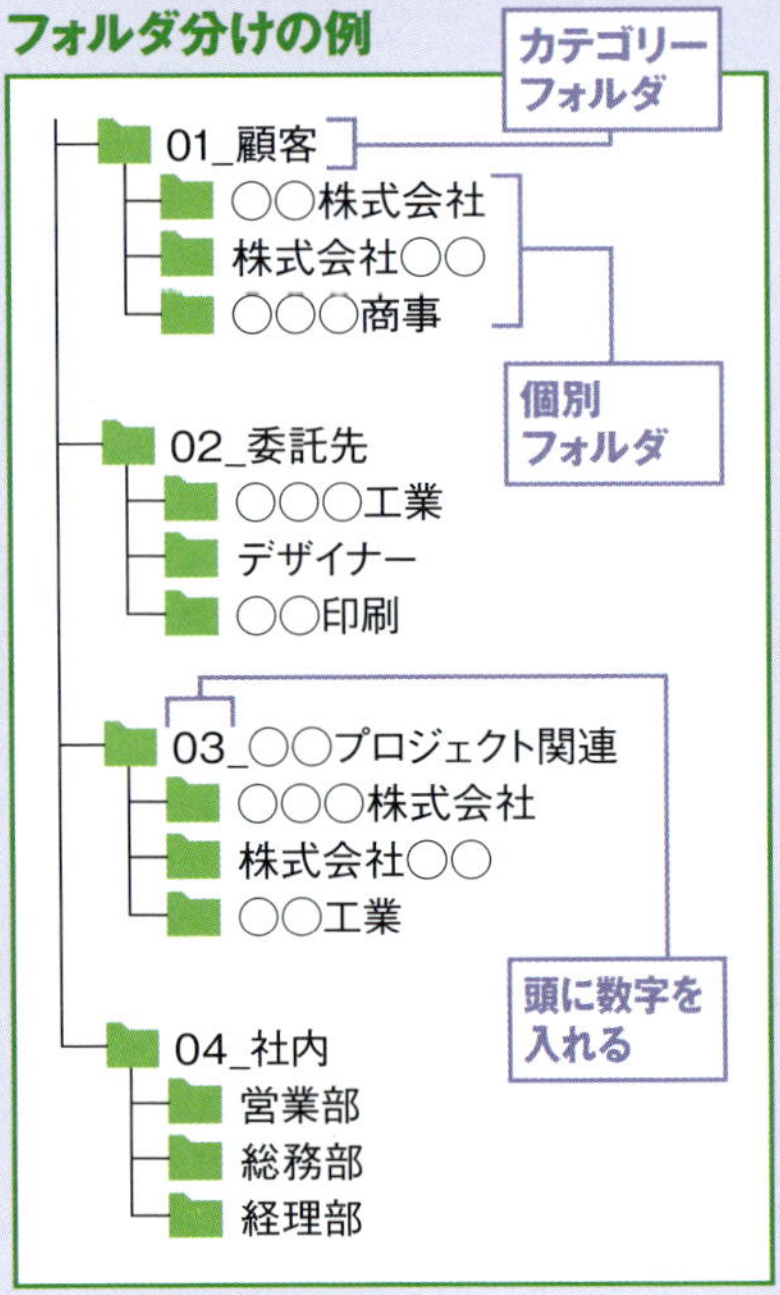

自動振り分け機能を使って メールをフォルダごとに整理

大量のメールを同じ受信ボックスに保管しておくと、管理がしづらくなり、大事な連絡を見落としがちになります。相手との関係やプロジェクトごとに自動でメールを振り分ける設定をしておけば、読みたいメールがすぐに見つけられるようになります。

メールを振り分ける際のポイント

- カテゴリーごとにフォルダを作り、さらに下の階層に個別のフォルダを作る
- フォルダ内のメールの数が極端に偏らないようにグループ分けする
- フォルダ名の頭に数字を入れておけば思い通りの順番に並べられる
- 振り分け設定はメールアドレスかドメインで登録したほうが安全

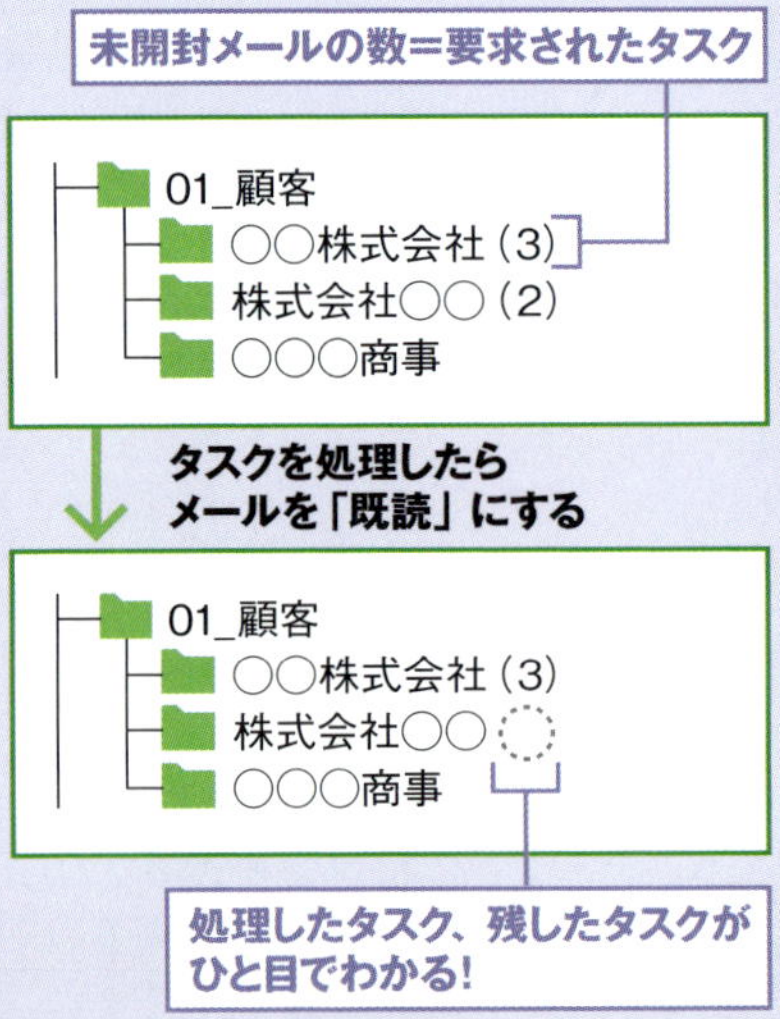

メールの「未開封」「既読」で 仕事の進行状況を管理する

メールには「未開封」と「既読」の状態があります。これをタスク管理に活用しましょう。メールを確認し、対応が必要ならその場で処理し「既読」に。すぐに対応できない場合は「未開封」に戻しておけば、残されたタスクがひと目でわかるようになります。

メールによるタスク管理

- 対応が必要なメールはタスクとして「未開封」のままにしておく
- 要求されたタスクを処理したらメールを「既読」にする

わかりやすくまとめる技術で効率アップ！

ビジネス文書の常識 編

正確に情報を伝えるための形式

ビジネス文書の基本ルール

Lesson

目的や送る相手を整理して文書を作成する

目的を明確にする
その文書で「何を伝えたいのか」。目的を明確にする。

←

送る相手を選定する
個人、組織、目上の人など、文書を送る相手を選定する。

←

文書を作成する
事前に整理した目的と送る相手を考慮し、文書を作成していく。

←

責任者のチェックを受ける
文書が完成したら上司に提出。問題がないかどうか見てもらう。

←

完成

ビジネスシーンで使う紙文書

社内の人に出す文書

伝達事項や届け出
- 稟議書
- 企画書
- 異動通知
- 業務日報
- 通達書
- 依頼書
- 各種届出　など

社外の人に出す文書

商取引上の文書
- 提案書
- 見積書
- 依頼書
- 注文書
- 督促状
- 発注書　など

礼儀的な文書
- 各種案内
- 年賀状
- あいさつ状
- 祝い状
- 詫び状
- 招待状　など

社内、社外を問わず業務に必要となる文書

ビジネスシーンではさまざまな文書が必要になります。社内の提出物である業務日報、各種届け出。社外の人に送付する依頼書や注文書、ほかにもあいさつ状や招待状などの社交文書も、大切なビジネス文書のひとつです。

使用機会の多い文書は、会社規定の用紙が用意されていることもあります。会社規定のものがある場合は、そのテンプレートに従って書きましょう。

テンプレートがない場合は自分で文書を構成しなければなりません。目的や送る相手を明確にしたうえで文書を作成しましょう。代表的なビジネス文章のテンプレートについては152ページでも紹介しています。参考にしてください。

レベルアップ！

【効率】★★

【スキル】★★★

【信頼度】★★★★

こんなときどうする?

社外の人に「社外秘」文書を見せてほしいと言われた

「社外秘」のものでも、信頼できる人なら見せてもいいのでしょうか。

BAD!

信頼できる人なので口外しないという約束でこっそり見せた

たとえ信頼のおける人でも、「社外秘」扱いの文書を見せてはいけません。下記の「文書の重要度」のルールを守りましょう。

[文書の重要度]

■極秘
特定の関係者以外に見せてはいけない文書のこと。厳重に保管、管理する必要がある。

■部外秘
特定の部門に所属している人以外には、見せてはいけない文書。

■社外秘
社員以外には公開できない文書。指定がなくても、社内文書は基本的に「社外秘」だと考えたほうがいい。

ビジネス文書作成の注意点

横書きA4サイズでまとめ資料は別紙にして添付する

ビジネス文書は横書きで、紙はＡ４サイズを使うのが一般的。できるだけ１枚にまとめ、資料などは別紙にして添付する。

文書を作成したら必ず内容をチェックする

文書ができたら、自分で読み直し、内容を確認すること。データの間違いや誤字脱字などがないかもチェックしよう。

文書を発信する前にコピーして控えを保管しておく

相手から問い合わせがきたときのために、必ずコピーをとっておく。業務ごとにファイルでまとめておくと管理しやすい。

check
文書の控えはファイルにまとめてきちんと管理する

信頼度アップのポイント

ビジネス文書の作成に必要な「印」の違いを知っておく

受領や承認、契約など、仕事のさまざまな場面で「印」が必要になります。押印の種類を知っておきましょう。

押印の種類

■社判
契約書など重要文書に押す会社の実印。

■契印
契約書が複数枚にわたる場合、ページとページの間に押す印。

■割印
原本と写し、正本と副本など同じ文書を2部以上作成した際、1部に半分だけ写るように押す印。

■捨て印
訂正がある場合を想定して、あらかじめ欄外に押しておく印。微細な誤字脱字程度であれば、受け取った側が訂正をしてもいいという承認の意味があります。

 代表的なビジネス文書のテンプレートは152ページを参照

「重要事項」を優先して余計なものは省いて書く

社内文書の基本フォーマット

Lesson

簡潔でわかりやすい文書を作成する

社内文書を作るコツ

- 文書１点につき用件はひとつにする
- ひと目で内容がわかる件名をつける
- 「です・ます」調でまとめ、敬語は最低限におさえる
- 要点は箇条書きにしてわかりやすくまとめる
- 会社規定のフォーマットがある場合はそれを使用する

社外に出す文書とは異なり、社内文書は「簡潔に伝える」ことが第一。敬語は最小限におさえ、「です・ます」調で書き、コンパクトでわかりやすい文章を心がけよう。

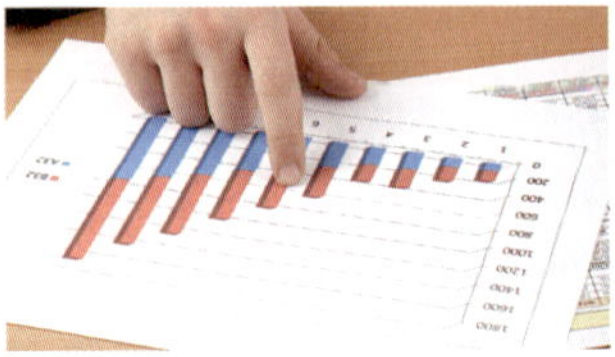

社内で扱うさまざまな文書

命令・指示・提案のための文書
指示書、通達、計画書、企画書、稟議書など

報告のための文書
業務日報、出張報告書、調査報告書など

届け出のための文書
休暇届、遅刻届、早退届、仮払い申請書など

連絡・問い合わせのための文書
業務連絡書、依頼書、案内書、照会書など

記録のための文書
議事録、帳票類、集計データなど

短時間で内容がわかる文書を心がける

社内で取り交わされる文書は、作成する側、読む側、双方の効率を考え、重要な伝達事項のみを簡潔にまとめるのがルールです。受け取った人は、ほかの仕事を一時的に中断して読むことになるので、だらだらと長い文章を読ませるのは効率的ではありません。短時間で内容がわかる文書を作成することが大切です。

定型のあいさつなどの儀礼的な文章を入れる必要はありません。文章もわかりやすい「です・ます」調で書きます。あくまでも「伝えること」が目的だということを忘れないようにしましょう。

日常的に使う文書に関しては、規定の用紙があることが多いので、文書を作成する前にきちんと確認しておくこと。

レベルアップ！

［効率］★★★
［スキル］★★★
［信頼度］★★★

社内文書の基本フォーマット

宛名
宛名は発信年月日の左下に左詰めで記入する。

発信年月日

文書番号
会社規定の文書番号が必要なこともある。

発信者
発信者の部署名と名前。内線番号を入れる場合もある。

件名
文書の内容がわかるようにシンプルな件名をつける。

本文
本文は本題のみでOK。定型のあいさつなどはいらない。

伝達事項
伝えるべき内容が多いときは別記する。本文のあとに「記」と記載してから箇条書きにしてまとめよう。

添付書類
詳細については「添付書類」としてまとめる。

文書の最後
文書の最後は「以上」と記入しておく。

文書番号　〇〇〇－〇〇
平成〇〇年〇〇月〇〇日

社員各位

総務部
佐藤学

社員旅行のお知らせ

本年度の社員旅行を下記の通り行います。
今年は伊豆温泉に決定しました。
大自然に囲まれた露天風呂とおいしい料理で日頃の疲れを癒やし、
明日への英気を養いましょう。

記

1. 日　　程：平成〇〇年〇〇月〇〇日（金）～〇〇月〇〇日（土）
2. 集合場所：本社玄関前
3. 集合時間：午前8時集合
4. 行 き 先：神奈川県 伊豆温泉
5. 宿 泊 先：伊豆温泉 旅館〇〇〇
　〇〇件〇〇市〇〇町〇－〇－〇
　電話 〇〇〇〇－〇〇－〇〇〇〇
　※旅行中のスケジュールに関しては
　「社員旅行のしおり」をご参照ください。
6. 申し込み：お問い合わせ、お申し込みは下記までお願いします。
　総務部・佐藤（内線〇〇〇〇）
7. 〆　　切：〇〇月〇〇日（水）

以上

トラブル防止のために情報を正しく記載する
社外文書の基本フォーマット

間違いがないように何度もチェックする

社外文書とは取引先に送るビジネス文書のこと。契約書、注文書などの取引に関わる文書、請求書や領収書などの金銭に関わる文書、ほかにも案内状や詫び状などが代表的な社外文書です。

これらの社外文書で一番大事なのは、情報を正確に記載すること。会社名や氏名はもちろん、日時や金額、電話番号などは、送付前に何度も確認し、間違いのないようにすること。社外文書でのミスは大きなトラブルへと発展する可能性もあるので、細心の注意が必要です。

また、礼儀正しい文章を書くことも大切です。「前文」「主文」「末文」の基本構成を守りつつ、適切な慣用表現を入れて、きちんとした文章を書きましょう。

Lesson

会社を代表して出す文書は正確さが第一

社外文書作成時の注意点

□ **相手の会社や名前**
社名、部署名、役職、氏名など間違いがないように注意。部署名や役職などは直近でもらった名刺で確認する。

□ **日付・金額などの数字**
日時、金額、数量などは何度も確認すること。ここにミスがあると、会社にとって大きな損害になる恐れも。

□ **押印や印紙類**
書類に必要な印や証紙がないと許可がおりないこともある。相手に手間をかけさせないようにしよう。

社外文書はミスがあっては絶対にダメ。書類に不備があれば、相手に迷惑をかけ、自社の業務にも支障が出る。何度もチェックしてミスを防ごう。

! check
何度も確認してミスを防ごう!

社外に送るさまざまな文書

■ **取引のための文書**
見積書、契約書、仕様書、提案書、注文書など

■ **金銭に関わる文書**
請求書、領収書、督促状、振込依頼書など

■ **その他の文書**
詫び状、抗議書、案内状、お断りの文書など

レベルアップ!

【効率】★★★
【スキル】★★★
【信頼度】★★★

社外文書の基本フォーマット（案内状）

宛名
会社名は略さずに、きちんと正式名称を書く。

件名
ひと目で文書の内容のわかる件名を書く。

発信年月日
文書を相手に発信した日を記載する。

発信者
会社名、部署名、氏名のほか住所や連絡先も記載する。

平成○○年○月○日

株式会社　○○○○
営業部　中村和夫　様

○○○○株式会社
広報部　佐藤学
〒000-0000
東京都新宿区○○○○○
TEL　00-000-0000
FAX　00-000-0000

新商品「○○○○」発表会のお知らせ

拝啓　陽春の候、貴社ますますご清栄のこととお喜び申し上げます。
平素は格別の高配を賜り、厚く御礼申し上げます。
さて、この度弊社では下記の要領で、新商品「○○○○」の発表会を開催させていただくことになりました。
ご多忙中誠に恐縮ではございますが、ぜひともご来場賜りますようお願い申し上げます。

敬具

記

1. 日　　程：平成○○年○月○日（金）
午前10時から午後15時まで
2. 場　　所：○○会館　○○展示室
東京都○○区○○○○
TEL 00-000-0000
（JR○○線○○駅下車徒歩５分）
※会場までのアクセスにつきましては、別紙地図をご覧ください。

なお、本件に関するお問い合わせは、広報部田中（00-0000-0000）までお願いします。

以上

頭語
時候のあいさつ
定型のあいさつ
結語

前文
主文
末文

別記
伝えたいことが複数ある場合は、別記して箇条書きに。

担当者名
発信者と担当者が異なる場合は連絡先を記載。

文書の最後
文書の最後は「以上」と書くのが決まり。

添付書類
補足事項などは別紙にまとめて添付する。

「前文」「主文」「末文」の構成できちんとした文章を書く

社外文書の構成と慣用句

Lesson

基本ルールを守っててていねいな文章を書く

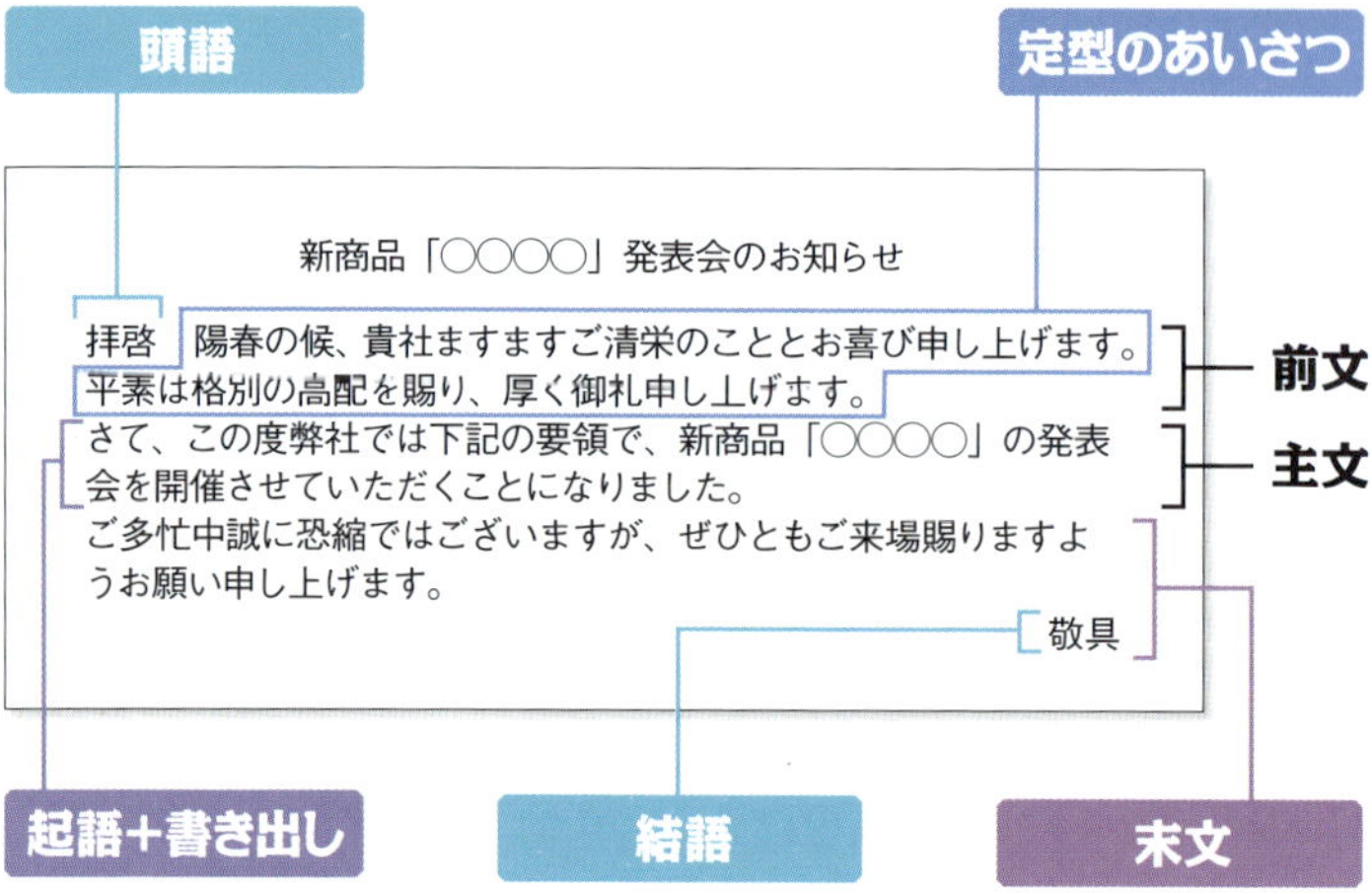
頭語
定型のあいさつ
新商品「○○○○」発表会のお知らせ
拝啓　陽春の候、貴社ますますご清栄のこととお喜び申し上げます。
平素は格別の高配を賜り、厚く御礼申し上げます。
さて、この度弊社では下記の要領で、新商品「○○○○」の発表
会を開催させていただくことになりました。
ご多忙中誠に恐縮ではございますが、ぜひともご来場賜りますよ
うお願い申し上げます。
敬具
前文
主文
起語＋書き出し
結語
末文

頭語と結語

頭語と結語はセットになっている。
異なる組み合わせで使わないこと。

	頭語	結語
一般的な文書（往信）	拝啓	敬具
一般的な文書（返信）	拝復	敬具
ていねいに書く場合	謹啓	敬白
急ぎの場合	急啓	草々
前文を省略する場合	前略	敬具

最初は定番の慣用句を使い慣れてきたらアレンジを

　社外へ送る文書は「前文」「主文」「末文」で構成するのが基本です。さらに、それぞれのパートには「頭語」や「結語」「末文」などの慣用句を入れるのが決まりになっています。守るべきルールが多いため、難解なイメージを持ってしまうと思いますが、どの慣用句も、ある程度決まった形の文章や言葉があるので大丈夫。まずは、ここで挙げているような定番の慣用句を使って文章を構成し、慣れてきたら自分なりにアレンジしてみるといいでしょう。

　ただし、やみくもに引用してはいけません。それぞれの慣用句には意味があります。文書の内容に合わせて、ふさわしい慣用句を使うようにしましょう。

レベルアップ!

【効率】★★

【スキル】★★★

【信頼度】★★★

定型のあいさつ

定型のあいさつでは、相手の繁栄を祝ったり、感謝の意を述べたりする。基本の定型文を覚えておこう。

〈相手が会社の場合〉

■貴社におかれましてはますますご清栄のこととお喜び申し上げます。

〈相手が個人の場合〉

■○○様におかれましてはますますご健勝のこととお喜び申し上げます。

〈相手に感謝を表す場合〉

■日頃は格別のお引き立てをいただき心より御礼申し上げます。

起語＋書き出し

起語と書き出しも定型の文章がある。文書の内容に即した文章を入れよう。代表的なものは下記の通り。

〈はじめての相手の場合〉

■突然お手紙を差し上げる非礼をお許しください。

〈お礼を言う場合〉

■このたびは、ご注文をいただき、誠にありがとうございます。

〈返信する場合〉

■このたびはごていねいなお手紙をいただき、誠に恐縮に存じます。

〈お願いする場合〉

■甚だ申し上げにくいのですが、折り入ってお願いがございます。

〈お詫びをする場合〉

■このたびは多大なご迷惑をおかけし、幾重にもお詫び申し上げます。

〈催促をする場合〉

■先日、ご請求申し上げた○○の件につきまして、
本日筆をとらせていただきました。

末文

文章を締めくくる末文は、自分に対する支援・指導の依頼や相手の健康、発展を願う文章を入れる。

〈支援・指導の依頼〉

■今後ともご指導ご鞭撻のほど、よろしくお願いいたします。

■今後とも引き続きお引き立てのほど、よろしくお願い申し上げます。

〈相手の健康・発展を願う〉

■時節柄どうぞご自愛ください。

■末筆ながら貴社のますますのご発展を心からお祈り申し上げます。

〈その他〉

■よろしくご査収くださいますようお願いいたします。

■取り急ぎ、ご報告申し上げます。

書類送付のしかた

封入物をリスト化した書類送付状を付ける

Lesson

受け取る相手のことを考えて書類をまとめる

書類送付状の記載と照らし合わせ封入物を確認してから送る

書類送付の際は「書類送付状」が必須。送る前に送付状のリストと照らし合わせて、中身を確認しよう。

書類や送付状はクリアファイルなどに入れてひとつにまとめる

書類は、バラバラになったり、折れ曲がったりしないように、クリアファイルなどにまとめておく。

切手で郵送する場合は重さや封筒の大きさを確認料金不足に注意すること

郵送するときは大きさや重さを確認。料金不足にならないように。できれば郵便局に出向いて郵送すること。

たくさんの書類を送るときは郵送したほうが親切

取引先へ資料や書類を送る際は、メールに添付したり、ＦＡＸで送ったりすることが多いと思います。最近はなんでもメールで送ってしまう傾向がありますが、受け取る側のことを考えると、決していいやり方ではありません。データ量が多いものはメディアに保存し、書類が多いときはカテゴリーごとにファイルでまとめるなどして、郵送しましょう。

書類やデジタルメディアを郵送するときは、書類送付状を付けるのがマナーです。書類送付状は、送付したことを伝える手紙であると同時に、封入物をわかりやすくリスト化するという役割もあります。受け取る人の立場も考え、必ず書類送付状を付けるようにしましょう。

レベルアップ!

【効率】★★★

【スキル】★★★

【信頼度】★★★★

書類送付状の書きかた

平成○○年○月○日 ― 送付する日を記載する

株式会社　○○○○
営業部　中村和夫　様
― 部署名や宛名は省略しない

○○○○株式会社
広報部　佐藤学
〒000-0000
東京都新宿区○○○○○
TEL　00-000-0000
FAX　00-000-0000
― 会社名、部署、住所や電話番号を記載する

書類送付のご案内

拝啓　貴社ますますご清栄のこととお喜び申し上げます。

平素は格別の高配を賜り、厚く御礼申し上げます。

早速ですが、先日お問い合わせいただきました弊社商品につきまして下記の資料をご送付いたします。

ご査収くださいますようお願い申し上げます。

敬具
― 前文・主文・末文のルールに従って文章を書く

記

1. リリース資料　1枚
2. 価格表　1枚
3. 弊社商品カタログ　1部
― 内容物は箇条書きにして最後にまとめる

以上 ― 最後は「以上」で

信頼度アップのポイント

重要書類や割れ物を送るときは梱包にも工夫を

CD-ROMなどのデジタルメディアは破損防止のため、緩衝材などで梱包しましょう。重要な書類を送る場合は、必ずクリアファイルに入れて雨水対策を。厚紙を台紙として入れておけば、書類が折れ曲がるのを防ぐことができます。

・緩衝材を入れて梱包する
・厚紙などの台紙を入れる
・宅配業者を使い「ワレモノ」指定で送る

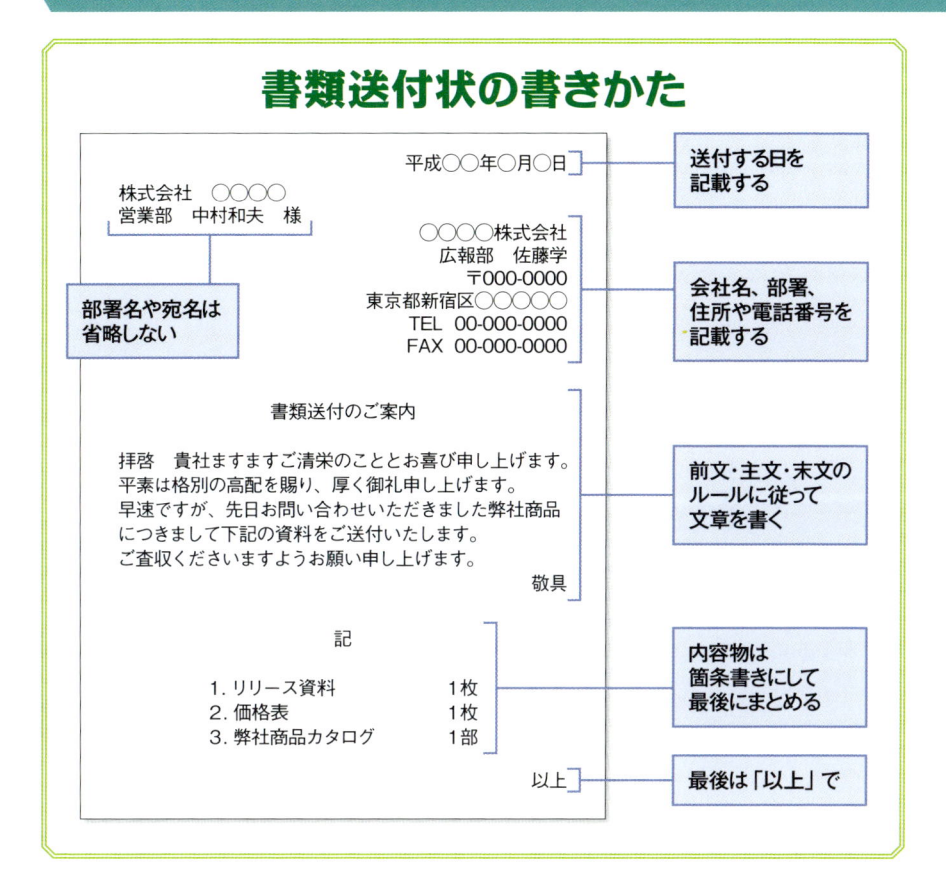

Lesson

手書きの文字で気持ちを伝える 封筒と手紙の書きかた

封筒の書きかた

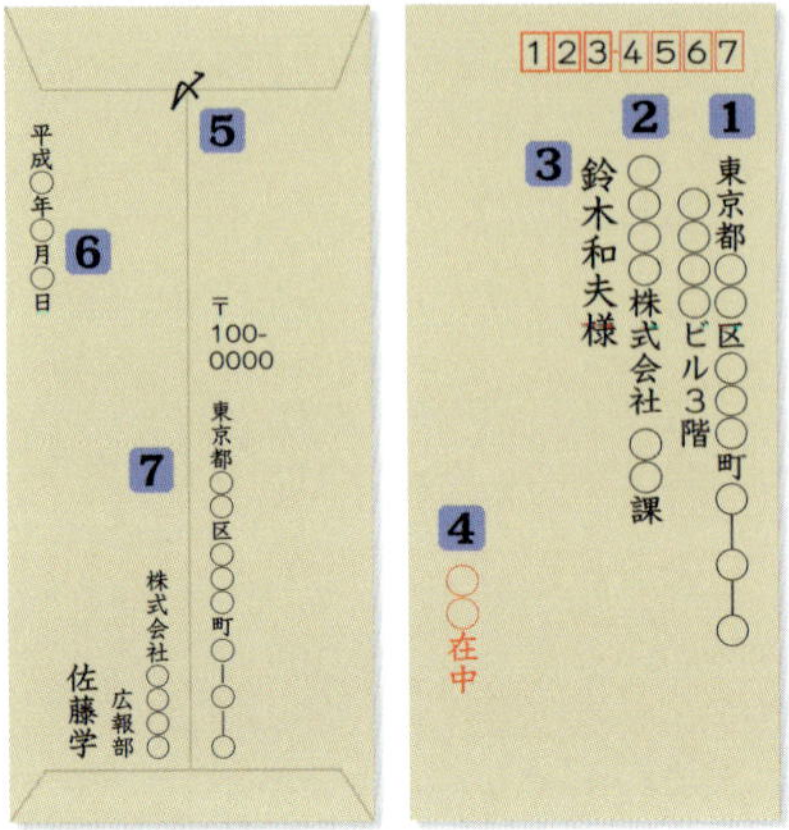

1 住所

郵便番号の枠の右端よりも内側から書く。1行で収まらない場合は切りのいいところで改行し、1～2字下げて書く。

2 会社名

「(株)」など略さず、会社名は正式名称を書く。所属部署も記入。

3 宛名

封筒の中央に大きな字で。個人は最後に「様」、会社や部署は、最後に「御中」と書く。

4 外脇付

朱書きが基本。内容を明記する場合は「○○在中」、宛名人以外開封厳禁の場合は「親展」、急ぎの場合は「至急」と書く。

5 封字

未開封を表す「〆」と書く。あらたまった文書は「封」「緘」、祝い事の場合は「寿」「賀」などと書く。

6 日付

手紙を投函した日を記載する。

7 差出人

裏面の中央右下に住所、左下に社名、所属部名、氏名を書く。

ビジネスシーンでは 手紙が必要なケースもある

ビジネスシーンでは実務的な内容の文書を書くことが多いですが、ときには手書きの手紙を送らなければならないケースもあります。お世話になった人へのお礼状や異動のあいさつ、商品やサービスの不具合で迷惑をかけた取引先への詫び状などは、手紙にして書いたほうが相手に気持ちが伝わります。

手紙の場合でも、基本的なルールはほかの社外文書と変わりません。「前文」「主文」「末文」で構成し、頭語や結語、時候のあいさつなどの慣用表現を適時入れて書いていきます。ただし、「後づけ」や「副文」など、手紙独自の決まりがあるので注意すること。次ページにある見本を参考に書いてみましょう。

レベルアップ!

【効率】★★

【スキル】★★★

【信頼度】★★★

手紙の書きかた

拝啓　陽春の候、貴社ますますご清栄のことをお喜び申し上げます。平素は格別のご高配を賜り、厚く御礼申し上げます。

さて、このたびは、弊社が企画しましたイベントにご協力いただきまして、誠にありがとうございました。

おかげさまで好評のうち閉会することができました。お忙しい中お力添えをいただけましたことを深く感謝いたします。

まずは略儀ながら、書中をもって御礼申し上げます。

今後ともよろしくご指導のほど、お願い申し上げます。

敬具

平成〇〇年〇〇月〇〇日

株式会社〇〇〇〇
代表取締役　中村和夫様

〇〇〇〇株式会社
広報部　佐藤学

追伸
夏にもイベントを予定しております。
詳細が決まりましたら、ご連絡させていただきます。

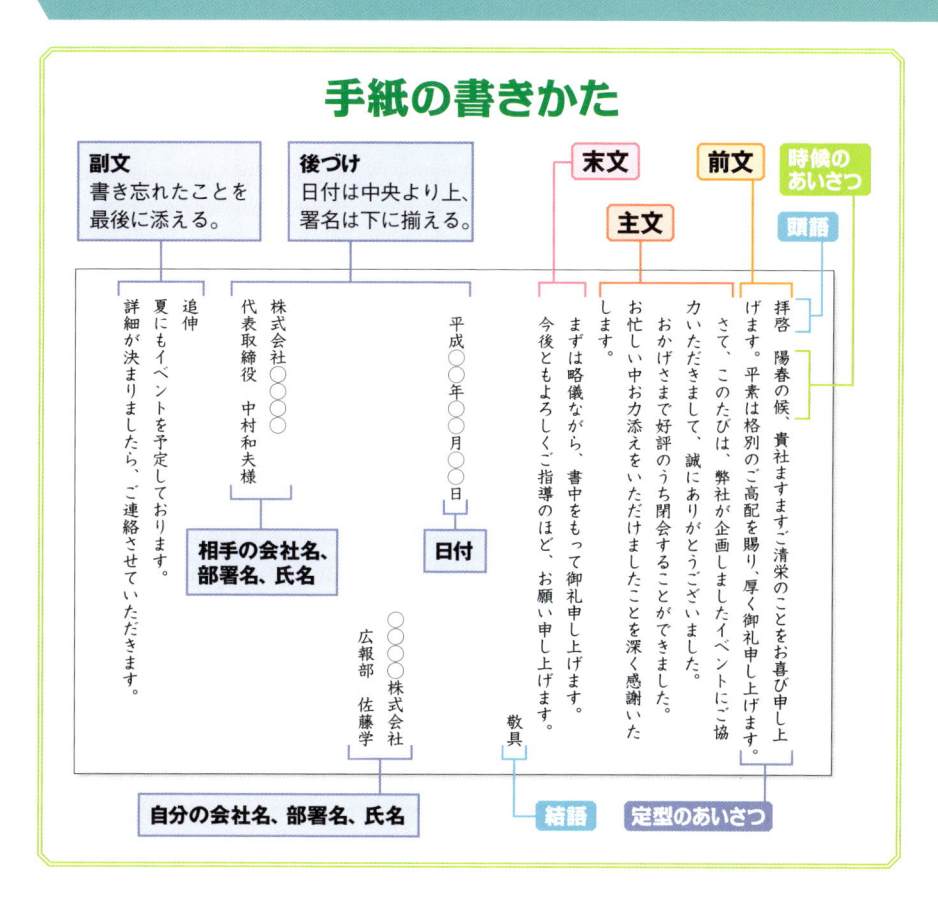

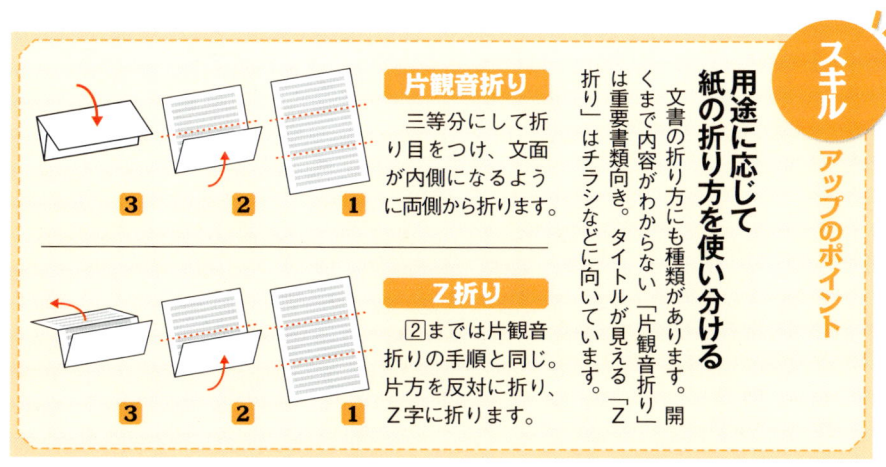

- **頭語**（拝啓）
- **時候のあいさつ**（陽春の候、）
- **前文**
- **定型のあいさつ**
- **主文**
- **末文**
- **結語**（敬具）
- **日付**
- **相手の会社名、部署名、氏名**
- **自分の会社名、部署名、氏名**
- **後づけ**　日付は中央より上、署名は下に揃える。
- **副文**　書き忘れたことを最後に添える。

スキルアップのポイント

用途に応じて紙の折り方を使い分ける

文書の折り方にも種類があります。開くまで内容がわからない「片観音折り」は重要書類向き。タイトルが見える「Z折り」はチラシなどに向いています。

片観音折り

三等分にして折り目をつけ、文面が内側になるように両側から折ります。

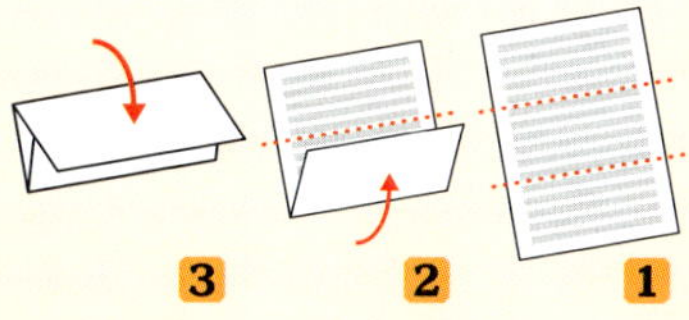

Z折り

2までは片観音折りの手順と同じ。片方を反対に折り、Z字に折ります。

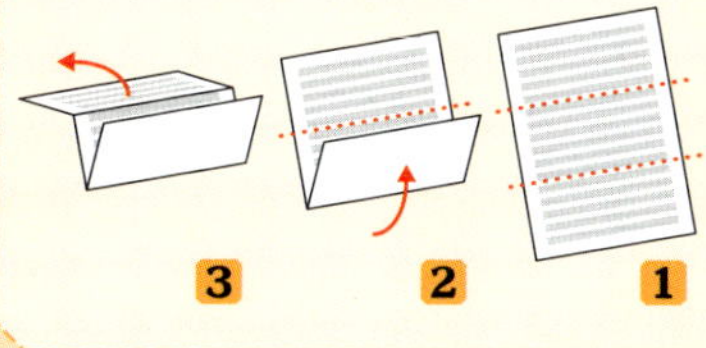

時候のあいさつと呼称

季節に合ったあいさつと正しい呼称の使い方

Lesson

「時候のあいさつ」と「呼称」を使いこなす

時候のあいさつ

■漢語調

「新春の候」「盛夏の候」など、短い言葉で表現した時候のあいさつ。ビジネス文書によく使われる。

■和語調

漢語調よりも、やわらかい印象を与える書き方。お礼状など、個人でやりとりする手紙などに適している。

＋

呼称

文章の中で使う、自分や相手の呼び方、あらたまった表現のこと。下のリストを参考にしよう。

〈呼称一覧〉

対象	自分	相手
個人	私・わたし	貴殿・貴兄・先生
複数	一同・両名・私ども	ご一同様・各位
会社	弊社・小社	貴社・御社
氏名	氏名・名	ご芳名・ご貴社名
家族	私ども・一同・家中	皆様・ご一同様
両親	父母・両親	ご両親様・お父様・お母様
承諾	承諾・承る	ご承諾・ご高承
授受	受領・拝受	ご査収・お納め
努力	微力	ご尽力
気持ち	微志・卑志・薄志	ご高配・ご芳情・ご厚志

送る相手に応じて漢語調と和語調を使い分ける

きちんとした大人の文章を書くためには、季節に合った「時候のあいさつ」と適切な「呼称」を用いることが大切です。

時候のあいさつとは、「拝啓」などの頭語のあとに入る言葉や文章のことで、「漢語調」と「和語調」の2種類があります。短く簡潔で格式の高い漢語調は、おもに会社同士のやりとりの際に使われることが多く、親しみやすい和語調は、個人宛ての手紙でよく使われています。

呼称は、自分のことをへりくだって表現したり、相手のことを敬ったりする表現のことです。呼称が入っているだけで、その文章の印象がガラリと変わります。その意味と使い方をしっかりと理解し、上手に使っていきましょう。

レベルアップ！

［効率］★★

［スキル］★★★

［信頼度］★★★

〈時候のあいさつ一覧〉

月	漢語調	和語調
1月	新春の候	皆様お元気で新年をお迎えのことと存じます
	寒風の候	日ごとに寒さが増してまいりました
	厳寒の候	厳寒とはいいながら、暖かい日が続くこの頃
2月	立春の候	寒さの中にも早春の息吹が感じられる頃となりました
	晩冬の候	しだいに頼もしさを増す日差しに春の訪れを感じております
	梅鶯の候	梅のつぼみもほころぶ季節となりました
3月	早春の候	春とはいえまだまだ冷え込む日も少なくありませんが……
	浅春の候	日ごとに春めいてまいりました
	春分の候	今年も桜前線の北上が話題にのぼる時節がやってまいりました
4月	仲春の候	咲き始めたばかりの桜に無常の雨が降り注いでおります
	桜花の候	葉桜が目に鮮やかな季節となりました
	陽春の候	いつしか春もなかばを過ぎましたが……
5月	新緑の候	晴れ渡った青空に鯉のぼりが鮮やかにひるがえっています
	薫風の候	野山の緑がつややかな色を見せる季節となりました。
	立夏の候	五月晴れの空に心はずむ今日この頃
6月	梅雨の候	初夏のさわやかな風が木々の緑とたわむれる頃となりました
	初夏の候	紫陽花が美しく咲く季節となりました
	向暑の候	降り続く長雨に、日の光が恋しい季節ですが……
7月	盛夏の候	酷暑の候、日盛りには外出がためらわれてしまうこの頃
	猛暑の候	夏本番を迎え、うだるような暑さが続いております
	大暑の候	梅雨明けとともに猛暑が到来していますが……
8月	残暑の候	暑さもようやく峠を越し……
	晩夏の候	立秋とは名ばかりで、相変わらずの暑さが続いておりますが……
	新涼の候	吹く風に秋の訪れを感じさせる昨今
9月	初秋の候	秋色も日ごとに深まり……
	新秋の候	秋風が心地よい季節となりました
	秋涼の候	ひと雨ごとに涼しくなってまいりました
10月	秋晴の候	すっかり秋めいてまいりました
	秋雨の候	色づいた街路樹に、秋の深まりを感じられるようになりました
	仲秋の候	さわやかな秋晴れの日が続いております
11月	深秋の候	暦の上では冬を迎え、吹く風の冷たさも鋭さを増しております
	暮秋の候	過ぎゆく秋を惜しむ候になりました
	向寒の候	朝晩の冷え込みが、日ごとにきびしくなってきました
12月	初冬の候	本格的な冬の到来を迎え……
	歳末の候	寒さが身にしみる季節となりました
	師走の候	年の瀬とは思えない暖かい日が続いておりますが……

送付状の添付と確認の電話でトラブルを防ぐ
FAX送信のルール

Lesson

FAX送信の際に注意したい4つのポイント

1 FAX番号を間違えないように注意！

違う宛先や電話番号に送るなどのミスがないように。送信前に必ず番号を確認しておくこと。

2 表裏を間違えないように正しく原稿をセット

原稿の裏表のセットのしかたは機種によって異なる。きちんと確認してから送信すること。

3 小さい文字や薄い色は相手には見えないことも

小さい文字や薄い色は読み取れないこともある。拡大したり、加筆したりしてから送ろう。

4 FAXを送ったら相手に電話で確認する

用紙切れなどの理由で相手に届かないケースもあるので、送信したら、必ず電話で確認しよう。

! check

発信者と送信内容を伝えるためにFAXを送るときは送付状をつけるのがマナー

書類の抜けや文字のつぶれに注意して送る

FAXは送った書類が相手先でプリントされて届けることができる便利なツールですが、注意点がいくつかあります。うまく原稿が読み取れずに送られてしまい、書類の一部が抜けてしまうこともありますし、小さい文字がつぶれて読めなくなってしまうこともあります。これらのトラブルを防ぐために、送信内容と枚数を記載した送付状は必ずつけ、送信後は電話で確認するようにしましょう。

また、FAXはメールなどと違い、送る相手以外の人の目にもふれる可能性が高いことを忘れないでください。受取人以外の人に見られたくないものや重要書類に関しては、FAXは使わずに郵送やメールで送ったほうがいいでしょう。

レベルアップ！

［効率］★★★

［スキル］★★★

［信頼度］★★★★

送付状の基本フォーマット

平成○○年○月○日

FAX送付状

株式会社　○○○○
営業部　中村和夫　様

○○○○株式会社
広報部　佐藤学
〒000-0000
東京都新宿区○○○○○
TEL　00-000-0000
FAX　00-000-0000

新商品の見積もりの件

平素は格別のご高配を賜り、厚く御礼申し上げます。
先日、ご依頼いただきましたお見積もりを送付いたしますのでよろしくご査収ください。

のちほどこちらからご連絡いたしますので
ご検討よろしくお願いいたします。

送信枚数　3枚（本状含む）

送信日
送信日を記載しておけばあとで確認しやすい。

宛名
相手の会社名、部署名、名前は大きく書く。

署名
社名、氏名、連絡先が記載された署名。

件名
送ったものがひと目でわかる件名を書く。

本文
簡単なあいさつと送った書類の詳細を入れる。

送信枚数
何枚送信したのか、その枚数がわかるように。

信頼度アップのポイント

状況に応じて事前に電話をかける

FAXを送信する際は、送ったあとに確認の電話を入れるのが基本です。しかし、FAXの内容や相手の状況によっては、送信前に電話をかけ、説明しておいたほうがいいケースもあります。相手の手間や仕事の効率などを考慮し、臨機応変に対処していきましょう。

事前に電話をするべきケース

■急ぎの用件のとき
「のちほどＦＡＸをお送りします」と先に電話を入れておくのがベター。

■送信枚数が多いとき
枚数が多い書類は基本的には送らない。やむを得ず送るときは事前に断りを入れます。

■個人宅へ送るとき
個人宅の場合は電話とＦＡＸが共通番号のことが多く、まず電話で送信する旨を伝えます。

スキルアップ講座3

ビジネスに役立つ！ 文書テンプレート集

仕事で使う機会の多いビジネス文書のテンプレートを紹介。

テンプレート❶ 注文書

平成○○年○月○日

株式会社○○○○
○○○○部 ○○課
鈴木和夫様

○○○○株式会社
○○○○部 ○○課　佐藤学

注文書

拝啓　時下ますますご清栄のこととお慶び申し上げます。
さて、貴社お取り扱い商品のうち、下記の商品について注文をいたします。
　納期までにご手配いただきたく、よろしくお願い申し上げます。

敬具

記

1. 品　　名：○○○○○○（商品番号XM00-000）
2. 数　　量：1箱（24個入り）
3. 納　　期：平成00年00月00日　15:00まで
4. 納品場所：弊社第２倉庫 ○○○宛
　〒000-0000 東京都○○区○○町0-0-0
　TEL00-000-0000

以上

記載しなければならない情報が多いので、できるだけ箇条書きにして、わかりやすくまとめておこう。日付や数量、納期などの数字を間違えやすいので注意すること。

- 注文した日付を記載
- 注文先の会社名、部署名、名前
- 商品番号と商品名
- 納品先の名称、住所、電話番号
- 詳細は箇条書きに

ポイント！

・注文する品名、数量、納期、納品場所を箇条書きにして書く
・注文する際は、品名だけではなく商品番号を併記する形が多い
・必要であれば納品先の住所や電話番号も記載する

テンプレート② 案内状

日時や場所はまとめて箇条書きにし、スペースを使う地図は別紙にする。出欠席の返事など、相手からの返信が必要な場合は、締め切りや連絡先窓口についての詳細を記載する。

イベントの日時は曜日も記載

平成○○年○月○日

株式会社○○○○
○○○○部 ○○課
鈴木和夫様

○○○○株式会社
○○○○部 ○○課
佐藤学

新商品発表会のご案内

拝啓　時下ますますご清栄のこととお慶び申し上げます。平素より格別のご高配を賜り、厚く御礼申し上げます。
さて、この度弊社では下記の要領で、新商品「○○○」の発表会を開催させていただくことになりました。
　ご多忙中誠に恐縮ではありますが、ぜひともご来場賜りますようお願い申し上げます。

敬具

記

1. 日時：平成00年00月00日（金）午前10時～午後15時
2. 場所：○○○会館　○○展示室（東京都○○区0-0-0）
※会場までのアクセスにつきましては、別紙地図をご覧ください。

アクセス用の地図は別紙に

恐れ入りますが、同封のハガキにて、○月○日（水）までにご来臨の諾否をお知らせくださいますようお願い申し上げます。

本件に関するお問い合わせは○○○部○○課佐藤（00-000-0000）までお願いいたします。

返信方法、送り先、締め切り

ポイント！

- 招待するイベント等の日時や場所をしっかりと明記する
- 日時を記載するときは、曜日も記入するとミスも少なくなる
- 相手の返信がほしい場合は、返信方法、送り先（窓口）、締め切りを記載する

テンプレート③　詫び状

お詫びをするのが目的なので、ほかのビジネス文書とは違い、ていねいな言いまわしで書くことが大切。何についてのお詫びなのか、会社としてどう対応するのかを明確に。

平成○○年○月○日

○○○○様

○○○○株式会社
○○○○部 ○○課
佐藤学

拝復　平素は格別のご愛顧を賜り、厚く御礼申し上げます。

何についてのお詫びかを明記

さて、00月00日着で配送いたしました弊社商品「○○○○」の操作パネルに一部不具合があるとのご連絡をいただきました。誠に申し訳なく、深くお詫び申し上げます。

その後の手順を説明

在庫を確認したところ、同商品がございましたので、早急に交換させていただきます。早速ですが、00月00日（水）の午前中に、そちらへ届くように手配させていただきました。配送業者に不具合のあった商品をお渡しいただきますようお願い申し上げます。

会社としての今後の対応

従来、弊社では製品のチェック、配送管理には十分配慮しておりますが、今回の件につきましては、到着した商品を徹底的に調査し、解明いたします。今後は、二度とお客様にご迷惑をおかけしないよう今まで以上に最新の注意を払って、商品作りをしていく所存です。

どうか今後とも変わらぬご愛顧をいただければ幸いです。

敬具

ポイント！

・何についてお詫びをしているのかを明確にする
・「返品をお願いする」「代替品を送る」など、その後の手順をきちんと説明する
・発生したトラブルに対し、会社としてどのような対応をしていくかを記載する

テンプレート4　督促状

何についての督促なのかを明確に記載。相手側に問題があるとはいえ、責めるような言いまわしはしないこと。行き違いの可能性もあるので、ことわりの一文は必ず入れる。

件名は「お願い」

平成○○年○月○日

株式会社○○○○
○○○○部 ○○課
○○○○様

○○○○株式会社
○○○○部 ○○課
佐藤学

督促の内容

代金ご送金のお願い

拝啓　平素は格別のご愛顧を賜り、厚く御礼申し上げます。

さて、00月00日付にてご請求させていただきました弊社の商品「○○○○」の品代、金○○万円也がお支払い期限の○月○日を過ぎても、ご入金の確認ができておりません。何らかの手違いかと思われますが、至急、ご確認お願いいたします。

万一ご送金がお済みでない場合は、00月00日（水）までに品代のご送金をお願いしたいと存じます。

相手がとるべき手順

なお、本状と行き違いにご送金いただいた場合は、何卒ご容赦ください。

まずは取り急ぎお願い申し上げます。

敬具

行き違いのときのためのことわりの一文

ポイント！

- 件名は「お願い」とし、相手を責めるような言いまわしはしない
- 日時や金額等を明記し、何について督促しているのかを伝える
- 相手がするべき対応の手順を説明し、日付（締め切り）も必ず記載する

テンプレート⑤　お礼状

一対一の個人相手の手紙なので、時候のあいさつなどを使っててていねいな文章にする。具体的なエピソードを織り交ぜ、感謝の気持ちを伝える言葉をきちんと文章に入れよう。

頭語と時候のあいさつ

拝啓　盛夏の候、ますますご健勝のこととお慶び申し上げます。平素よりお力添えを賜りありがとうございます。厚く御礼申し上げます。

お礼の内容

　先日は、御社の製品工場を見学させていただき、ありがとうございました。厚く御礼申し上げます。実際の現場を目の当たりにして、これまで知らなかったことが多かったことを痛感しました。

感謝の気持ちを伝える

　このような貴重な体験ができたのも、ひとえに鈴木様のおかげです。お忙しい中、ご尽力いただけましたことを深く感謝いたします。

末文

　今後ともよろしくご指導のほど、お願いいたします。

結語

敬具

平成〇〇年〇〇月〇〇日

株式会社〇〇〇〇
〇〇部　佐藤学

株式会社〇〇〇〇
〇〇部　〇〇課
鈴木和夫様

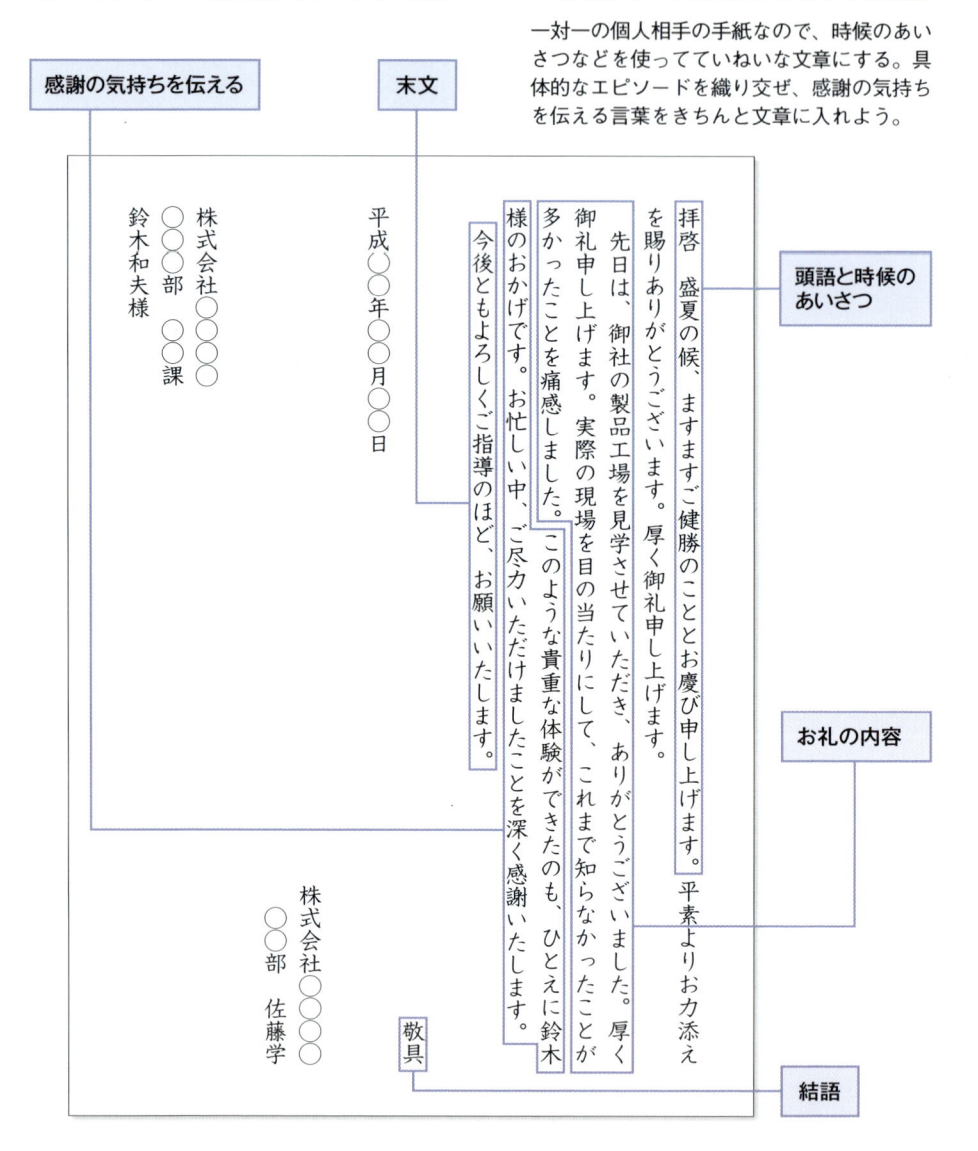

ポイント！

- 何についてのお礼なのか、具体的なエピソードを入れて説明する
- 相手への感謝の気持ちを伝える言葉をはっきりと文章に入れる
- 本文の最後は、末文と頭語に対応する結語で終わらせる

テンプレート⑥　異動のあいさつ

「お礼状」と同様、個人相手の手紙なので、時候のあいさつなど、手紙の基本ルールを守りきちんとした文章を。文書のみであいさつする場合は、ことわりの一文を入れること。

拝啓　早春の候、日ごとに春めいてまいりました。皆様にはますますご健勝のこととお慶び申し上げます。

さっそくですが、私こと、

このたび横浜本社広報部勤務を命ぜられ、四月一日に着任いたしました。

大阪支社広報部在任中はひとかたならぬご厚誼を賜り、心より感謝しております。

昨年の商品発表会の際には、鈴木課長にも大変なお力添えをいただき、本当にありがとうございました。突発的なトラブルに対して冷静に対応する課長の姿を見て、その後の仕事にリラックスして取り組めたことを覚えています。

横浜本社におきましても、今まで以上に業務に精励する所存です。今後とも変わらぬご指導ご鞭撻をたまわりますようお願い申し上げます。

まずは略儀ながら書中をもってご挨拶申し上げます。

敬具

平成○○年○○月○○日

株式会社○○○○
○○部　佐藤学

株式会社○○○○
○○部　○○課
鈴木和夫様

新しい勤務先の詳細

自分のことは行末から書く

具体的なエピソードを入れて気持ちを伝える

文書であいさつすることへのことわりの一文

ポイント！

・新しい勤務先、部署名、日付など、異動の内容を記載する
・自分のことについて述べる文章は行末から書きはじめる
・感謝の気持ちを具体的なエピソードを挙げて書く

Column

手紙を書くときの用具の選びかた

ビジネスシーンで手紙を書くときは便せんや封筒、ペンなど使用する用具にも気を配ろう。

正式な手紙のときに使う便せん

白無地

白無地は付属の下敷きを使ってきれいに書く。縦罫線は線があまり細かくないものを。

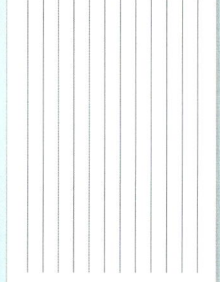

白無地・縦罫線

便せん

正式な手紙を書くときは縦書きにするのがマナー

手紙を書くときは縦書きの便せんを使うのがマナー。横書きの便せんや絵柄の入ったものは、親しい間柄のときに使うものなので、ビジネスシーンには向いていない。色は無地が基本だが、淡い色であれば色つきの便せんを使ってもOK。

ポイント！

- 横書きや色つき、絵柄つきのものは親しい間柄の相手のときに使う
- 淡い色のカラー便せんなら改まった相手に使ってもOK

筆記用具

通常の手紙は毛筆か万年筆で

筆圧によって字の表情が変化する筆記用具で書くのがルール。仕事用に万年筆を１本持っておきたい。筆ペン、毛筆は書くのに手間がかかるが、礼儀正しい印象を与えられる。

筆圧の強弱で表情豊かな字が書けるものを！

万年筆

筆ペン

毛筆

白無地の和封筒

幅広く使える定番の封筒

茶封筒

納品書や請求書など事務に使う

封筒

白無地の和封筒・洋封筒が基本 茶封筒は事務的な内容のときに

手紙は基本的に白無地の和封筒を使っておけば間違いがないので安心。カードや招待状などの場合は白無地の洋封筒で。茶封筒は納品書や請求書など実務的な内容の郵便物を送るときに使う。

白無地の洋封筒

カードや招待状を送るときに！

実力が試される勝負の場でチャンスをつかむ

会議と
プレゼンテーション編

上司をバックアップ
会議の準備のサポート

Lesson

ケース１

会議室の予約、スケジュール調整を担当した

会議の準備の流れ

1 会議の目的を明確にする
参加者に的確な案内ができるように、会議の目的を確認しておく。

2 日時と場所を決める
参加者の都合を聞いて日時を確定。会議室も忘れずに予約しておこう。

3 参加者に連絡する
案内状を作成して参加者へ配布する。送付後は電話でフォロー。

4 出欠の確認をする
会議の数日前、返事がきていない参加者に電話。出欠の最終確認を。

5 会議室の準備
人数に応じてテーブルやイスをセッティング。掃除もしておこう。

ただ予約や調整をすればいいという考えではダメ。会議の内容をきちんと把握し、有意義な会議にするためのサポートにまわろう。

会議に必要なもの

資料
参加する人数分＋２部（予備）程度用意する。

機材
パソコンやプロジェクターなどの機材。

飲み物
参加する人数分の飲み物（お茶など）を確保。

柔軟に対応できるように余裕を持たせた準備をする

経験の浅い社員が、いきなり会議の仕切りをすべて任されるということはほとんどありません。最初のうちは、上司や先輩のサポートにまわり、その準備の仕方を少しずつ覚えていくことが多いでしょう。ここではサポート役として任されることが多い仕事を3つのケースに分類して解説しています。それぞれの仕事の内容を理解していくことで、会議の準備の全体像が見えてくるはずです。

当日になって参加者が増えたり、スタート時間が遅れたりなど、予定通りにならないこともあります。資料や飲み物、イスなどは多めに用意し、会議室の使用時間も長めに予約するなど、余裕を持たせた準備をしておくと安心です。

レベルアップ!

【効率】★★★
【スキル】★★★★
【信頼度】★★★

ケース2

資料作成を担当した

資料は会議を円滑に進めるための必須アイテム。わかりやすくまとめて、参加者全員が情報を共有できるようにする。

〈資料を作成する際の注意点〉

■要点を簡潔にまとめる

短時間で確認できるように要点をまとめ、Ａ４サイズ３枚程度の紙にまとめる。

■用紙のサイズを揃える

用紙のサイズは統一する。１人分のセットをクリップなどでまとめておこう。

■資料の扱いを記載する

「部外秘」「社外秘」など資料の扱いを明確に記載する。情報漏えいを防ぐ。

ケース3

資料のコピーを担当した

コピーに失敗すると時間も紙も無駄になってしまう。下記で挙げているポイントを確認してからコピーしよう。

〈コピーをする際の注意点〉

■コピーは必ず原本からとる

孫コピーは文字がかすれて読みにくくなる。コピーは必ず元の原稿からとろう。

■コピー機の汚れに注意

コピーをとる前に、コピー機の読み取り面に汚れがないかをチェックしておく。

■原稿のセットは慎重に！

原稿をセットする位置や向きなどをきちんと確認してからスタートボタンを押す。

スキルアップのポイント

会議が始まる前にこれだけはしておこう！

参加者として会議に出席する場合も事前の準備が大切です。会議を有意義なものにするため、参加者としてのルールやマナーをきちんと守りましょう。

資料を読んでおく 事前に資料が配布された場合は、しっかり読んで、その要点を頭に入れておきましょう。	**意見をまとめておく** 案内や資料を参考に、自分の意見をある程度まとめておきます。参加する意識が大切。
開始5分前に着席 開始時間の５分前には着席。早めに会議室に入って、準備を手伝うぐらいの気持ちで。	**携帯電話を切る** 会議中に電話が鳴ると、進行の妨げに。入室したら、マナーモードか電源をオフにする。

自分を成長させる聞きかたと発言のしかた

会議に参加するときの心がけ

Lesson

話を聞くときの4つの心得

自分が発言していなくても会議に参加しているという意識を。発言者が気持ちよく話ができるように、いい雰囲気を作るのも参加者の役目だ。

1 背筋をきちんと伸ばして正しい姿勢で話を聞く

ほかの人が発言しているときは、姿勢を正して聞くこと。腕や足を組んだり、頬杖をついたりするのはやめよう。

2 話を聞きながらメモを取り内容を理解する

要点やキーワードはその都度メモすること。自分が発言するときのために、話の内容をきちんと理解しておこう。

3 相手の発言に対してリアクションをとる

うなずくなどのリアクションをとることも大事。真剣に聞いている姿を見せれば、発言者も気持ちよく意見を言える。

4 離席する必要があるときは相手の発言が終わってから

会議中の離席はNG。だが、やむを得ない事情があるときは、話が終わったあと、断りを入れてから、静かに中座する。

真剣に話を聞くことで意見が言えるようになる

はじめて会議に参加するときは、その雰囲気に慣れていないこともあり、積極的に発言するのは難しいと思います。最初のうちは聞き役になってしまうのもしかたがないでしょう。ですが、ただ話を聞いているだけでは、その先には進めません。発言者の意見に対し、真剣に耳を傾け、その内容をきちんと理解することが大事です。参加者としての意識を強く持って、会議に臨めば、次第に自分の意見が言えるようになるはずです。

発言するときは、人の話をさえぎったり、議題から大きくそれる意見を言ったりしてはいけません。会議が円滑に進むように、マナーを守って、自分の意見を言えるようになりましょう。

レベルアップ!

【効率】★★★

【スキル】★★★★

【信頼度】★★★

発言するときの5つの心得

会議での発言は、自分の存在をアピールできる絶好のチャンス。一方で、マナーを守って発言しないと評価が下がるので注意したい。

1 積極的に意見を言うようにしよう

話を聞いているだけでは、会議に参加している意味がない。意見があれば積極的に発言しよう。

2 承諾を得てから発言する

発言をするときは挙手をする。「よろしいでしょうか」と断りを入れ、許可を得てから発言する。

3 人の話の途中で発言しない

ほかの人が発言中に途中で割り込んではダメ。発言者の話が終わってから、意見を述べる。

4 議題からそれる発言は控える

議題とは関係のない話は進行の妨げになる。会議の流れに沿った発言をしよう。

5 意見を言うときは結論から述べる

意見を言うときは、先に結論を述べてからその理由を説明。余計な言葉は省き、端的に話そう。

スキルアップのポイント

会議に役立つメモテクニック

発言者の言葉をただ記録するだけでは、書くことが目的になってしまい、話の内容が頭に入ってきません。左で紹介しているテクニックを使って、その要点だけをメモしていくようにしましょう。

5W1Hを意識する

メモを取るときは5W1H（78ページ参照）を意識するとわかりやすく記録できます。

日付を入れる

会議中に書いたメモは、後日見返すこともあります。会議の日付を記載しましょう。

赤ペンを使う

赤ペンで重要なポイントをチェックしておけば、話の要点が見えてくることも。

図解を入れる

丸で囲んだり、関係性を矢印でつないだりすると、視覚的に内容を理解できます。

決定事項と課題を共有する
議事録作成の基本と注意点

Lesson

議事録作成から配布までの流れを知る

議事録を作成するときの注意点

記載するべき内容は下の5つが基本。その他の記載事項については、あらかじめ上司に相談しておくと安心。

〈記載するべきこと〉

- 会議名称・日時
- 作成日・作成者の名前
- 決定事項
- 持ち越しとなった議題
- 今後の予定

会議に参加する

会議中はメモまたはパソコンを使って参加者の発言を記録する。念のため、ICレコーダーで録音しておくこと。

↓

議事録を作成する

会議中のメモや資料をもとに議事録を作成。左で紹介している注意点に気をつけて、必要事項をまとめよう。

↓

上司の承認を得る

議事録ができたら、まずは担当の上司にチェックしてもらう。上司の承認を得られるまでは気を抜かないように。

↓

参加者へ配布する

参加者全員にメールなどで議事録を配布する。作成した議事録はきちんとファイルなどに入れて保管しておこう。

参加者全員が情報を共有するための文書

議事録とは、会議で決まったことや今後の課題などの情報を参加者全員で共有するために作成する文書のことです。少人数での簡単な打ち合わせを除き、ほとんどのオフィシャルな会議において議事録が必要になります。

議事録の作成は事前の準備が大切です。会議が始まる前に、資料に目を通し、議題や目的を把握。会議中の発言を記録するために、パソコンやICレコーダーも用意しておきましょう。

会社によってフォーマットが異なりますが、議事録はA4の紙1枚でまとめるのが基本です。会議中の発言をすべて記載することはできないので、要点をまとめてわかりやすく書きましょう。

レベルアップ!

［効率］★★★

［スキル］★★★

［信頼度］★★★

議事録の基本フォーマット

議事録

名称	新商品「○○○」開発会議
記載日	平成00年00月00日（水）
記載者	○○部　○○課　佐藤学
日時	平成00年00月00日（金）15：00～17：00
場所	本社8階　B-8会議室
出席者	○○部○○部長、○○次長 ○○部○○部長、○○次長、○○主任 ○○部○○部長、○○課長、○○リーダー
議題	＜議題＞ 開発中の新商品「○○○」のパッケージデザインについて、従来の商品にはないデザインにするため、その方法を検討した。 ＜おもな流れ＞ 1.○○部から商品の説明。 2.○○部よりパッケージ案の発表。 3.○○部よりキャラクターイメージの提案。
決定事項	・ベースとなるパッケージはC案に決定。 ・次回会議にまでに○○部がC案をもとにパッケージの試作品を作成。 ・マスコットキャラクターデザインは○○氏に発注。○○氏との交渉は○○部主導とする。
持ち越し事項	・取り扱いにおける安全面の配慮について ・製作コストの試算
備考	・○月中に次回会議を開催 ○○部の試作品が完成次第、日時を調整

鈴木		

- 会議の名称
- 議事録作成日と担当者の名前
- 会議が行われた日時と場所
- 会議に参加した人の部署名と名前
- 会議の内容とおもな流れを記入する
- 会議で決まったことを記入
- 結論が出なかった議題を書く
- 承認印を押す欄
- 今後の予定などの補足事項を入れる

まず目的と流れを理解する
プレゼンを行うための基礎知識

レベルアップ！

［効率］★★★
［スキル］★★★★
［信頼度］★★★

Lesson

何のためにプレゼンをするのか？

プレゼンテーション

情報を伝える
そのテーマに関連するデータや現在の状況などについて、情報を提供する。

相手を納得させる
集めた情報に基づく新たな提案をし、その必要性を聴衆に納得してもらう。

プレゼンで伝えること

商品の提案
自社商品を採用、購入してもらうためにその魅力を伝える。

企画の提案
新規事業など、新たにとり入れるべきアイデアを提案。

成果発表
研究・調査、取り組みなどで得られた成果を発表する。

自社のPR
強い分野や商品などを紹介し、自社の魅力をアピールする。

顧客獲得
自社と取引した際のメリットを提示。顧客になってもらう。

プレゼン能力は さまざまな場面で必要になる

現代のビジネスパーソンに強く求められているスキルのひとつが、プレゼンテーション（プレゼン）能力です。自社の商品やサービスの情報をわかりやすく伝え、聞き手を納得させるプレゼンができれば、あなたの評価もアップするでしょう。

プレゼンの基本的な流れは次ページの通りです。簡単な自己紹介から始まりプレゼン本題へ、質疑応答の時間をはさんで、最後はあいさつで締めます。

プレゼンは通常、商品やサービスの提案などの際に行うケースが多いですが、顧客の獲得や自社のPR、成果発表などさまざまな場面で必要になります。一人前のビジネスパーソンになるために、プレゼン能力を鍛えましょう。

プレゼンの流れ

あいさつ・自己紹介

まずは大きな声であいさつ。その後、所属部署や名前、自分に関する簡単なエピソードを30秒程度で話す。第一印象を大切に！

本題

ここからプレゼンの本題に入る。聞き手を飽きさせないために、構成と展開（170ページ参照）に注意して話を組み立てていこう。

質疑応答

想定される質問に対しては、あらかじめ回答を用意をしておく。否定的な意見があっても謙虚に受け止め、感情的にならないこと。

締めくくりのあいさつ

クロージングでインパクトを与えると強い印象を植えつけられる。聴衆の頭に残る、ひねりの利いたフレーズなどを用意しておきたい

check
基本の流れをベースにプレゼンを行おう

check
下を向かずに聞き手を見て話をする!

スキルアップのポイント

一対一のプレゼン力も鍛えておこう！

営業活動や面接試験など、一対一で商品や自分をアピールするのも、プレゼンのひとつです。相手の反応に合わせて対応できるので、多人数相手よりもやりやすいはず。一対一で経験を積み、プレゼンの基本を身につけましょう。

伝える相手に応じた方法を考える

プレゼンに必要な準備

Lesson

準備1 目的をはっきりさせる

最初にすべきなのは目的や理由をはっきりさせること。「なぜ、プレゼンをするのか？」「商品のどこをアピールするのか？」「顧客に対して何を伝えたいのか？」など、プレゼンの骨格となる部分をはっきりさせる。ノートなどに書きとめて整理しよう。

考えるべきこと（例）

- ・なぜプレゼンをするのか？
- ・アピールするポイントは？
- ・何を伝えたいのか？

準備2 伝える相手を分析する

プレゼン対象となる相手を分析する。年齢や業種、興味を持っていること、知りたいことなど、聴衆を分析することで、どのようなプレゼンをすべきかが見えてくる。専門的な分野のプレゼンをする場合は、聴衆の知識レベルをどこに設定するかも重要になる。

考えるべきこと（例）

- ・相手の年齢や業種
- ・相手が知りたいこと
- ・相手が興味を持つこと

準備3 プレゼンの方法を考える

目的と伝える相手がはっきりしたら、具体的なプレゼンの方法を考える。プレゼンのテーマを決めて、商品や企画のどのようにしてアピールするべきかを確定させる。説得力を増すためにはテーマに沿ったデータも必要。事前に調査・分析をしておくこと。

考えるべきこと（例）

- ・プレゼンのテーマの決定
- ・テーマに沿った調査・分析
- ・プレゼンのシナリオ作り

いかにして聴衆に興味を持ってもらうか？

プレゼンの準備で、もっとも大切なのは資料作りです。プレゼンの基礎となり、シナリオとなる資料がきちんとできていないと、いいプレゼンはできません。テーマやアピールするポイント、見せ方など、資料作成において重要な点はいくつかありますが、一番大切なことは「どうすれば相手に興味を持ってもらえるか」ということ。そのことを第一に考えて、資料を作りましょう。

資料はパソコンで作成し、当日までに必要な部数をコピーしておきます。内容によってはプロジェクターなども使い、専用の資料を別途作成する必要があるかもしれません。プレゼンの規模や内容に応じて、準備しておきましょう。

レベルアップ!

【効率】★★★★

【スキル】★★★★

【信頼度】★★★

プレゼン資料作りのコツ

箇条書きを基本にしてわかりやすく
プレゼンの資料は文章よりも箇条書きを多く使って構成。ポイントを絞って、シンプルに記載する。

文章は短くできるだけ簡潔に
長い文章は読むのに時間がかかり、要点もわかりづらい。文章はできるだけ短くすること。

先輩のフォーマットを参考にする
ゼロから作るのは難易度が高い。最初は先輩の資料を見本にして、自分なりにアレンジしよう。

ビジュアルを効果的に入れる
相関図やフローチャートなどの図解、またはイメージカットなど、ビジュアルを効果的に入れると見た目がよくなる。

データを入れると説得力が増す
データなどを入れるとプレゼンに説得力が増す。データはできるだけグラフ化して、ひと目でわかるようにしておきたい。

強調したいところは太字にする
強調したいところは太字やアンダーラインなどを入れると効果的。見た目にも変化がつけられる。

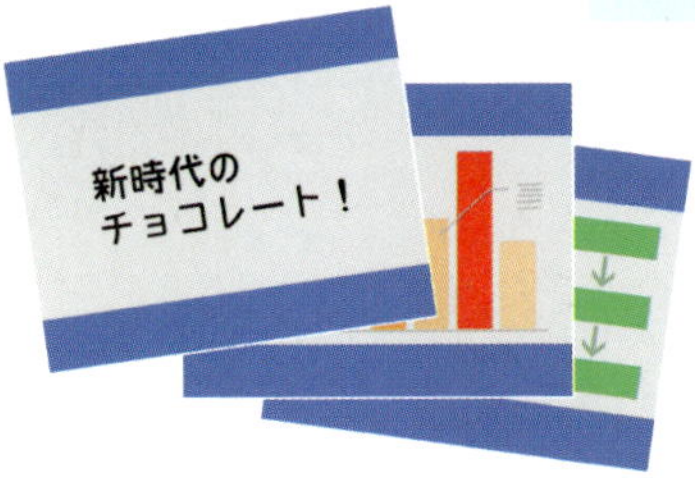

check
量より質が大事！
相手に伝わる
資料を作ろう！

必要以上に色を使いすぎない
使っている色があまりにも多いと、煩雑で落ち着かない。テーマカラー＋2～3色ぐらいの色数に。

効率アップのポイント

パソコンや機材を準備してわかりやすいプレゼンを
どんなにプレゼン上手な人でも、配布資料と言葉だけでは限界があります。パソコンやプロジェクターなどのツールを活用すれば、わかりやすいプレゼンができます。プレゼンの準備をする際はこれらの機材のことも考えておきましょう。

プレゼンのためにに用意しておくもの

プロジェクター
聞く相手が多いときに便利。プロジェクターの写りを意識して、資料を作成すること。

レーザーポインター
プロジェクターなどで注目してほしいポイントに、聴衆の視線を誘導できます。

パソコン
プレゼンには欠かせない機材。プレゼン用ソフトや動画ソフトを中心に活用しましょう。

おもなソフト
- プレゼンテーションソフト
- ワープロソフト
- 表計算ソフト

相手を夢中にさせるシナリオを作る

プレゼンの構成と展開

Lesson

プレゼンを構成する要素

実例・事例
実例や事例など、具体的に例を出して説明すると説得力が増す。

現状・背景
プレゼンのテーマに関連するものの現在の状況や背景などを入れる。

プレゼン

結論
何を求め、何をしたいのか。結論としてきちんとまとめておく。

理由・説明
今回の提案する内容に至った、理由や説明をきちんと盛り込む。

構成と展開の基本を知り話の進め方を考える

聞き手を夢中にさせるプレゼンを行うためには、話の構成と展開について、その基本を学んでおくことが大事です。

プレゼンに必要な構成要素として代表的なものは上記の４つです。これらの要素をきちんと入れておけば、わかりやすく説得力のあるプレゼンができます。

プレゼンの展開、すなわち構成方法にも工夫が必要です。プレゼンの構成方法としては、「ホールパート法」「ＰＲＥＰ《プレップ》法」「時系列法」などが一般的。提案内容や対象に応じて使い分けましょう。

最初のうちはゼロから考えるのは難しいでしょう。先輩のプレゼンを参考に、これらの構成と展開を意識して、自分流にアレンジしていきましょう。

レベルアップ!

［効率］★★★

［スキル］★★★★

［信頼度］★★★

覚えておきたい！ 3つの構成方法

ホールパート法

テーマに沿った形で複数の情報を伝えられる

複数の情報をまんべんなく伝え、関連するテーマでまとめる構成方法。最初に「本日は弊社の商品を3つ紹介いたします」と切り出してから、それぞれの商品を紹介。最後に「この商品ラインナップで弊社は年末商戦に挑みます」と締めくくる。シンプルな構成で、聞き手も理解しやすいのが特長。

例

- **全体** 「本日は、弊社の新商品を3つご紹介したいと思います」
- ↓
- **部分** 「1つ目は……」「2つ目は……」「3つ目は……です」
- ↓
- **全体** 「この商品ラインナップで弊社は年末商戦に挑みます」

PREP法

結論を繰り返して強いインパクトを与える

結論を先に訴え、そのあとに理由や事例を挙げていくスタイルで、プレゼンではよく使われている構成。最初と最後に結論を入れ、繰り返し強調することで、聞き手の印象に残る、インパクトの強いプレゼンができる。提案を強く勧めたいとき、相手の考えやイメージを変えたいときなどに向いている。

例

- **結論** 「Aを商品ラインナップに加えたいです」
- ↓
- **理由** 「なぜなら、Aのような商品は現在市場にないからです」
- ↓
- **事例** 「例えばBという商品は○○という要素が欠けております」
- ↓
- **結論** 「だからAという商品が必要なのです」

時系列法

時系列に沿ったストーリー性のある構成

時系列に沿って「過去」「現在」「未来」と順に説明していく構成方法。最初に過去の状況を説明し、次に現状はどうなのかを解説。最後に今後の流れを予測して、最終的な結論に結びつけます。時間の流れに沿って、提案した理由と結論がきれいにまとまるので、聞き手の頭の中にもすんなり入る。

例

- **過去** 「かつてAは人気がありませんでした」
- ↓
- **現在** 「その後、徐々に知名度を上げ、Aは定番商品となりました」
- ↓
- **未来** 「Aに新要素を追加すれば、さらに人気を獲得できるでしょう」

伝えたいことを整理して見せる
プレゼンで役立つ図解テクニック

レベルアップ!

[効率] ★★★

[スキル] ★★★★★

[信頼度] ★★★

Lesson

伝える技術が身につく6つの図解

こんなときに使おう!
- 商品群を整理する
- 目的への手段を細分化
- 組織を説明する

1 ツリー型
階層構造や分類を示す

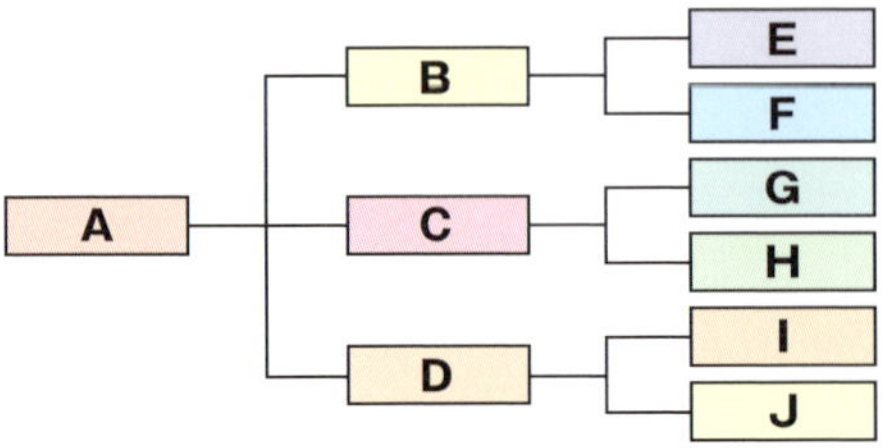

商品をカテゴリーごとに分類したり、組織の階層構造などを表現したりしたいときによく使われているパターン。上記以外にも、目的への手段を細分化して、具体的な方法へ落とし込む際など、幅広い使い方ができる。

こんなときに使おう!
- 複数の商品を比べる
- 異なる戦略の長所と短所を比較する

2 マトリクス型
要素を整理して比較する

	A	B	C	D
1	A1	B1	C1	D1
2	A2	B2	C2	D2

複数の商品を比較するのに便利な図解。縦軸と横軸に異なる項目を設定し、交差した部分に評価やデータを入れる。単なる表組みだと思いがちだが、入れる項目を工夫すれば、おもしろい図解ができる。

図解を使って ワンランク上のプレゼンを

プレゼンでは伝えたいことを文章や箇条書き、ときにはデータを用いて、説明していきます。ただし、それだけでは取り上げた要素の関係性などをうまく説明することができません。言葉で補足するやり方もありますが、その場合は、聞き手が頭の中で一度整理する必要があるので、伝えることが多いと、どうしても難解なプレゼンになってしまいます。

そこで覚えておきたいのが、図解による表現方法です。図解をうまく活用していけば、自分の考えや提案を素早く、わかりやすく相手に伝えることができます。ここで紹介している、6つの図解を駆使して、ワンランク上のプレゼンに挑戦してみてください。

3 サテライト型

要素の相互関係を示す

独立した要素が3つ以上あり、互いに対等な関係で均衡を保っているケースに使われる。商品コンセプトや戦略の柱などを表現するときに使用するといい。

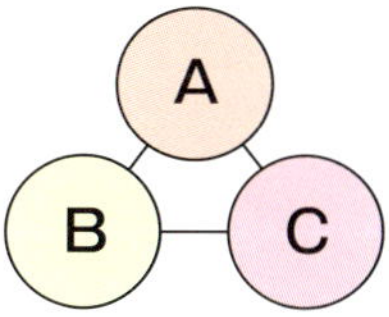

こんなときに使おう!
- 紹介する商品のコンセプトを説明する
- 戦略の柱となる要素を提示する

4 サイクル型

循環するプロセスを示す

何度も繰り返されるプロセスを表現するときに使われるパターン。繰り返すことで、その質が高められていく好循環のモデルケースを表わしたいときに便利な図解だ。

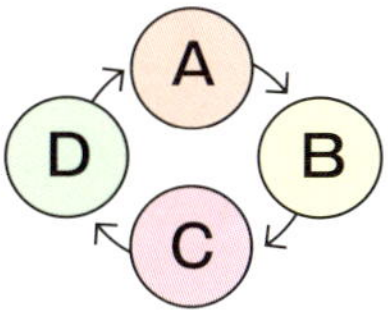

こんなときに使おう!
- 好循環となるモデルケースを紹介する
- 改善するためのプロセスを整理

5 フロー型

時系列で流れを示す

時間の流れにそってそのプロセスを表現したいときに使われる図解。左から右、上から下へと流すのが基本。分岐したり、同時並行したりして自由なアレンジができる。

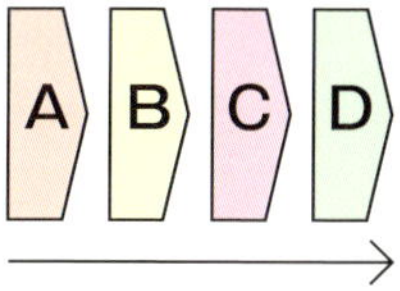

こんなときに使おう!
- 消費者の行動モデルを検証する
- 戦略の流れを明確化する

6 グラフ型

統計データから一定の傾向を表す

特定の要素に対して、過去の統計データをベースにその傾向を示す図解。下の例のようにデータから均衡点を見せるなど、ポイントがわかるように工夫しよう。

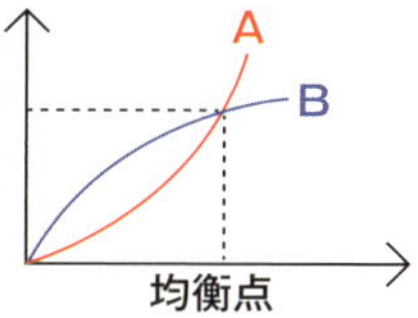

こんなときに使おう!
- 競合商品と自社製品の売上を比較する
- 損益分岐点を明示する

スキルアップのポイント

図解でメモする習慣がアイデアを生み出す

メモを取るときも図解を活用すると情報をうまく整理できます。打ち合わせのとき、仕事のアイデアがわいたときなど、図解を使ってメモする習慣をつけましょう。その案件の全体像や矛盾点などを素早く見つけることができます。

図解メモのメリット
- 話の全体像が見えるようになる
- 情報を素早く整理できる
- 矛盾点や足りない部分がわかる

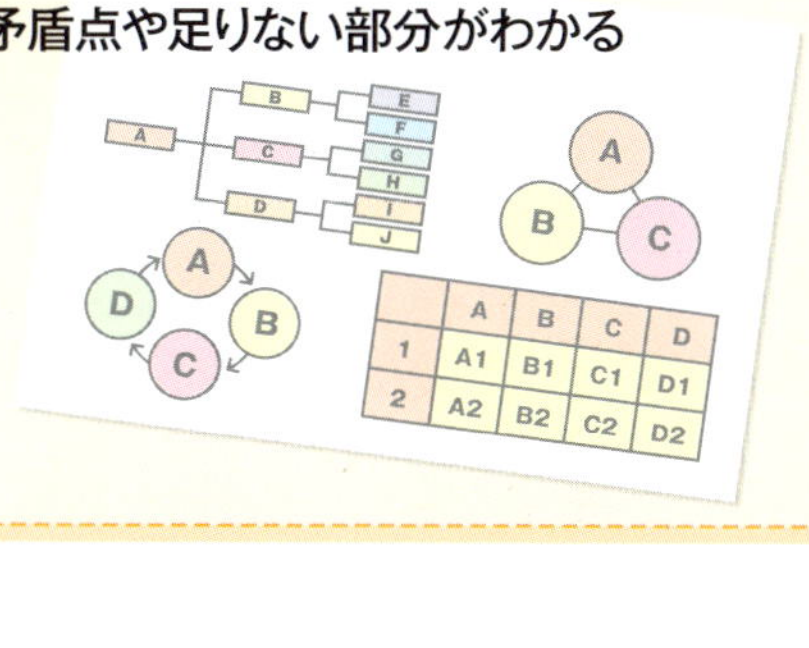

本番の心得とテクニック

プレゼンを成功させる秘訣

Lesson

説得力をアップさせる本番時の心得

背筋を伸ばして大きな声で発言する

背中を丸め、小さい声でボソボソと話すと、相手も聞き取りにくく、自信がなさそうに見える。背筋をしっかりと伸ばして、大きな声で話せば、自信に満ちた印象を与えられる。

遠くに目線をおくと堂々とした印象に

聴衆の前列ばかりを見ていると、どうしても伏し目がちになり、自信がなさそうに見えてしまうので注意。遠くに目線をおけば、自然にあごが上がり、堂々とした雰囲気になる。

専門用語は控えめにわかりやすく説明する

専門用語や難しい言いまわしは極力使わないこと。もし、発言した言葉に対して聴衆の反応が悪いときは、少しレベルを下げて、相手が理解できる言葉で説明していこう。

check
会場全体を見渡しながら話をしよう！

現場の空気を察知して柔軟に対応する

プレゼンに向けて準備をきちんと行っても、本番での態度や進め方が悪ければすべてが台無しになります。ここで挙げているプレゼンの心得をしっかりと頭に入れておき、本番に臨みましょう。

プレゼン中は、自分が聴衆の目にどう写っているかを意識すること。段取り通りに進めることに夢中になってしまい、早口になったり、下を向いて話をしたりしてはいけません。きちんと姿勢を正し、会場全体を見渡しながら、ゆっくりと話をすれば、堂々とした頼もしい印象を与えることができます。事前に決めた段取りはあくまで指針となるものでしかありません。会場の空気を敏感に感じ取り、臨機応変に対応していきましょう。

レベルアップ！

［効率］★★★

［スキル］★★★★★

［信頼度］★★★

相手を夢中にさせるプレゼンテクニック

聞いている人の様子を見て柔軟に対応する

プレゼンでは聞いている人の様子を観察することも忘れないように。聞き手が話に興味を持っているか、いないのかをチェックして、臨機応変に対応していこう。

■話に興味を持っている人

特徴

- 発言者を見ている
- うなずいている
- 笑顔で話を聞いている

↓

対処法

質問を投げかけるなど、味方につけることで、プレゼンの場がさらに盛り上がる。

■話に興味を持っていない人

特徴

- よそ見をしている
- ぼんやりしている
- 時計を見ている
- 落ち着かない

↓

対処法

その話題を早めに切り上げるなどして、変化をつける。自分に注目させよう。

オープニング＆クロージングにも力を入れる

本題ばかりに目が行きがちだが、オープニングやクロージングも大事な時間。オープニングで聴衆の心をつかみ、クロージングでインパクトを残せるように工夫しよう。

クロージング

クロージングは、プレゼン全体の印象を左右するポイント。印象的なフレーズやユーモアのある話で終えると、インパクトが強くなる。

オープニング

オープニングは自分のスイッチを入れる意味でも、元気な声であいさつ。明るくハキハキと話をすれば、聴衆も注目してくれるはず。

スキルアップのポイント

本番前にリハーサルを行おう

本番でどのようにプレゼンが進行していくのかは、頭の中でイメージしただけではわかりません。先輩や同僚に聴衆役を頼んでリハーサルを行うといいでしょう。問題点があれば指摘してもらい、プレゼンの完成度を高めていきます。

スキルアップ講座4

失敗しない商談のコツ

ビジネスシーンには欠かせない商談のコツをレクチャーする。

～商談の基本的な流れ～

あいさつ
まずは明るくあいさつ。自分に対してスイッチを入れる意味でも元気に。

↓

雑談
いきなり本題には入らず、雑談などで、ウォーミングアップ。場を和ませる。

↓

本題
「ところで、本日お伺いいたしましましたのは……」と切り出して本題へ入る。

↓

まとめ
今回の商談の決定事項を確認。次回までにこちらがすべき課題なども整理する。

商談は場数を踏むことが大事 経験を積むことでうまくなる

商談の経験が少ないうちは、緊張して上手に話せなかったり、雰囲気に呑まれて自分の力を出し切れなかったりするのも当然です。商談は場数を踏んで、経験を積むことで少しずつうまくなっていくもの。慣れないうちは、正確に内容を伝え、相手の意見にきちんと耳を傾けることを意識しましょう。経験を積んで、少しずつ商談の進め方がわかってきたら、ここで挙げているコツを参考にスキルを磨いていきましょう。

商談のコツ 1 簡単な雑談で場の空気をやわらげる

雑談に適した話題と例

〈季節や天気〉
「最近はとても暑くて、
夜も寝苦しくなりましたよね」

〈ニュース〉
「○○○が流行っているみたいですが、
ご存じですか?」

〈健康〉
「私も今年から花粉症に
かかるようになったんです」

〈旅行〉
「この季節は○○○の紅葉が
見ごろですよね」

〈出身地〉
「私は新潟県出身なので、
お米には目がないんです」

いきなり本題に入るよりも、最初は雑談をして相手との距離を少しでも縮めておけば、その後の商談もスムーズに進められる。左のような話題を提供して場の空気を温めよう。このときに出た話題を覚えておき、後日またそのキーワードを持ち出せば好感度もアップする。

商談のコツ 2 相手に信頼される商談のしかた

商談を成功させるためには、相手に信頼されることが大事。提案内容を論理的にわかりやすく説明し、相手に敬意を持って接しよう。また提案に関する豊富な知識を持つことも、相手から信頼を得るための重要なポイントのひとつ。事前にしっかりと頭に入れておこう。

ポイント1 こちらの提案内容を明確に伝える

商談相手と直接話せる時間には限りがある。短い時間で相手を説得するためには、こちらの提案内容を素早く明確に伝えることが大事だ。下で挙げているポイントに注意して、説明することを心がけたい。

■要点をまとめて説明する

思いつくままにダラダラと説明していては、相手も話が見えてこない。提案の要点をまとめて、わかりやすく説明しよう。

■提案する理由を述べる

提案とともに、必ずその理由を説明すること。「なぜ、その提案をするのか？」をはっきりさせないと説得力がない。

■実例を挙げて話をする

内容を説明するときは、実例を挙げると理解しやすい。「新商品は○○ができるようになりました」など具体例を出そう。

ポイント2 相手の表情を見ながら話をする

商談中は、相手の表情やしぐさにも気を配ること。「話を理解しているか？」「意見を言いたがっていないか？」など、相手の気持ちを感じ取り、その後の説明のしかたや商談の進め方を微調整しよう。

ポイント3 押すところは押す 引くところは引く

こちらの提案を積極的にアピールすることは大切なことだが、ときには相手が意見を言いやすいように「引く」ことも大事。一方的に話し続けるのではなく、適度な間を作って相手にスキを与えることも大事だ。

ポイント4 重要な事柄に関しては復唱する

料金や納期、契約内容など、重要な事柄に関しては、その都度、復唱して相手に確認をしておく。言ったこと、聞いたことに対して、認識のずれがあると、後々トラブルに発展することもあるので注意しよう。

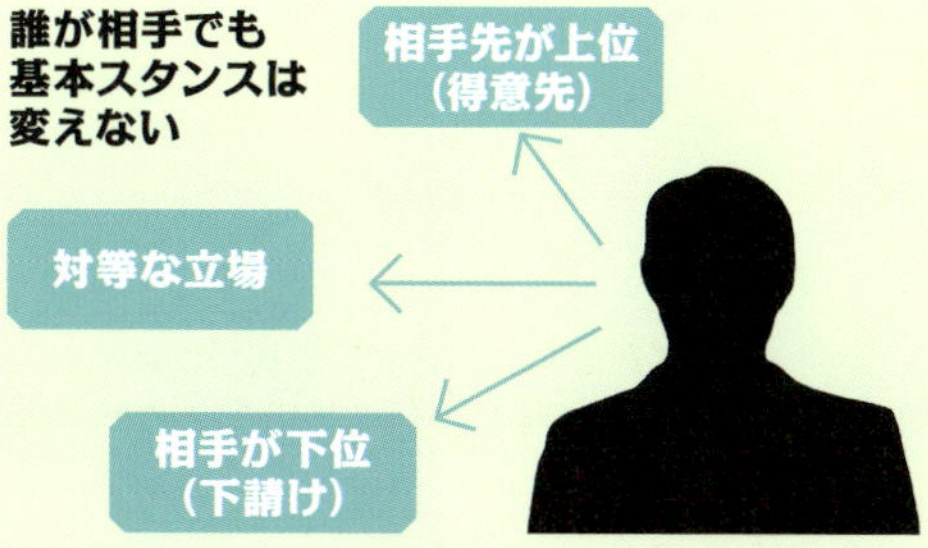

相手の立場が下だからといって横柄な態度をとってはダメ！

商談相手が下請けの会社などの場合、どうしても相手を見下したような態度で接してしまいがち。だがそれは大きな間違い。交渉はあくまで仕事を円滑に進めるためのもの。上下関係は必要ない。相手が得意先であろうが、下請けであろうが、いつも同じスタンスで接すること。

商談のコツ 3 聞き上手になることが成功の秘訣

相手に意見を言うチャンス与えず、自分だけが一方的に話をしていては、コミュニケーションが成り立たない。もちろん、自分の意見を言うことも大切だが、ときには聞き上手になることも忘れないように。相手が気持ちよく意見や要望を言える雰囲気を作り出せば、双方の意見が噛み合った理想的な商談にすることができる。

ポイント1 相手の考えや要望をきちんと聞き出す

立場の違いなどの理由から、ときには相手も言い出しにくいことがあるかもしれない。相手の表情を見て、何か言い足りないような様子をしていたら、「何か問題点がございますか？」と、こちらから質問して誘導して、言葉を引き出そう。双方が納得した形で進めるのが商談の基本だ。

ポイント2 相手の話には適度に相づちをうつ

相手が話をしているときは、適度に相づちをうつようにしよう。相手の話に対してこちらが反応することで、「真剣に話を聞いている」というイメージを与えることができる。相づち以外にも「そうですね。ごもっともです」「おっしゃる通りです」などのフレーズを入れるのも効果的だ。

ポイント3 相手の意見を一方的に否定しない

相手の意見に対しては、一方的に否定しないこと。商談はあくまでも「お互いの意見をすり合わせて、双方にとって有益な形にする」のが目的。自分の意見だけを押しつけるのはやめよう。ただし、相手が無理難題を言ってきたら話は別。きちんと事情を説明して、相手に譲歩してもらおう。

ポイント4 相手の話をさえぎらない

相手が話をしているときに、それをさえぎって発言してはダメ。これは商談にかぎらずコミュニケーションの基本。意見や質問などがある場合は、必ず相手の話が終わってから発言するようにしよう。

ポイント5 メモを取りながら話を聞く

商談中はメモを取ること。重要なキーワードが出たら、それを書き留めておけば、話の内容を整理して考えられる。また、「メモを取る」行為は相づちと同様、「真剣に話を聞いている」というアピールにもなる。

ポイント6 話が脱線したらさりげなく軌道修正

活発に意見交換をしていると、ときには話が脱線してしまうことも。商談の時間は限りがあるので、「とてもいいお話ですが、まずは○○の件をまとめましょう」などと言って、さりげなく軌道修正しよう。

商談のコツ 4 商談の成果をまとめて次につなげる

商談が終わりに近づいてきたら、確定事項や疑問点、次回に持ち越す案件などを整理して、まとめに入ろう。話し合った内容について、ここできちんと整理し、次回の商談につなげていかないと、これまでの時間が無駄になってしまう。お互いの見解にずれなどがないようにしっかりと確認しておくこと。

ポイント1 商談は1時間以内に終わらせる

人間の集中力が続くのはせいぜい1時間程度。長時間話をしてもいい意見交換ができるとはかぎらない。たとえ、終了時間を決めていなかったとしても、商談は1時間程度で終わらせること。時間を確認しつつ、1時間で終わるように進めていこう。

ポイント2 商談終了のきっかけは訪問者側が切り出す

その日に決めるべきことが確定し、残り時間も少なくなってきたら、話し合ったことを整理してまとめる時間も必要。商談終了の合図は基本的に訪問者側が切り出すのがマナー。「そろそろ、まとめに入らせていただきたいのですが……」と切り出して、相手に終了の合図を出そう。

ポイント3 決定事項について相手に再確認する

会話の途中で、その都度確認をとっていたとしても、確定事項に関しては、商談終了直前に再確認することが大切だ。商談中に記録したメモを見ながら、正確に確定したことを復唱して、相手の了承を得よう。

ポイント4 次回に持ち越した案件をはっきりさせる

保留になっている問題や次回の商談までに自分や相手がするべきことも、最後にきちんと確認しておこう。どちらがやるべきかがあいまいになっていることもあるので、一度整理して考えてみよう。

ポイント5 今後のスケジュールを相手に伝える

次回の商談日や用意しておくべきものなど、今後のスケジュールをはっきりさせることも忘れないように。「次回は◯月◯日にお伺いします。そのときまでに◯◯を作成して持参します」と具体的に明言しよう。

無理に結論を出そうとはせずときには持ち帰ることも必要

「今日の商談で決めたかった案件がまとまらなかった……」。そんなときは無理に結論を出そうとしてはダメ。商談は相手の合意があってはじめて成り立つもの。こちらの都合で強引にまとめようとすると、会社間のトラブルに発展する危険もある。相手が納得しない場合は、一度持ち帰って上司に相談しよう。

Column

プレゼンで緊張しないための6つのコツ

プレゼンに緊張はつきもの。どうしたら緊張しなくなるのか、そのコツをレクチャーする。

コツ1 資料作成やリハーサルなど事前に準備をしっかりすること

いいプレゼンをするためには準備が大切。わかりやすい資料を作り、リハーサルを繰り返して完成度を高めれば、自然と自信もわいてくる。「やるべきことはやった」と思えるようしっかり準備しよう。

コツ2 自分の実力以上のものを本番で出そうとしない

あまりにも高い理想を掲げてプレゼンに臨むと、現実とのギャップを感じて、ネガティブな気持ちになってしまう。実力以上の結果を出そうとはせず、できる範囲でベストを尽くすつもりでやろう。

コツ3 緊張するのは当たり前 必要以上に緊張を恐れないこと

大勢の人の前で話すのは、誰でも最初は緊張するもの。「緊張したらどうしよう」と不安を抱えていると、前向きな気持ちになれない。緊張するのは当然だと考え、必要以上に恐れないように。

コツ4 完璧すぎる原稿はミスの原因にもなる

きっちりと原稿を作り、その通りに話そうとすると、わずかな言い間違えだけでも気持ちが落ち込んでしまう。原稿は伝えたいポイントだけをまとめ、柔軟に対応できる形にしておきたい。

コツ5 ゆったりとしたペースや話し方で進行していく

早口でせわしなくプレゼンを進めていくと、どうしてもミスが出てしまう。ゆったりとしたペースと口調で進めていくことが大事だ。内容を詰め込みすぎずに、時間に余裕のある構成にしておこう。

コツ6 聞き手の視線が自分だけに集中するのを防ぐ

聴衆の視線が、終始自分に集まっていると、どんな人でも緊張してしまう。ときには、資料やプロジェクターなどを指し、聴衆の視線を自分以外に向けよう。相手の興味をひく資料を作ることも大切だ。

いざというときに恥をかかないために

冠婚葬祭とおつきあい編

Lesson

すみやかな返信を心がける 結婚式に招待されたときの対応

招待状の返信の書きかた

裏面（欠席）

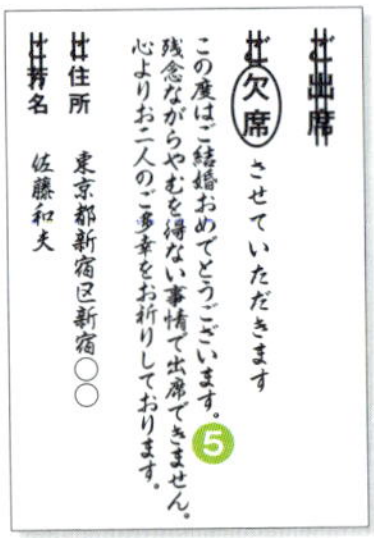
御出席
御欠席 させていただきます
この度はご結婚おめでとうございます。
残念ながらやむを得ない事情で出席できません。
心よりお二人のご多幸をお祈りしております。
御住所 東京都新宿区新宿○○
御芳名 佐藤和夫
5

お詫びの言葉を添えて「やむを得ない事情で」など、ぼかした表現に。めでたい席に水をさすような欠席理由は絶対に記入しない。

裏面（出席）

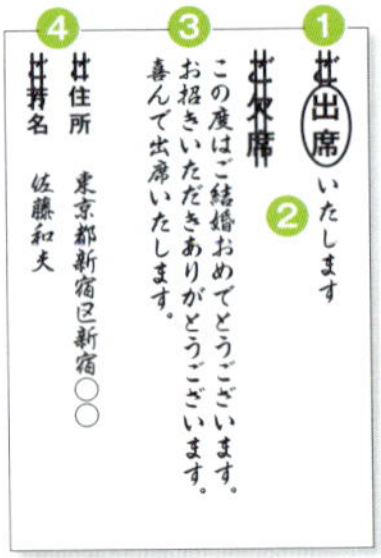
1
御出席 いたします
2
御欠席
3
この度はご結婚おめでとうございます。
お招きいただきありがとうございます。
喜んで出席いたします。
4
御住所 東京都新宿区新宿○○
御芳名 佐藤和夫

「御」などの文字は二重線で消し、空いているスペースにお祝いのメッセージを添える。

表面

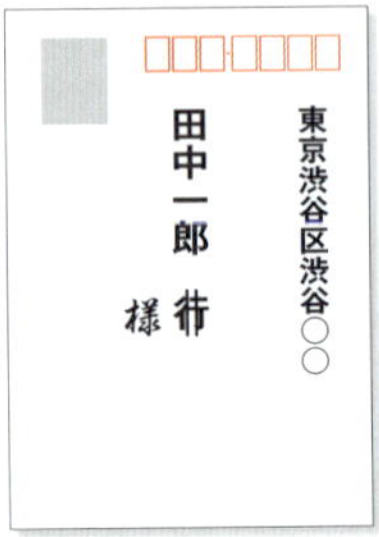
東京渋谷区渋谷○○
田中一郎 行 様

招待元の相手氏名の敬称が「宛」や「行」になっている場合、二重線で消し「様」に変更する。

check
インクは黒で書くこと。遅くとも1週間以内に返信する

お祝いの気持ちを込めて早めに出欠の返信を

ビジネスでは社内、取引先などさまざまなおつきあいがあります。結婚式・披露宴などに招待されることがあり、招待される側にとっても喜ばしいことです。招待されたときの対応として、まずは招待状の返信から始まります。祝宴への出欠の判断は、やむを得ない事情がある場合以外は、できる限り出席するようにしましょう。返事はなるべく早く、1週間以内には出すように心がけます。返事が遅れると、祝宴の準備が遅くなり、新郎新婦に迷惑をかけることになりかねません。そして、返信は、失礼のないように気をつけながら、書式に従い記入していきます。新郎新婦へのお祝いの言葉なども添えるとよいでしょう。

レベルアップ!

［効率］★★
［スキル］★★★
［信頼度］★★★★

こんなときどうする?

招待状が届いたがその当日の予定がわからない

もしかしたら、その日は出張が入るかも……。

BAD!

返信せずに放っておく

招待状が届いても、「そんな先のことはわからない」「もしかしたら地方出張が……」などとすぐに判断できないこともあります。その場合は、相手に迷惑がかからないよう、はっきり予定がわかってから返事をします。

GOOD!

まずは電話で伝える

当日の予定がまだ立たない、判断がつかない場合は、その旨返信ハガキにいつまでに返事できるかを書き、この場合も1週間以内に返信します。その後、電話などで招待された相手に確認の連絡を入れ、早めに出欠の判断をします。

欠席する場合の対応

当日の予定がわからない場合も、返信ハガキにいつまでに返事できるかを書き、欠席の場合もお祝いのメッセージを。

check
欠席でも必ず返信する

招待状が届いたら
↓
欠席
↓
返信、祝電など
↓

祝電の送り方

祝電は挙式の3日前までに申し込んでおくと安心。電話やインターネットは24時間対応している。

check
必ず会場・日時の確認を!

花や人形がセットになった電報も。

信頼度アップのポイント

新郎新婦への贈り物の選び方

贈答品を用意する場合、お祝い金の相場に合った品物に。高価なものの場合は、友人や、部署の同僚などとお金を出し合って購入するのもよいでしょう。贈答品を送ったあと、披露宴に出席するときは、受付は記帳のみでもかまいません。贈答品、お祝い金両方を渡したいときは、ふり分けるのもよいでしょう。

■相手の希望を聞く

直接、新郎新婦本人に贈答品の希望を聞くのが一番です。

■送ってはいけない品物

「切れる」につながる刃物、ガラス食器などは縁起が悪いとされています。

■同僚と一緒に送る場合

たとえば同じ部署の人と一緒に送るなら、のし紙に「○○部一同」とします。

■送る時期

披露宴の1週間前までに持参するか、デパートなどから配達してもらいます。

Lesson

3つのステップで正しい送り方を身につける
ご祝儀袋の決まりごと

STEP1 ご祝儀袋を選ぶ

飾り結び

金銀の飾り結びの水引で飾りは豪華なものを選ぶ。金額の目安は3万円以上。

花結び

婚礼以外の一般慶事に。何度あってもよいことに用いる（快気祝いは避ける）。

結び切り

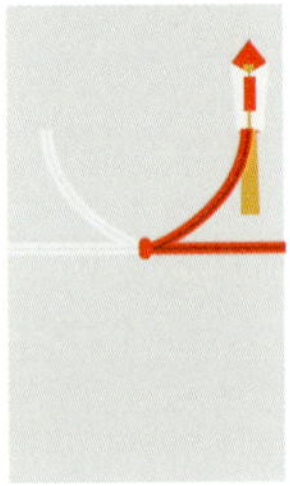

婚礼関係に用いる。固く結ばれ解けないことを願う。「一度切り」の意味もある。

STEP2 ご祝儀を用意する

出席の場合

間柄	20代	30代
友人	2万円	3万円
同僚・先輩	2万円	3万円
上司	3万円	5万円

欠席の場合

間柄	20代	30代
友人	5000円	1万円
同僚・先輩	3000円	3000円
上司	1万円	5万円

金額は自分の立場や相手との関係を考えて

ご祝儀は祝福の気持ちを形にしたものです。金額、祝儀袋の書き方、渡し方などそれぞれに決まりごとがあります。数字では4、9の不吉な数字は敬遠されたり、1、3など奇数は割り切れないので縁起がよいとされています。金額は自分の立場や、相手との関係によって変わるので目安を把握しておきましょう。金額が決まったら、お金とご祝儀袋を用意します。ご祝儀袋は金額によってその種類が違うので、見合ったものを使いましょう。会場まで持っていく際には袋のまま持っていくのではなく、「ふくさ」という布に包むのが礼儀です。これは慶事、不慶事どちらでも使うものですが、包み方の違いがあるので気をつけましょう。

レベルアップ!

［効率］★★★

［スキル］★★★★

［信頼度］★★★★

STEP3 ご祝儀袋に名前や金額を書く

上包

〈裏〉

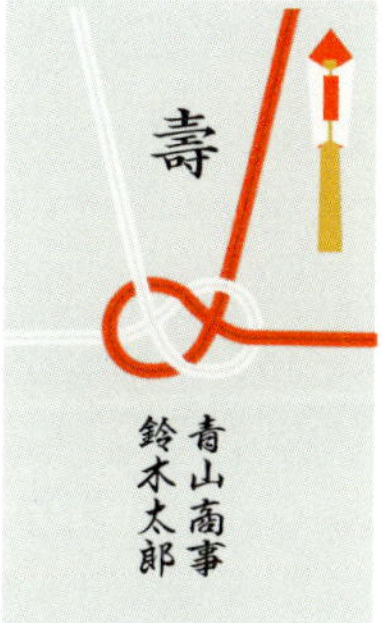

〈表〉

表書きは できるだけ毛筆で書く

表書きは「壽」「寿」「御結婚御祝」を選ぶ。水引は蝶結びのものは「結び直せる」という意味で厳禁。名前は「壽」より小さめに、連名の場合は右から目上の氏名を書く。会社を代表して出席する場合は、会社名を右側に書く。裏側は、慶事の場合下側を上にかぶせる。「慶び事が天に向かうように」という意味がある。

中包み

check
お金は新札を使い表が上になるように入れる

〈裏〉

〈表〉

金額の表記は漢数字を用いるのがマナー

金額は表に記入する。万円の万は萬、一は壱、二は弐、三は参という漢数字を使う。裏側には、左側に氏名を記入し、その右に住所を書く。

信頼度アップのポイント

慶事の場合のふくさの包み方

式場の受付でご祝儀袋を渡す際、本来ふくさに包んで持参するのがマナーです。なお、慶弔では包み方に違いがあります。

1 ご祝儀袋をふくさの中央より、少し左に置き、左の角から折ります。

2 ご祝儀袋を包み込むように上側の角を折り、次に下側の角を折ります。

3 最後に右側の角を折り、ふくさの余った部分を反対側に折り込みます。

その場にふさわしい服装で新郎新婦を祝う
結婚式・披露宴の服装と作法

レベルアップ!

【効率】★★
【スキル】★★★
【信頼度】★★★

披露宴の様式に合わせて会場への到着は15分前に

慶事の服装は「正礼装」、「準礼装」、「略礼装」といった格式があります。その披露宴の様式に合わせましょう。一般的な披露宴に参席する場合はブラックスーツ、ダークスーツなどのスタンダードな服装であれば、とくに問題ありません。スーツに白のワイシャツ、シルバーグレーのネクタイ、白やシルバーグレーのポケットチーフを着用すればいいでしょう。

会場には遅くとも15分前に着くようにしましょう。受付では、新郎新婦のどちら側から招かれたかを伝え、お祝いの言葉を忘れずに。スピーチを依頼された場合は、NGの言葉に気をつけて3分程度に、また余興を頼まれた場合も同じく3分程度にまとめましょう。

Lesson

服装のルール

一般的な披露宴向き
ブラックスーツ

日本では昼夜問わない略礼装で、礼装の基本とされている。ネクタイはシルバーグレーか白黒のストライプ、ポケットチーフは白かシルバーグレー。

カジュアルな披露宴向き
ダークスーツ

平服指定の披露宴などでは、濃紺やダークグレーのスーツでも可。ネクタイやポケットチーフは、遊び心を加え華やかにしてもよい。

! check 一般の披露宴ではブラックスーツが基本

スピーチを依頼されたときの注意点

披露宴でスピーチや余興を頼まれたら、快く引き受ける。事前に原稿を作り、声を出して読み、事前に練習をしておくとよい。時間は3分程度にまとめるのがベストで、長すぎたり短すぎたら原稿を修正する。また、NGの言葉もあらかじめチェックしておくこと。本番では要点をまとめたメモを用意し、それを見ながらスピーチするとよい。

スピーチの流れ

1 新郎新婦のあいさつ
「○○さん、□□さん、ご結婚おめでとうございます」

↓

2 親族へのあいさつ
「ご両親ならびにご両家の皆様にお祝い申し上げます」

↓

3 自己紹介
「私は新郎の同僚で、○○と申します」

↓

4 新郎新婦のエピソード
新郎新婦の人柄が伝わり、親族が喜ぶエピソードを。

↓

5 はなむけの言葉
「温かい家庭を築いてください」など祝福の気持ちを。

↓

6 締めのあいさつ
「簡単ですが、お祝いの言葉とさせていただきます」

余興を行う場合は出席者全員が楽しめるものを!

余興は3分程度にまとめるのが一般的。歌や楽器の演奏、新郎新婦の普段の画像の上映や、新郎新婦にまつわるクイズなど、出席者全員が楽しめて、盛り上がるものがよい。

NGの言葉

■忌み言葉
切れる、離れる、壊れる、飽きる、去る、最後、死ぬなど

■重ね言葉
またまた、重ねがさね、たびたび、いよいよ、もう一度、くり返すなど

こんなときどうする?

「平服」でと言われ招待されたら?

同僚の披露宴に招待され、「平服でお越しください」と書いてあったら?

BAD! カジュアルなジャケットや仕事用のスーツ

最近は、レストランなどで、カジュアルな雰囲気で披露宴を行うことも増えており、招待状に「平服でお越しください」と書かれていることがあります。これは「礼服でなくてもOK」という意味。ポロシャツ、ジーンズはもちろん、ただのビジネススーツも避けましょう。

GOOD! 濃紺やダークグレーのスーツで

ふだん着ているスーツではなく、濃紺やダークグレーのものが基本。シャツやネクタイも仕事用のものは避け、華やかな色・デザインのものを選びましょう。着る服は事前にシワやシミ、汚れがないかをチェックし、必要ならば、きちんとクリーニングに出しておきましょう。

格式のあるレストランは事前の準備が大切になる

会食のマナー① 予約と入店

Lesson

予約時のチェックポイント

■レストランには予約を

ビジネスで会食をするときは、その会に合ったお店の雰囲気、料理、予算などを考慮して選ぶ必要性がある。予約なしで当日お店に行っても、大人数の会では席を確保することは難しいうえに、お店の確保ができなければ、その会自体が成立しなくなり、仕事上支障をきたすことになるので細心の注意を。

■事前のリサーチが大切

レストランなどの予約の際には、事前に本やインターネットなどで、お店の情報を調べておく。また、単にお店の情報を入手するだけでなく、大切な会食であればあるほど、失敗が許されないので、事前に来店して、お店の場所や、雰囲気、料理などを確認しておくと確実となる。

■予約時に確認すべきこと

お店に予約を入れるときは、来店の日時、人数を伝える。その際に、希望の席、予算、会食の目的など、そして会食のメンバーがアレルギーなどから食べられない料理があれば、それも伝えておくと、それに合わせたサービスを、お店側で検討してもらえる。日頃からいろいろな情報を入手しよう。

チェックシート

□日時　□人数　□予算
□希望するサービス
□好きな食材、アレルギー
□会食の目的　□ドレスコード

! check

予約時には項目ごとに確認を

人気のレストランは予約しても取れない場合も

ビジネスでは、大事な記念日や忘年会・新年会、パーティーなどのイベントで、格式あるレストランなどで食事をすることがあります。その際のセッティングを任された場合、会場の予約は必ずしましょう。人気のあるレストランなどは当日の入店どころか予約してもすぐには取れず、数か月後ということもあります。

予約のポイントは、レストランの情報を、事前に本やインターネットのホームページなどで調べておくこと。またとても大事なイベントでは、店の場所、料理、雰囲気などを直接出向いて確認しておくと確実です。予約を電話でする場合は、お店のランチやディナーの忙しい時間帯は避けて連絡するのがマナーです。

レベルアップ!

【効率】★★★
【スキル】★★★
【信頼度】★★★

レストラン利用の決まりごと

予約の15分前を目安に来店

お店では、予約した時間に合わせて料理の準備をしている。遅刻しないことはもちろんだが、早すぎても、料理や席の用意ができていないことがあるので、予約時間の15分前を目安に来店する。

レディファーストを心がける

格式あるレストランでは、欧米のマナーが基本となるケースが多い。テーブルを案内するお店のスタッフがイスを引いたら、そこは女性が座るということ。男性は自身でイスを引いて座る。

お店に合わせた服装で行く

格式のあるお店は服装の指定（ドレスコード）がある場合も。そのお店に合わせた服装を心がける。基本的には、スーツ、ネクタイ着用が一般的。

携帯電話はオフにする

レストランでは、携帯電話の電源は切っておくのがマナー。食事中に席を立つこともマナー違反なので、電話がかかってきても出ないようにすることが基本となる。

貴重品以外はクロークに預ける

コート、バッグなどの大きめの荷物はクロークに預ける。テーブルまで持っていけるのは、女性のハンドバッグだけ。ただし、財布などの貴重品は手元に持っておく。

ルールを守り、同席者を不快にさせない

会食のマナー② 洋食

Lesson

マナー1 カトラリーの種類と使いかた

❶ スープスプーン
❷ オードブル用ナイフ&フォーク
❸ 魚用ナイフ&フォーク
❹ 肉用ナイフ&フォーク
❺ サービス皿
❻ パン皿
❼ バターナイフ
❽ アイスクリーム用スプーン
❾ フルーツナイフ
❿ フルーツフォーク
⓫ コーヒー用スプーン
⓬ シャンパン用グラス
⓭ 白ワイン用グラス
⓮ 赤ワイン用グラス
⓯ 水用グラス

フルコースの食器の扱い方やそのほかのマナーも覚える

西洋のテーブルマナーというと、堅苦しいイメージを抱いたり、フレンチのフルコースで、ずらりと並んだナイフやフォークを見て、身構えたりしてしまうという人もいるかもしれません。しかし、実際は簡単で、食器の扱いさえ覚えておけば、大きな間違いをすることなく食事ができるはずです。また、食事中の食器の扱い方以外にも食事中・食後のナイフとフォークの扱い方、ナプキンの使い方なども覚えておきましょう。食事中は音をたてて食べないなど、同席した人が不快にならないように気をつけることが大切です。もし、どうしてもわからないことがあったら、恥ずかしがらずに先輩や、お店のスタッフに聞きましょう。

レベルアップ!
【効率】★★
【スキル】★★★
【信頼度】★★★

洋食を食べるときに注意すること

フランス料理などの洋食は、日本食のような箸を使う料理と違って、独自のマナーがある。日本人がついやってしまいがちなマナー違反を下で紹介するので覚えておこう。

■ナプキンは膝にかける
ナプキンは二つ折りにして膝にかけるのが正しい使い方。よくナプキンを首から下げている人がいるがそれは間違い。

■大きな音を立てない
食器でガチャガチャと音を立てて食事をするのはNG。スープを飲むときもズルズルと音を立てないように注意しよう。

■お皿は置いて食べる
お皿は机の上に置いた状態で食べるのがマナー。ただし、取っ手つきの器でスープなどを飲むときは手に持ってもOK。

マナー2 ナプキンの使いかた

食事中	中座したとき	食後
ナプキンを二つ折りにして、ひざの上に敷く。	ナプキンをイスの上にたたんで置く。	ナプキンを軽くたたんで、テーブルの上に置く。

マナー3 料理の食べかた

スープ	パン
スプーンを動かし、口に流し込むようにして飲む。	一口大にちぎり、バターを塗って食べる。

魚料理	肉料理
骨を取り除き、ひっくり返さずそのまま食べる。	最初からすべて切らず、左から一口大に切って。

マナー4 ナイフとフォークの置きかた

食事中	食後
ナイフ、フォークをハの字に置き、刃は内側、フォークの先は下向きに。	ナイフ、フォークを皿の右側に揃え、刃は内側、フォークの先は上向きに。

西洋料理のマナーQ&A

洋食を食べるときに、迷ってしまいがちなシチュエーションについて解説。

Q ナプキンを使わずハンカチで口を拭いてもOK？

A 口をハンカチで拭く行為は「ナプキンが汚いから使えない」というメッセージになり、お店に対して失礼。口の汚れをきれいにしたいときは、ナプキンを使う。

Q 左ききの人はナイフとフォークを逆に持ってもよい？

A 右手にナイフ、左手にフォークが基本なので左利きの人も慣れておくのが理想。どうしても使いづらい場合は逆に持ってもいいが、カトラリーを並べ替えるのはやめる。

Q フィンガーボウルの正しい使い方とは？

A 片手の指先をフィンガーボウルに入れて、指をこすり合わせるようにして汚れを落とす。両手を一緒に中に入れるのはNG。濡れた手はナプキンでしっかりと拭く。

Lesson

日本人だからこそ、きっちり覚えたい和食の作法
会食のマナー③ 会席料理

一般的な会席料理の流れ

1 先付
前菜のこと。お通し

2 吸い物
魚介などの具が汁もの

3 刺し身
数種類の魚介の刺し身

4 焼き物
切り身の焼き魚

5 煮物
野菜、豆腐など

6 揚げ物
天ぷら、魚介類の空揚げ

7 蒸し物
一般的には茶碗蒸し

8 酢の物
野菜などの酢の物

9 ご飯、留め椀、香物
寿司、お茶漬けなど

10 水菓子、菓子
果物や和菓子など

基本的なマナーは日常の食事を思い浮かべる

コースとして料理を順番に出す日本料理のことを会席料理という。基本的には結婚披露宴のような酒宴で出されるが、ビジネスでもこのような席を設ける。

～料理の食べかた～

煮物・酢の物

器を持って、手前にあるものから箸をつける。いもなどの大きなものは、箸で割って食べる。

刺し身

白身魚やイカなどの淡泊なものから食べる。醤油にわさびを溶くのはNG。刺し身にわさびを乗せ、醤油皿を持って食べる。

寿司

親指、人さし指、中指で寿司をつまんで、ネタのほうに醤油をつける。箸の場合はシャリとネタを挟むようにしてつまむ。

焼き魚

魚自体はひっくり返さず、上の身を食べたら、骨を外して下の身を食べる。身がほぐせないようなら、懐紙で頭を押さえる。

正しい箸の使い方はそれだけで美しく見えるもの

ビジネスでは、取引先と会席料理などを食べることもあるでしょう。和食にもさまざまなマナーがあります。その際最も基本となるのは箸の使い方です。箸を正しく使えるだけで、食べ方も品格が出て美しく見えるものです。逆に箸の使い方のマナー違反をすることであなたの印象が台無しになることもあります。汁物の飲み方や焼き魚の食べ方など、ほかにも覚えておきたいマナーがあります。西洋料理ではナプキンがありますが、和食では懐紙を用意すると便利です。口や指先を拭くことはもちろん、受け皿の代わりになるなど、持っているだけで重宝します。マナーを覚えて、同席者とも楽しくいただくことが会席料理では大切です。

レベルアップ!

[効率] ★★

[スキル] ★★★

[信頼度] ★★★

会席料理を食べるときの作法 2つのチェックポイント

チェックポイント1 箸の取り上げかた

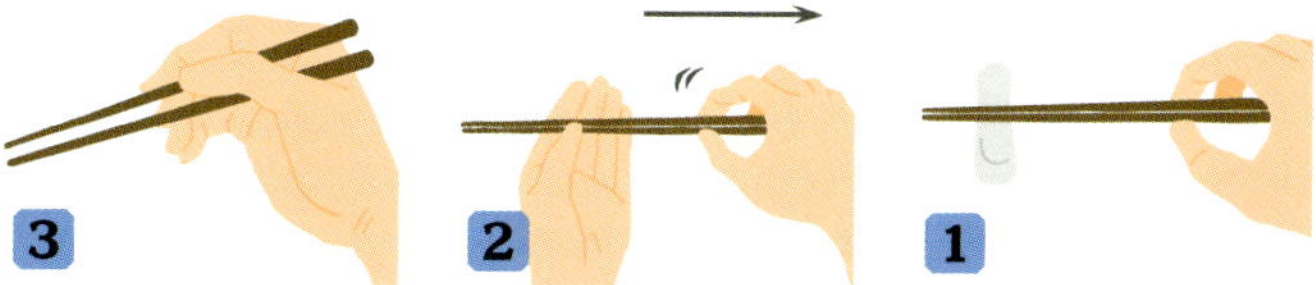

1 右の親指、人さし指、中指で箸の中央を持つ。

2 左手を箸の下に添えて、右手を箸の右側に移動させる。

3 左手を離し、上の図のように正しく箸を持つ。

チェックポイント2 フタの付いた器の扱いかた

1 器を押さえて、フタを開けたら、器の右横に置く。

2 器の中の実は汁と一緒に飲み込まない。

3 食べ終わったら、フタをもとと同じように閉じる。

! check 箸や器の作法は正しく扱えると美しく見える

NGマナー集

会席料理のマナー違反を覚える

会席料理のマナー違反で多いものとして、箸の使い方、器の扱い方、そして食べ方などがあるので注意したい。

■**箸の使い方**

寄せ箸＝遠くにある器などを、箸を使って手元に引き寄せること。

刺し箸＝料理を箸先で刺して食べようとすること。

渡し箸＝器の上に箸を置くこと。箸を使わないときは箸置きに置く。

■**口を近づけて食べる**

テーブルに置いてある器に、口を近づける食べ方を「犬食い」という。

■**手皿をする**

手を受け皿にして食べるのはNG。手に置くときは懐紙を乗せて食べる。

■**懐紙を置いて帰る**

使った懐紙は、できるだけ持ち帰る。事前にビニール袋などを用意する。

Lesson

会食のマナー④ 中国料理

大皿から取り分けて食べる独自のルールを覚える

中国料理の3つの基本

1 円卓は基本的に時計回りに動かす

円卓は、急に回すと周囲に迷惑がかかるのでNG。他の人が料理を取っている間は待って取り終えたのを確認したら回す。また、取りたいものが反対側にある場合は、周囲に声をかければ、反対回りにしてもOK。

2 取り皿は料理ごとに替える

中国料理では大皿から、各自の小皿に取り分けて食べる。複数の料理が出されるため、それぞれの料理の味が混ざらないように、小皿はその都度替えて食べる。食べ終わった小皿は、積み重ねて置いておくのがマナー。

3 ほかの人の分を取り分けるのはNG

日本の食生活では、他人の分を取り分けるのは親切だとされるが、中国料理ではマナー違反。基本的には、自分で食べたいものを食べたいだけ大皿から自分の小皿に取り、自分のレンゲや箸を使う。

check 小皿に取って自分の箸やレンゲで食べる

円卓を囲んで和やかに料理を楽しむ

ひと言で中国料理といってもおおまかに「北京料理」「上海料理」「広東料理」「四川料理」の4つがあります。中国料理は一般的に円卓を囲み、大皿から料理を取り分けて食べるので、和気あいあいと料理を楽しむことができます。

洋食や和食に比べ、守らなければならないテーブルマナーは多くないものの、ターンテーブルの使い方、席順、料理の取り分けなどいくつかのルールがあります。とくに、接待だからといって、つい主賓に料理を取り分けてしまいがちですが、これはマナー違反。また、和食では器を手に持って食べるのが基本ですが、中国料理では、ほとんどの器はテーブルに置いたまま食べます。

レベルアップ!

【効率】★★

【スキル】★★★

【信頼度】★★★★

中国料理の席次

中国料理では、入り口から一番遠いところが上座となります。つまり、入り口から一番近い席が末席となり、主賓から見て左が２番目、右が３番目となります。しかし、中国料理の席でも、レディーファーストが原則となっています。

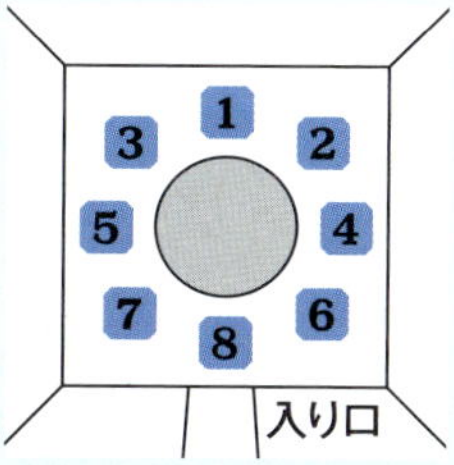

check
入り口から見て、奥が上座
手前が下座と覚える

料理の食べかた

麺類

スープのある麺類は、レンゲに麺を乗せ、音をたてずに口に入れる。

北京ダック

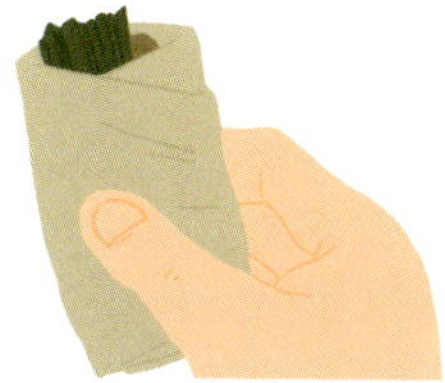

薄餅に野菜、ダックの皮を乗せ、味噌をつけて巻いて、手で持って食べる。

スープ

スープは器をテーブルに置いたまま、レンゲですくって飲む。

チャーハン

テーブルに小皿を置いたまま食べる。残った分は小皿をかたむけてすくう。

信頼度アップのポイント

中国料理のマナー違反を覚える

中国料理、円卓ならではのマナー違反があります。

■立って料理を取らない

円卓では必ず席に座って料理を取ります。席を立って料理を取るのはマナー違反になります。ほかの人に料理を取り分ける必要はないので、自分の分を取ったら、ゆっくりテーブルを回しましょう。

■円卓を反時計回りに回さない

それぞれが好き勝手に回すと、料理の取り合いになってしまうので、時計回りに回すルールになっています。回すときは食器がぶつかったり、落ちたりしないかといった点にも注意しましょう。

■使った皿をターンテーブルに置かない

自分が使った小皿は、料理ごとに取り替えます。そして使い終わった小皿や、グラスはターンテーブルの上に置いてはいけません。必ず自分の近くのテーブルに積み重ねて置くようにしましょう。

正しいふるまいで、周囲の人との会話を楽しむ
立食パーティーの常識

Lesson

立食パーティーの心得

どんなパーティーでもマナーを守り、主催者に迷惑をかけないように心がける。

立食パーティーのさまざまなシチュエーション

プライベート
- 結婚式の二次会
- 習い事の発表会のあとのパーティー
- 同窓会
- 友人の受賞記念パーティー

ビジネス
- 異業種の交流会
- 新製品の発表会
- 就任祝い
- 社内の各種宴会

心得1 装いのレベルを決める

ひとくちにパーティーといってもフォーマルなもの、ホームパーティーのようなカジュアルなものがある。事前に周囲に聞いて、確認をする。

心得2 積極的に会話して人との出会いを楽しむ

顔なじみの人とばかり話をするのではなく、初対面の人にも自己紹介し、積極的に交流して、人脈を広げていきたい。

心得3 テーブルやイスを独占しない

長時間立ったままというのも辛いが、イスにずっと座って、その場を占領するのは、パーティー会場ではマナー違反。

check
イスの上に荷物を置くのはマナー違反

積極的に話しかけてコミュニケーション力を磨く

まず会場に到着したら、大きな荷物は会場内では邪魔になるので、クロークなどに預けましょう。会場入りしたら、まずは主催者・招待者へのあいさつを忘れずに。会場内で飲み物や料理が出てきたら、グラスと皿の持ち方にもルールがあるので、覚えておくと便利です。一度使った取り皿、グラスは使いません。料理は人の分を取ったり、大量に盛ったりするのはマナー違反です。料理を取ったらテーブルの前にいるのはまわりの迷惑になるので、すぐに移動しましょう。パーティーは食事だけでなく、会場内の人たちとの会話を積極的に楽しむ社交の場でもあります。同じ人とばかりでなく、できるだけ多くの人と交流を深めましょう。

レベルアップ!
[効率] ★★
[スキル] ★★★
[信頼度] ★★★

立食パーティーの食事のマナー

パーティーとはいえ、最低限のマナーはおさえて恥をかかないように。

グラスと皿の持ち方

立食パーティーでは片手でお皿とグラスを持ちながら食べるのが基本。

皿の4分の1を空けて盛る

↓

ナプキンを底にしいてグラスを片手で持ち皿の上に置く

check
人さし指と中指の間に皿をはさむとうまく持てる

料理の取り方

料理はコース順に出されるのが一般的。基本的には出された順に取る。

片手で取る場合

フォークの背と、スプーンの間に人さし指を入れ、その間に料理を挟む。

両手で取る場合

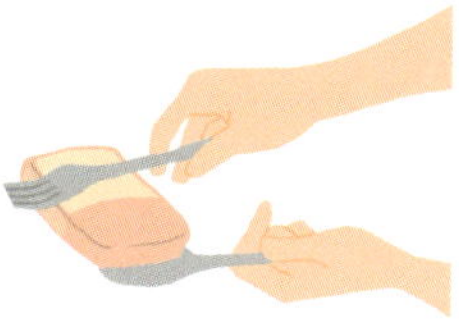

料理をスプーンに乗せて、フォークでしっかり押さえて取り皿に運ぶ。

乾杯のしかた

パーティーといえば乾杯はつきもの。しっかり身につけておけば、スマートなビジネスパーソンに。

1. グラスを右手で持つ
2. 胸元の高さまで上げる
3. 「乾杯」の声とともに目の高さに上げる

NGマナー集

これだけは避けたい！立食パーティーのマナー違反

これだけは知っておきたい立食パーティーのNGマナー。これさえ覚えておけばスマートにふるまえる。

1 飲みかけのグラスを並べる
飲みかけのグラスは、飲んでいる最中だと思われて、片づけられない。

2 同じ皿を使い回す
新しい料理を取るときは、その都度新しいお皿を使うこと。

3 使った皿を料理台に置く
使用済みの皿やグラスを料理のテーブルに置くのはNG。

4 話し込んで移動しない
最初から最後まで一か所に留まり、顔見知りだけの会話は避ける。

5 友だちの料理を一緒に取る
料理を親切心から他人の分まで持っていくのはマナー違反。

6 料理台の前で食べる
料理テーブルの前では、料理を取ったらすぐに移動すること。

いたわる気持ちと気配りを忘れずに！

お見舞いのルールとマナー

相手の容態を確認して手土産を用意する

ビジネスシーンでは、会社内、取引先など多くの人と関わりがあります。そこで日頃お世話になっている人が、病気で入院、療養しているという知らせを聞いたら、お見舞いにいくこともあるでしょう。お見舞いは入院直後や、手術後などの慌ただしい時期や、容体が安定していないときは避けましょう。様子がわからないときは家族などに確認してください。お見舞いの際には、手土産を用意します。その際も相手のことを考えて慎重に品物を選びましょう。病院などに伺ったときは、同室に患者さんがいる場合は、迷惑がかからないように配慮し、病気の話題などは避けて、15分程度で退室するのがマナーです。

Lesson

病院へお見舞いに行くときの手順

相手の都合や、病院の訪問可能な時間や容態の確認をする。

伺っていいか確認する
入院直後などのお見舞いは避け、家族などに訪問が可能かを事前に確認。

YES →

お見舞いの品を選ぶ
生花やフルーツなどが定番だが、相手の状況に合わせて慎重に選ぶ。

↓

明るくあいさつして短時間で引きあげる
体力が戻っていないことも考えられるので、長居をして相手に負担をかけたり、気を使わせたりしないように手短かにする。

NO →

時期を見て連絡する
お見舞いが難しい状況の場合は、少し落ち着いてから改めて連絡する。

気配り上手な人になる３つのポイント

1 病気の原因や病状をしつこく聞かない
病気に関する話題は避け、できるだけ明るい話題で楽しく話す。

2 同室の人にも明るく声をかける
お見舞いに行って、同じ部屋に患者さんがいたら、あいさつを。

3 仕事の話題はできるだけ避ける
治療に専念してもらえるように、できるだけ仕事の話題は出さない。

レベルアップ！

［効率］★★

［スキル］★★★

［信頼度］★★★★

相手に喜ばれる見舞いの品の選びかた

お見舞いの品を選ぶのは、相手の気持ちになって慎重に。

✕ 避けたい品

お見舞いの品には向かないものも覚えておこう。

1 においの強い花

相部屋の可能性もあるので、においの強い花はまわりの人に迷惑がかかってしまう。

2 鉢植えの花

鉢植えは「根付く」という意味があり、入院が長引くことを連想させる。

3 ナースステーションへの差し入れ

ナースステーションは基本的に差し入れなどを受け取らない決まりになっている。

check
お菓子や果物は注意
病状や体調によって
迷惑になる場合も

○ 喜ばれる品

相手の喜ぶものを選ぶのはもちろんだが、持ち込めるか事前に病院に確認を。

1 テレフォンカード

最近は、携帯電話を使える病院も増えているが、制限されている場合、公衆電話で使用できる。

2 好みの本・雑誌

事前に好みを聞いておいて、あまり肩ひじ張らずに読める軽い内容の本や雑誌などを贈る。

3 パジャマ・タオル

日用品としても使え、贈られて困ることはない。

4 現金 ※同僚または後輩に

現金の場合は、白封筒などに「御見舞」として渡す。

5 水替えの必要がない花のアレンジメント

花瓶がなくても飾れるカゴにアレンジしたお花を。

見舞金の目安

- 会社の同僚・後輩 ▼ 5000円～1万円
- 友人・知人 ▼ 3000円～1万円
- 親族（目下の人） ▼ 1万円前後

信頼度アップのポイント

快気祝いは見舞いの品の3分の1程度を目安に

自分がお見舞いをしてもらったら、退院後10日～1か月を目安に、お礼の品として「快気祝い」を贈りましょう。お返しはお見舞い品の3分の1程度が相場です。「病気があとに残らないように」という願いを込めて、消耗品を送るのが一般的。洗剤や石けん、ビールなどを送るケースが多いようです。

快気祝いの品は消耗品にする
↓
①石けんや洗剤
②ビールや発泡酒
③菓子（和菓子など）
→ 退院後10日～1か月を目安に贈る

check
表書きは
「快気祝」「快気内祝」「全快祝」
などと書く

訃報から参列まで、情報を確認しながら進める

訃報を受けたときの対応

Lesson

訃報電話の受けかた

訃報を受けたら、以下のステップで速やかに対応。

突然のことで
何を申し上げて
よいやら……
ご愁傷様です

ステップ1
お悔みの言葉を述べる
訃報を受けたら、まずは「ご愁傷さまです」などのお悔やみの言葉を述べ、冷静に対応する。

↓

ステップ2
亡くなった方の氏名を確認する
亡くなった方の氏名を確認し、当人と自社との関係によって対応が異なるので、上司に相談する。

もし相手側に余裕がない場合は、「のちほど連絡させていただきます……」と、いったん電話を切る

↓

ステップ3
必要事項をていねいに聞く
日時・場所、宗教・宗派、供花などの受け入れ、葬儀のお手伝いの必要性をきちんと確認する。必要に応じて、関係部署に連絡したり、部署内で打ち合わせを行ったりする。

必要事項

1. 通夜・葬儀・告別式の日時と場所
2. 喪主の氏名と続柄
3. 宗教と宗派
4. 供花や花輪の受け入れ
5. 手伝いの必要性

訃報を受けたらまずは上司に相談を

ビジネス関係の訃報では落ち着いた対応が大切です。訃報を受けたら手短にお悔やみの言葉を伝え、参列や弔電に必要な情報を的確に確認しましょう。取引先関係者などの訃報の場合は、必ず上司や関連部署に連絡し、速やかな対応を心がけなければなりません。訃報の相手と、自社や担当者などとの関係によっては対応が異なります。会社を代表して社長や幹部が参列する場合もあるので、自己判断は絶対に避けましょう。やむを得ない事情で、通夜にも告別式にも参列できないときは弔電を送ります。この場合も上記の必要事項は間違えのないように細心の注意が必要となります。上司と相談しながら進めるとより安心です。

レベルアップ!

【効率】★★

【スキル】★★★

【信頼度】★★★

訃報を受けたあとの対応と準備

訃報を受けたあとは、自己判断は厳禁。社内での対応を確認する。

訃報

取引先の人の場合

1. 上司と関連部署に報告、指示をする
2. 指示に従って以下の手配をする
   - 弔電
   - 供花または花輪
   - 香典
3. 上司の指示に従い参列の準備をする

香典は202ページを参照

自社の社員の場合

1. 以下の3者に連絡
   - 故人の所属部署
   - 故人の直属の上司
   - 総務担当者
2. 指示に従って以下の手配をする
   - 弔電
   - 供花または花輪
   - 香典
3. 以下の内容を部署内で相談する
   - 誰が参列するか
   - 遺族の手伝いをどうするか

こんなときどうする?

特別に親しかった同僚が亡くなった駆けつけたいが…

打ち合わせや、資料作成などの業務があり難しい……。

BAD! 社会人なので会社から指示が出るまでは勝手に動かない

GOOD! 直属の上司に許可を得てから駆けつける

通夜・葬儀などは時間が決まっているため、その時間に駆けつけなくてはなりません。まずは上司に事情を説明し、了承を得て参列しましょう。

知っておきたい 弔電の打ち方

通夜、葬儀にやむを得ない事情で参列できない場合は、喪主宛に弔電を打つ。葬儀の場合は前日までに届くようにする。

弔電を打つ前に確認すること

- **喪主の氏名**
  ※不明の場合は
  ↓
  「故○○様 ご遺族様」
- **式が行われる場所の住所と電話番号**
- **予算(弔電の依頼先)**
- **電話で依頼**
  NTT ‥115
- **ネットで依頼**
  ※NTT東日本または
  NTT西日本のサービスを
  ネットで検索

Lesson

相手の宗教・宗派により名目が異なる 香典の決まりごと

宗教を確認して不祝儀袋を用意

各宗教共通

中包み（裏）
裏側に漢数字で金額、住所、名前を書く。

外包み（裏）
先に下側、次に上側を折ってかぶせ水引をかける。

外包み（表）
「御霊前」と書く。ほとんどの宗教、宗派で使える。

キリスト教式

表書きはプロテスタント「お花料」、カトリックは「御ミサ料」。

神式

水引は黒白か双銀の結び切り。表書きは「御玉串料」など。

仏式

水引は黒白か双銀の結び切り。表書きは「御香典」「御香料」など。

哀悼の気持ちを込めて香典を用意しましょう

通夜、葬儀、告別式に参列するときは、故人への哀悼の気持ちを込めて香典を用意します。宗教、宗派によって香典の名目が違うので、事前に確認し、外包みや中包みの文字も失礼のないように記入しましょう。表書きの名前は薄墨で書くようにします。通夜、告別式両方に参加する場合、香典は通夜に一度用意すればOKです。香典の額は、ビジネス上の関係者の場合、一般的な香典金額の目安を参考に、社内の先輩や上司にも相談してから決めましょう。

慶事同様、不祝儀袋も「ふくさ」という布に包んで持ち運びます。ただし、慶事の場合とふくさの包み方は違うので、間違えないよう気をつけましょう。

レベルアップ!
［効率］★★
［スキル］★★★
［信頼度］★★★★

こんなときどうする?

香典を直接渡すことができない場合は?

通夜にも葬儀にも出席できない場合、香典は?

BAD! 誰かに依頼する

GOOD! 郵送する

やむを得ない事情で、出席できない場合は香典を現金書留などで郵送します。その際にお悔やみなどを書いた手紙を同封するとよいでしょう。

香典を準備する

香典は故人への哀悼の意を表すとともに、葬儀費用の一部にあててもらうためのお金。香典の額は、故人との関係によって変わるが、ビジネス関係の弔事では、会社で香典に関する規定がある場合、上司、先輩、総務担当者などに相談して決める。多すぎる香典はかえって失礼になることもあるので注意する。

間柄	金額
同僚・上司・友人	5000～1万円
同僚・上司・友人の家族	3000～5000円
取引先関係	5000～1万円

香典に入れるお札は・・・

香典には新札を使わない習慣がある。新札を使う場合は、縦に一度折り目をつけてから袋に入れる。

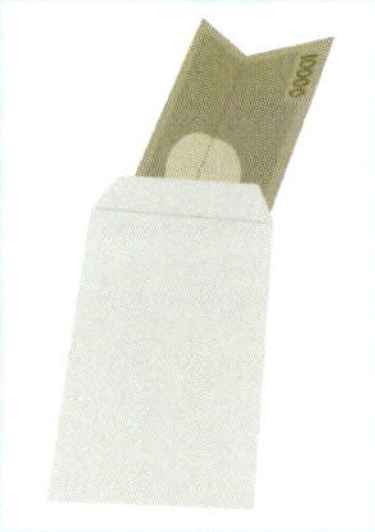

信頼度アップのポイント

不慶事の場合のふくさの包み方

不祝儀袋はふくさに包むのがマナー。むき出しで持っていくのは失礼にあたります。ふくさの包み方を覚えましょう。

1 不祝儀袋をふくさの少し右側に置き、右の角から折ります。

2 不祝儀袋を包み込むように、下の角、次に上の角を折ります。

3 最後に左の角を折って、余った部分を反対側に折り込みます。

ふさわしいスーツと正しい焼香のしかた

通夜・葬儀の服装と作法

Lesson

通夜・告別式の服装

通夜・告別式に対応できる
ブラックスーツ

弔事では、通夜、葬儀、告別式すべてに対応できる服装で。上着はシングル、ダブルどちらでもOK。シャツ以外はすべて黒でまとめるようにする。

急な弔辞の場合の服装
ダークスーツ

急な通夜などに駆けつける場合は、濃紺やダークグレーのビジネススーツでも可。ネクタイ、靴下、靴などはできるだけ黒を着用して参列する。

! check 一般的にはブラックスーツが基本

ブラックスーツ着用が基本 焼香の作法も確認しておく

葬儀などに参列するときはブラックスーツを着用するのが基本です。急な通夜のときはダークグレーでもかまいませんが、ネクタイや靴、靴下は黒で統一しましょう。喪服の正装はモーニングですが、これは大きな葬儀の喪主や、葬儀委員長などが着用するものです。ブラックスーツは弔事だけでなく、結婚式などの慶事でも着用するので、社会人として必ず最低1着は持っておきましょう。

弔事に参列する際、受付や焼香などもそれぞれ決まりごとがあります。受付ではお悔やみの言葉を述べてから香典を差し出します。また、宗教・宗派による焼香のしかたの違いを理解し、それぞれの作法に合わせて対応しましょう。

レベルアップ!
[効率] ★★
[スキル] ★★
[信頼度] ★★★

焼香のしかた

例 立礼で抹香焼香する

1

僧侶、遺族に一礼し、焼香台前で遺影に一礼して、合掌する。

2

右手の親指と人さし指、中指で抹香をつまむ。

3

軽く頭を下げ、香を目の高さに上げてから、香炉に置く。

4

再び合掌して一礼し、前向きのまま下がり、遺族と僧侶に一礼。

その他の焼香方法

座礼してまわし焼香する

香炉が回ってきたら、次の参列者に「お先に失礼します」と一礼。香を目の高さに上げて香炉へ。合掌し香炉を盆ごと次の人に両手で渡す。

座礼して線香焼香する

遺族、僧侶に一礼し、遺影に一礼。線香を取り、ろうそくで火をつけ、右手であおぎ消す。香炉に線香を立て遺影に合掌し、遺族、僧侶に一礼。

信頼度アップのポイント

葬儀が仏教式ではないときの対応を覚えておこう

弔問の作法は宗教、宗派によってそれぞれ異なります。キリスト教や神教などなじみの薄い作法は、あわてずに親族の作法を参考にしましょう。

キリスト教式(献花)

花を右側にして両手で受け、献花台には、花が手前に向くようにして置きます。黙祷し、遺族、牧師に一礼。

神式(玉串奉奠)

一礼し、玉串を受け取り、正面に持ちます。玉串を置く台に、玉串を時計回りに180度回転させ置きます。

Lesson

お墓参り（仏式）のルール

正しい弔辞の作法を覚えて、故人の冥福を祈る

お墓参りに持参するもの

供花《くげ》

仏式のお墓参りでは、菊、カーネーション、ストック、キンギョソウなどが一般的。

供物《くもつ》

菓子、果物などが一般的だが、故人の好きだった品物などを供えてもよい。

線香
ろうそく
ライター・マッチ
ゴミ袋
たわし・スポンジ
など

借りられるもの

check
お参り前に
持参品の準備を

お墓参りの前に必ず持参するものの確認を

私たち日本人は、故人の命日やお盆・お彼岸にお墓参りをする習慣があります。本来お墓参りはいつ行ってもよいのですが、お盆やお彼岸のお墓参りは、仏教の信仰に基づいた儀式として残っています。

お墓参りに行く際には、前もって用意するものがあります。仏式ではお線香、キリスト教では白い花、神式では榊やお神酒などをお供えします。また、仏式では供花や供物などもあるので、必要なものをチェックしてからお参りしましょう。ただし、一部墓地や霊園で借りられるものもあります。お参りの順番は、複数の場合、故人と縁の深い順に。ビジネス関係のお墓参りでは目上の人から順にお行いします。

レベルアップ!
【効率】★★
【スキル】★★★
【信頼度】★★★★

お墓参りの5つの手順

1

墓石に水をかけ、ぞうきんなどで汚れを拭く。墓のまわりに雑草やゴミなどがあればきれいにする。

2

供花や供物を墓前に置く。供物は墓石などに直接置かず、半紙を敷いた上に乗せておく。

3

ろうそくに火をつけ、ろうそくから線香に火をつける。線香は、人数分に分けてから供える。

4

手桶に新しくくんだ水を、ひしゃくを使って、墓石の上からかけ清める。

5

墓前の前にしゃがみ、両手を合わせ、先祖や故人の冥福を祈る。

check
墓石と
その周辺は
掃除をする

信頼度アップのポイント

仏式ではない場合のお参りする日

キリスト教や、神教といった、仏教以外の宗教では、とくに決まりはありませんが、故人の命日にお墓参りをすることが多いようです。キリスト教は宗派によっても違いがあります。

キリスト教の場合

カトリック＝キリスト教の祝日の一つ、万聖節の翌日11月2日に教会に集まりミサが行われます。この日は死者の日としてお墓参りを行います。

プロテスタント＝故人の死後1か月後、その日が昇天記念日となります。1年目、3年目、7年目の昇天記念日にお墓参りを行います。

神教の場合

とくに決まりはありませんが、故人の命日、「式年祭」と呼ばれる、決められた期間に行われる祭礼の際に、お墓参りをすることが多いようです。

Lesson

基本ルールを守って、感謝の気持ちを伝える
お中元・お歳暮の贈りかた

お中元・お歳暮の基本ルール

贈答品は相手の身になって喜ばれるものを選ぶ。

1 渡し方

基本は手渡しだが配送ならあいさつ状を

贈答品をお店などから直接送る場合は、事前に品物を送ったことを手紙などで知らせる。

2 送る相手

お世話になっている先輩、上司、取引先の人へ

ビジネスで、日頃お世話になっている人との人間関係を円滑にするため、贈り物をする。

3 金額

相手の負担になる高価な品は送らない

金額は相手の年齢によって異なる。年配の人のほうが高価になるが、あくまで一般的な金額で。

4 品物の選択

個人宅なら家族構成会社なら人員を考慮する

少人数の家族に、大量の食品を送ったり、相手が苦手なものを送ったりしないように注意する。

お中元・お歳暮の金額の目安

相手	相手の年齢			
	20～29歳	30～39歳	40～49歳	50歳～
上司	3000～5000円	3000～5000円	5000円前後	5000円以上
取引先	3000～5000円	3000～5000円	5000～6000円	5000円以上
仲人	5000円前後	5000円前後	5000円前後	5000円以上
家族・親戚	3000～5000円	3000～5000円	5000～6000円	5000～6000円

※5000円以上と表示した場合も上限は8000円程度にとどめる。

品物選びは個人で判断せず先輩や上司に相談を

ビジネスなどで日頃お世話になっている人に、感謝の気持ちを込めて贈り物をするのがお中元とお歳暮です。まず品物選びですが、先輩、上司と相談しながら、相手の気持ちになって考えることが大切です。贈る際にはいきなり品物を送るのではなく、季節のあいさつなどをつづった、あいさつ状をあらかじめ送るのがマナーです。

お中元、お歳暮には贈る時期が決まっていますが、もし時期を逃してしまっても、お中元は「暑中御見舞」、お歳暮なら「御年賀」や「寒中御見舞」などの名目で贈りましょう。贈答品をいただいたら、これも自己判断せず、上司の指示に従って対応します。

レベルアップ!

【効率】★★
【スキル】★★★
【信頼度】★★★

こんなときどうする?

贈る時期を逃してしまったら?

業務が立て込んで、うっかりお中元の手配を忘れてしまった……。

GOOD! お中元の場合

７月15日以降は「暑中御見舞」として贈ります。立秋を過ぎたら「残暑御見舞」。また、目上の人には「御見舞」ではなく「暑中御伺」「残暑御伺」としましょう。

GOOD! お歳暮の場合

年内に間に合わない場合は、松の内（１月７日あるいは15日）までは「御年賀」、松の内を過ぎたら「寒中御見舞」として贈りましょう。目上の人には「寒中御伺」として。

贈る時期と表書き

	時期	表書き
お中元	6月下旬～7月15日ごろ	御中元
	～立秋	暑中御見舞
	立秋すぎ	残暑御見舞
お歳暮	12月上旬～12月20日ごろ	御歳暮
お年賀	年明け～1月7日	御年賀
	～立春	寒中御見舞

■表書き
紅白蝶結びの水引（印刷されたものでも可）の上に、筆か筆ペンの濃い墨文字、楷書で大きく書く。御中元、御歳暮と印刷されたのし紙でもよい。

■差出人
水引の下段中央に会社、部署などの代表者の肩書と氏名を書く。表書きより小さめに書いて、その右側に社名を書く。

! check
表書きは毛筆で大きく書く

ネット利用の注意点

ネットショップを利用するなら「ギフト扱い」で送れる店を

ネットショップを利用する場合は、のし紙などをつけて、その期間にきちんと送ってくれる「ギフト扱い」ができるお店にすること。普通の通販ショップを利用するのは失礼になるのでやめたい。

注文締切日を確認
期日通りに送るには、規定の締め切り日までに注文する。締め切りを過ぎると配送日も遅れてしまう。

在庫の有無を確認
在庫切れの場合は、予定日に届かない可能性も。

「ギフト扱い」を確認
きちんとのし紙をつけて期日通り送ってくれるかを確認。

[完全図解]

仕事ができる！男のビジネスマナー

2014年2月10日　第1刷発行
2014年4月14日　第2刷発行

監　修	NPO法人　日本サービスマナー協会
発行人	河上　清
編集人	姥　智子
編集長	古川英二
発行所	株式会社　学研パブリッシング 〒141－8412 東京都品川区西五反田2－11－8
発売元	株式会社　学研マーケティング 〒141－8415 東京都品川区西五反田2－11－8
印刷所	凸版印刷株式会社

編集	ヴァリス
ライター	榎本 勝（village green）
デザイン	blueJam inc.
DTP	エストール
校閲	ゼロメガ
イラスト	竹本夕紀（Initium）
写真素材	Fotolia.com

この本に関する各種お問い合わせ先
【電話の場合】
●編集内容については
Tel 03-6431-1223（編集部直通）
●在庫、不良品（落丁、乱丁）については
Tel 03-6431-1250（販売部直通）
【文書の場合】
〒141-8418 東京都品川区西五反田2 - 11 - 8
学研お客様センター
『完全図解　仕事ができる！　男のビジネスマナー』係
この本以外の学研商品に関するお問い合わせは下記まで。
Tel 03-6431-1002（学研お客様センター）

学研の書籍・雑誌についての新刊情報・詳細情報は、
下記をご覧ください。
学研出版サイト　http://hon.gakken.jp/